Boris Grundl

Lust auf Verantwortung

BORIS GRUNDL

LUST AUF VERANTWORTUNG

Mehr Zufriedenheit
Mentale Stärke
Bessere Ergebnisse

Econ

Econ ist ein Verlag
der Ullstein Buchverlage GmbH
ISBN: 978-3-430-21091-1
3. Auflage 2023

Umschlaggestaltung: Rudolf Linn, Köln
Abbildungen im Innenteil: Ideevisuell Andreas Gerhardt, Lahnau 2023
Lektorat: Gerd König, Berlin
Gesetzt aus der Centennial LT Std
Satz und Repro: LVD GmbH, Berlin
Druck und Bindearbeiten: ScandBook, Litauen

INHALT

PROLOG

Es ist ein merkwürdiges Gefühl. Ein Gefühl, welches sich zu merken lohnt. Ich schreibe diese Zeilen jetzt, in der Gegenwart, gehe mit meinem Bewusstsein jedoch viele Jahre zurück zu der Situation, in der sich binnen weniger Sekunden alles in meinem Leben radikal ändern sollte. Es war einer jener Momente, in denen das Schicksal gnadenlos zuschlägt.

In wenigen Augenblicken wird mir alles genommen werden. Ich werde zu neunzig Prozent gelähmt sein. Rollstuhl. Für immer. Gleich werde ich aus eigener Kraft nicht mehr stehen können. Ich werde meine Fähigkeit verlieren, mich normal zu bewegen – ja sogar die Fähigkeit, meine Finger und Hände zu benutzen. Für immer verloren. In ein paar Sekunden werde ich in die Sozialhilfe abrutschen. Ich werde die Kontrolle über meine Blase und meinen Darm verlieren. Meine Gesundheit und damit meine Pläne, Hoffnungen, Wünsche und Träume für die Zukunft, mein normales soziales Umfeld: alles weg.

Aber all das weiß ich noch nicht. Noch stehe ich auf einer Klippe im mexikanischen Dschungel. Ungefähr elf Meter hoch, vielleicht auch weniger. Gleich möchte ich mich von dort aus in die Tiefe stürzen. In einen See. Ein Bild wie aus einem Traumurlaub. Der Dschungel, die Lichtung, die Sonne, der See, der Felsen. Alles wunderschön.

Geistig gehe ich noch einmal in mich und mache mich fertig zum Sprung. Ich möchte mich konzentrieren. Bei den Sprüngen zuvor hat das gut geklappt. Ich habe mich der Spitze der Klippe langsam angenähert, indem ich von immer höheren Vorsprüngen kopfüber ins Wasser gesprungen bin wie die einheimischen jungen Männer. Also: Konzentration. Ich beherrsche diese Fokussierung. Schließlich spiele ich semiprofessionell Tennis, bin Student der Sportwissenschaften und gehöre dort zu den Besten meines Jahrgangs. Doch dieses Mal ist etwas anders. Auf einmal bin ich völlig verunsichert. Ich fange an zu zittern. Angst kriecht durch jede meiner Zellen. Ich höre eine Stimme, die sagt: »Lass es, Boris. Du musst dir nichts beweisen. Wie oft denn noch? Alles ist doch gut, so, wie es jetzt ist. Es ist ein so schöner Moment, und du bist an einem wunderbaren Ort, lieber Boris. Lass es! Lass bitte einfach los.«

Doch dann drängt sich eine zweite Stimme in mein Bewusstsein und überlagert die erste. Eine Stimme, die ich sehr gut kenne. Sie flüstert mir zu: »Komm schon, Champion! Auf geht's! Du schaffst das. So, wie du schon viele Dinge vorher geschafft hast. Auch dieses Mal wird es funktionieren. Niemand kann dich aufhalten. Du bist doch unsterblich.«

Und dann: der Sprung. Und die Sekunden nach dem Aufprall auf dem Wasser. Beim Absprung hatte ich keine Körperspannung. Warum auch immer. Wie ein nasser Sack schlage ich auf dem Wasser auf. Kopf voran. Der Kopf wird nach hinten gerissen, und dann knackt es. Das kann ich deutlich hören. In diesem Moment gab der siebte Halswirbel nach und schob sich in den Wirbelkanal. Ich war sofort gelähmt. Ich gebe meinem Körper den Befehl: schwimmen! Und ich bin ein guter Schwimmer. Im Studium der Sportwissenschaften musste ich einige Rettungsschwimmerzertifikate erwerben. In der Bundeswehr, als Scharfschütze bei den Fallschirmjägern, war das kühle Nass ein ständiger Begleiter – auch im Winter. Doch diesmal ist alles anders. Das Gehirn gibt zwar den Befehl: schwimmen! Doch mein Körper reagiert nicht. Mein Kopf sinkt unter die Wasseroberfläche. Anstatt mit Sauerstoff füllen sich meine Lungen mit Wasser. Und auf einmal schießt ein Gedanke in mein Bewusstsein: Du stirbst. Jetzt. So also sieht das Ende deines Lebens aus.

Hat es zehn Sekunden gedauert oder fünf Minuten? In mir fühlte es sich wie mehrere Stunden an. So intensiv war es. Mein Bewusstsein trennte sich in zwei Hälften. Wie beim Spalten von Feuerholz. Da war die eine Hälfte, die im gelähmten Körper um das Leben kämpfte. Mit den wenigen Restfunktionen in Schultern und Armen. Ein aussichtsloses Unterfangen. Um Hilfe schreiend, obwohl kein einziger Ton herauskam. Panik, Hektik, Todesangst. Und die andere Hälfte verließ den Körper, stieg ungefähr zehn Meter nach oben und schaute von dort mit einer unheimlichen Ruhe und Klarheit auf den Todeskampf hinab. Wie von der Plattform unter einem Zeppelin. Überblick und Stille. Wunderschön.

Erst viele Jahre später begriff ich, dass da jene beiden Bewusstseinszustände gleichzeitig präsent waren, die auf der Klippe noch nacheinander gesprochen hatten. Die eine war ruhig, klar und weit. Und die andere war hektisch, ängstlich und eng. Ausgehend von dieser extremen emotionalen Erfahrung wurde mir im Laufe der Ursachenforschung immer bewusster, wie viele unterschiedliche mentale Zustände wir Menschen haben und was diese mit uns machen.

VORWORT

Neulich kam jemand nach einem Vortrag zu mir und wollte mit mir über das Thema Verantwortung reden. Ich nickte bestätigend und sagte, dass ich sehr gerne zuerst mit ihm über den Unterschied zwischen Erfolg und Erfüllung sprechen wolle. Er wurde ganz unruhig und sah mich an, als sei ich etwas verwirrt. »Wo ist der Zusammenhang?«, wollte er wissen. Ich fragte zurück: »Geben Sie mir einen Vertrauensvorschuss? Und sind Sie bereit, mich auf eine Erkenntnisreise zu begleiten? Am Ende werden Sie den Zusammenhang erkennen.«

Wie kommt jemand dazu, das Thema Verantwortung zu erforschen? Und was haben Erfolg und Erfüllung mit dem Bewusstsein für Verantwortung zu tun?

Liebe Leserin, lieber Leser, was aus dem Sprung von der Klippe folgte, weißt du inzwischen. Vielleicht ahnst du, welche heftige Herausforderung eine so schwere Behinderung bedeutet und an welchen Widerständen es zu wachsen gilt. Doch das Verrückte ist: Mit diesem Schicksalsschlag, diesem Sprung und dem Fall ins Bodenlose, begann eigentlich eine Erfolgsgeschichte. Sie führte mich von ganz unten nach ganz oben. Von der Vereinsamung hin zu einem stabilen sozialen Umfeld mit Familie, Kindern und einem beständigen Freundeskreis. Von der Sozialhilfe, einer finanziellen Enge, in die finanzielle Freiheit. Von der alltäglichen Diskriminierung als Schwerstbehinderter zu einer enormen Anerkennung als Mensch. Vom beruflichen Abstellgleis hin zum Experten für mentale Transformation, zum Unternehmer und Gründer eines Leadership-Instituts.

Mein Wunsch ist, dass möglichst viele Menschen für ihr eigenes Leben von meinen Erfahrungen und meinem Praxiswissen profitieren. Und zwar ohne von einer Klippe zu springen. Es schmerzt mich, wenn ich täglich miterlebe, wie sehr Menschen sich selbst im Weg stehen und damit stehen bleiben oder sich gar zurückentwickeln.

Doch darüber möchte ich in diesem Buch nur gelegentlich schreiben. Ausführlich habe ich das in meinem inzwischen mehrfach neu aufgelegten ersten Buch *Steh auf! Das Ende aller Ausreden* niedergeschrieben. In diesem Buch geht es vielmehr um den Nukleus aller Erkenntnisse und Einsichten – den Kern, um den sich alles dreht. Es geht um die Antwort auf die Frage: Was steht im Zentrum jeder mentalen Entwicklung? Was löst geistiges Wachstum aus? Womit fängt alles an?

In den letzten zwanzig Jahren durfte ich über tausendmal einen Vortrag halten oder ein Seminar geben. Ich habe zwölf Bücher veröffentlicht, um die 300 Kolumnen geschrieben und über 320 Lehrvideos samt Online-Lernwelt produziert. Und immer ging es um das Thema »Mentale Transformation«. Regelmäßig fragte ich mich: Was machst du da eigentlich? Worum geht es im Kern? Wer das immer wieder tut, wer sich dauernd infrage stellt, auch wenn das Schicksal ihn nicht dazu zwingt, der kommt seinem eigenen Wesenskern, seinem Sinn des Lebens immer näher. Das kritische Hinterfragen, das Auseinanderpflücken und Neuzusammensetzen lässt einen die eigenen Thesen, Gedanken und Inhalte noch tiefer verstehen. Alles Unnötige fällt ab, der Wesenskern wird sichtbar. Es ist wie bei einer Zwiebel: Nach dem Abtragen aller äußeren Schichten tritt irgendwann einmal der Inhalt hervor, auf den es ankommt.

Zehn Jahre nach dem Unfall habe ich mich selbstständig gemacht. Nach dem Studium der Sportwissenschaften und Psychologie, nach Erfahrungen als Produktmanager, Außendienstleiter sowie Marketing- und Vertriebsdirektor wagte ich den Sprung. Meine Familie und meine Freunde waren entsetzt: »Jetzt hast du so einen sicheren und gut dotierten Job. Und dann tust du dir das an. In deiner Situation!« Doch ich konnte nicht anders. Der Sog meiner Berufung war zu stark.

In den 24 Jahren seither hat das Grundl Leadership Institut viel erreicht: etwa 300 Transformationen von Firmenkulturen mit ungefähr 18.000 Umsetzungsgesprächen. Circa 1.600 Vorträge in 9 Ländern und über 11.000 Teilnehmende an offenen Seminaren, in Deutsch und Englisch. Dabei wurden über 100.000 Bücher verkauft und 1.500 wertebasierte Messungen durchgeführt und ausgewertet. Doch trotz allen Erfolges quälte mich etwas. Ich empfand unsere Inhalte als noch nicht rund genug. Sie griffen noch nicht gut genug ineinander. Diese Wahrnehmung hatte ich in regelmäßigen Abständen. Und jedes Mal, wenn dieses Gefühl zu stark wurde, konnte ich nicht anders, als alles infrage zu stellen.

Das begann immer mit denselben Fragen: Was wird die **Daseinsberechtigung** des Instituts in zehn Jahren sein? Und was wird darin meine Daseinsberechtigung als Experte sein? Was also haben andere davon, dass es uns gibt? Und dann: Wie kann ich mich und damit auch das Institut durch die Antwort weiterbringen? Mir war klar, dass wir unsere Positionierung weiter verdichten mussten – also noch klarer zum Ausdruck bringen sollten, wofür wir stehen und wofür nicht.

In so einem Prozess hilft es sehr, exzellente Fachexperten an der Seite zu haben. Deshalb lud ich im Sommer 2016 zu einem Expertentreffen nach München ein. Dank der Erfolge der Vergangenheit war genügend Geld für ein Forschungsprojekt vorhanden. Aber worüber sollten wir tiefer forschen und nachdenken? Was lohnt sich und bringt einen überzeugenden Mehrwert? Um diese Fragen zu beantworten, kamen ein PR-Spezialist, ein Experte in wertebasierten Diagnoseverfahren, ein Experte in Sachen Marktforschung und der Gründer eines Leadership-Instituts zusammen. Wir legten los. Die Frage nach der Daseinsberechtigung in zehn Jahren führte unweigerlich zur Frage nach der eigenen Berufung, der eigenen Mission. Diesen inneren Ruf hatte ich inzwischen glasklar auf einen Satz gebracht: **»Ich bin die**

Möglichkeit, anderen zu Wachstum, Kraft und Größe zu verhelfen.« Diese geistige Verdichtung versorgt mich schon seit Jahren mit einer Menge Kreativität und Inspiration. Dafür bin ich sehr dankbar. Doch wie lässt sich dieser Satz weiter verdichten und in den Dienst eines Instituts stellen?

Der PR-Spezialist fragte: »Was haben *Haribo, Tempo, Fielmann* und *Nivea* gemeinsam? Ihnen ist es gelungen, ihren Namen in den Köpfen von Verbrauchern mit einer ganzen Produktkategorie zu verknüpfen, obwohl ihre Produkte von vielen Herstellern angeboten werden: Gummibärchen, Papiertaschentuch, Brille und Hautcreme. Ein beeindruckendes Ergebnis. Doch geht das auch bei einem Weiterbildungsinstitut und einem Redner?« Eine interessante Frage. Das Thema Leadership war schon durch den Namen *Grundl Leadership Institut* gesetzt. Doch ich wollte noch tiefer kommen. Noch klarer werden. Was ist der Kern? Worum geht es in der Tiefe? Was ist der Ursprung jeglicher mentalen Entwicklung? Wir kamen nicht voran. Die üblichen Verdächtigen wurden aufgelistet: Vertrauen, Resilienz, Stärken, Respekt, Ziele, Wertschätzung, Selbstbewusstsein, Selbstwert, Fachkompetenz, Führungskompetenz … Aber nichts davon überzeugte mich. Und vor allem war nichts davon ein Alleinstellungsmerkmal. Gefühlt sind diese Begriffe an jeder Ecke präsent.

Auf einmal kam mir das Wort »Verantwortung« in den Sinn. Und ich schaute in meinem Geist in einer Art und Weise auf das Wort, wie ich es bisher noch nie getan hatte. So ist das mit dem Bewusstsein. Es ist nicht so, als hätte Verantwortung bis dahin keine Rolle für mich gespielt. Doch unter meinem Blick der Erkenntnis veränderte sich der Begriff in diesem Moment völlig. Mir wurde klar: Mit der Übernahme von Verantwortung fängt alles an. Und irgendwann sprach ich es laut aus: »Verantwortung. Es ist Verantwortung.« Wir saßen alle regungslos da, und es wurde still. Niemand bewegte sich. Ein einhelliges Nicken ging durch die Runde. Wir hatten den Durchbruch. Das war's. Der **Verantwortungsindex** wurde geboren. Wir wollten systematisch

Verantwortung erforschen und Menschen einladen, durch kluge Verantwortungsübernahme zu wachsen.

Voller Euphorie legten wir los – und ich machte einen schwerwiegenden Fehler, der uns vier Jahre Forschungsarbeit kosten sollte. Wie der aussah? Der Klassiker: Ich schloss von mir auf andere.

Für mich war Verantwortung automatisch mit Freude und Lust verknüpft. Ich hatte in meiner Vergangenheit immer gerne Verantwortung übernommen und den positiven Druck genutzt, um mich selbst zu entwickeln. Das war einfach so. Also war Verantwortung für mich: Lust. Doch in unserer Gesellschaft wird Verantwortung meist mit Last verbunden. Also mit Druck, Schwere, Verpflichtung und Schuldgefühlen beim Versagen.

Und jetzt kam ich daher mit der fröhlichen Idee: Komm, lasst uns doch alle mehr Verantwortung übernehmen und daran wachsen! Mit diesem Ansatz sind wir an die Darstellung des *Verantwortungsindex* herangegangen – mit mäßigem Erfolg. Wir dachten, dass sicher Zigtausende gerne ihre Verantwortungsqualität messen lassen und die Erkenntnisse dann in der Praxis umsetzen würden. Doch dem war nicht so. Die meisten hatten die Einstellung: Ich mach jetzt schon so viel, trage so viel und fühle mich so schlecht, wenn ich es nicht hinkriege, dass ich davon nicht unbedingt noch mehr haben muss. Verantwortung ist in den Köpfen also eine Last. Und diesen Konflikt konnte ich erst nach vier Jahren erkennen und auflösen. Mehr dazu im einleitenden ersten Kapitel.

In diesem Buch geht es darum, dass wir Verantwortung für unser Leben übernehmen. Dass das wichtig ist, weiß jeder Mensch irgendwann einmal, und es sagt sich so leicht. Doch wie geht das? Wie geht es ganz genau? Nicht nur in der Erziehung und der Familie, sondern in jeglicher Aus- und Weiterbildung, beim Führen von Mitarbeitenden, bei der Entwicklung von Führungskräften oder gar der Transformation einer ganzen Firmenkultur? Oder als Mitglied der Gesellschaft? Um unsere Verantwortung an dem Platz wahrnehmen zu können, an den das Leben uns gestellt hat, brauchen wir Erkenntnis und Einsicht. Aber woher kann dieses tiefere »Hineinsehen« kommen? Wo setzen wir an?

Hier ist die Antwort (die du wahrscheinlich erst am Ende des Buches voll erfasst haben wirst): **Im Kern geht es darum, dass wir zuerst lernen, wie wir Verantwortung für die unterschiedlichen Zustände unseres Bewusstseins übernehmen – und damit automatisch dafür, worauf wir unsere Wahrnehmung richten –, also womit wir uns im Geiste beschäftigen. Im zweiten Schritt geht es darum, dass wir Verantwortung dafür übernehmen, wie wir das Wahrgenommene interpretieren – also welche Geschichte wir damit verknüpfen und was diese Geschichte dann mit uns und unseren Empfindungen macht.**

Ein Beispiel: Ich bin zu 90 Prozent gelähmt und zu 10 Prozent nicht. Bei Vorträgen frage ich die Zuhörenden gerne rhetorisch um einen Rat: »Worauf soll ich mich Ihrer Meinung nach konzentrieren, worauf soll ich meine Wahrnehmung ausrichten: auf das, was mir genommen wurde (die 90 Prozent), oder auf das, was noch da ist (die 10 Prozent)?« Die Antwort lautet immer und einhellig: natürlich auf die 10 Prozent. Auf das, was ich beeinflussen kann. Alles andere führt nur zu Stress, Frust und Neid. Also weiß im Grunde jeder, was ich tun sollte, wenn ich verantwortungsvoll mit meiner Situation umgehen will. Das ist der erste Schritt. Indem ich jetzt noch diese 10 Prozent intensiv mit Dankbarkeit und Freude auflade, übernehme ich auch noch die Verantwortung für die Interpretation: für die Geschichte, die ich mit meiner Wahrnehmung verknüpfe, und dafür, was diese Geschichte mit mir und meinem Empfinden macht. Inspiriert sie mich oder frustriert sie mich? Das ist der zweite Schritt.

Aber wenn ich dann den Spieß umdrehe und die Anwesenden frage, wie oft am Tag sie selbst sich mit dem beschäftigen, was sie wirklich beeinflussen können und wie oft mit dem, was sie zwar interessiert, sie aber nicht beeinflussen können, dann füllt Betroffenheit den Vortragsraum. Es wird sehr still, und ich zähle die Groschen, die ich fallen höre. Was in diesem Moment demonstriert wurde, ist der große Unterschied zwischen Kennen und Können. Intellektuell wissen alle, was vernünftig und verantwortungsvoll ist – daher der richtige Rat an mich. Aber zum Können, zum Beherrschen gehört das Steuern des eigenen Bewusstseins.

In diesem Buch geht es um Methoden zur Überwindung dieser Lücke, dieser schier unüberwindbaren Schlucht zwischen Kennen und Können. Und die hier beschriebenen Methoden funktionieren in der Praxis. Das garantiere ich. Denn im Grundl Leadership Institut wenden wir sie schon seit vielen Jahren mit großer Wirkung an. Das spiegelt sich auch in unserer Mission: **Wir erhöhen das Verantwortungsbewusstsein von Menschen durch eine klare Systematik.**

Ich kann dir versprechen: Wenn es dir gelingt, dein Bewusstsein so zu führen, dass du Verantwortung für deine Wahrnehmung übernimmst und auch dafür, wie du das in Folge deutest, dann werden Ruhe, Klarheit und Inspiration zu deinen ständigen Begleitern werden. Auf diese Weise wirst du hoffentlich zum besten Menschen, der du sein kannst.

Das sind große Versprechungen, ich weiß. Ich bin mir meiner Verantwortung bewusst. Also lass uns zusammen auf die Reise gehen.

Wir starten in den ersten drei Kapiteln mit einer sachlichen Grundlegung zum Thema Verantwortung, die aus vielen Quellen schöpft und Erkenntnisse aus verschiedenen Fachgebieten und Erfahrungshorizonten zusammenführt. Ab Kapitel 4 geht es um emotionale Einsichten bezüglich Verantwortung und mentaler Transformation. Das fünfte und letzte Kapitel legt einen besonderen Fokus auf das Thema »Verantwortung im Unternehmen«.

Auf jeder Seite soll dieses Buch dir *Lust auf Verantwortung* machen. Ich hoffe sehr, dass mir das gelingt. Danke schon jetzt für dein Interesse. Los geht's!

1

WARUM VERANTWORTUNG?

Ich habe dieses Buch dem Thema Verantwortung gewidmet, weil ich es für zentral bei unserer geistigen Entwicklung halte. Aber wieso eigentlich gerade Verantwortung? Warum ist das Thema wichtig? Warum solltest du dich damit beschäftigen?

Verantwortung ist der Kern menschlicher Entwicklung – und damit auch von Organisationen, Familien und Kulturen. Wenn die Gesellschaft ein Motor ist, dann ist die Wirtschaft ihr Getriebe. Aber laufen wird der Motor nur, wenn der Treibstoff namens Verantwortung dazukommt. In den Kapiteln 2 und 3 werden wir uns intensiver mit dem Thema Verantwortung und der aktuellen Verantwortungskultur auseinandersetzen.

Aber was bringt die Beschäftigung mit Verantwortung nun dir? Was sind deine Vorteile?

Ich habe einmal ein paar Aspekte notiert, wie du profitieren kannst von der Beschäftigung mit deiner Verantwortung:

Wer klug verantwortungsbewusst ist, …

… trifft bessere Entscheidungen.
… verwandelt Niederlagen in Siege.
… führt sich selbst besser.
… erzielt permanente Spitzenleistung bei mentaler Gesundheit.
… wird mental immer stärker.
… führt andere besser.
… kann kompetent verändern.
… kann Sinn finden und stiften.
… erlebt innere Ruhe und Zufriedenheit.

... brennt nicht aus.
... kann Dinge bewegen.
... kann Erfolge ermöglichen.
... ist glücklicher.
... hat bessere Lebensergebnisse.

Ich kann es aber auch kürzer sagen: **Kluges Verantwortungsbewusstsein steht im Kern eines gelungenen Lebens.** Ein Leben gelingt, wenn jemand seinen Erkenntniswillen darauf konzentriert, die beste Version seiner selbst zu werden. Die Voraussetzung dafür ist die Bereitschaft, sein Leben geistig voll und ganz in Besitz zu nehmen.

Im Laufe des Buchs wirst du feststellen, dass das nicht einfach kühne Behauptungen zu Marketingzwecken sind, sondern echte Erkenntnisse aufgrund jahrelanger Forschung und Arbeit mit Menschen. Du wirst feststellen, was die Tiefe von der Oberfläche unterscheidet. Dass Konsequenz besser ist als Disziplin. Dass Verantwortung etwas ganz anderes ist als Schuld. Dass Erfolg nichts zu tun hat mit Erfüllung. Wie befreiend der Schritt vom Müssen zum Wollen ist. Und warum kluges Verantworten glücklich macht. Nur der kann die Früchte seiner Arbeit sehen und genießen, der seine Selbstwirksamkeit im Handeln erfährt, also seinen Teil der Verantwortung am Ergebnis erkannt und angenommen hat. Das gilt für Siege genauso wie für Niederlagen.

Allerdings wird dir dieses Buch nichts bringen, wenn du es mit der mentalen Haltung einer Unterhaltungssendung konsumierst. Du kennst das aus den sozialen Medien: Daumen hoch oder Daumen runter. Gefällt mir oder gefällt mir nicht. Der Tenor ist dann oft: Bestätige mich, oder ich schalte um. Dieses Buch verlangt deine Mitarbeit. Deine volle Präsenz. Denn ohne mentale Anstrengung gibt es kein mentales Wachstum. Ich bin mir sicher, dass du das eigentlich weißt. Sonst hättest du dieses Buch niemals in die Hand genommen. Denn der Weg zu Verantwortungsbewusstsein führt nur über

Selbsterkenntnis. Auch wenn es viel leichter ist, uns in Vorwürfen gegen andere zu verlieren, als unseren eigenen Teil der Verantwortung an bestimmten Situationen zu erkennen.

Wenn dieses Buch dir etwas bringen soll, wirst du es nicht zurückgelehnt lesen können. Du wirst häufig nach vorne gebeugt sitzen. Du kennst das, wenn du in einem Vortrag sitzt oder an einer spannenden Diskussion teilnimmst, wenn du einen fesselnden Film schaust oder, falls du das magst, in einem klassischen Konzert sitzt: Wenn es richtig spannend, interessant, intensiv wird, wenn du voll dabei sein willst, dann beugst du dich ganz unbewusst nach vorn. Du bist geistig so präsent, dass du körperlich in die Situation hineingehst. Du machst mit. Diese Art der Beteiligung verlangt auch dieses Buch von dir. Weil es mir nicht um oberflächliche gute Gefühle geht, sondern um das ehrliche Ringen um Selbsterkenntnis. Um die Freude am mentalen Wachstum. Um die aufrichtige Arbeit mit und an dir selbst. Wenn du dich für diese Intensität beim Lesen entscheidest, bist du bereits einen Riesenschritt vorangekommen, denn du setzt schon ein Ziel dieses Buches um: Du hast bewusst eine nützliche mentale Haltung eingenommen und fährst damit deine maximale Ernte ein.

In diesem Buch werde ich immer wieder auf die sechs Stufen unseres Umgangs mit Verantwortung zu sprechen kommen. Das Modell macht sehr schön anschaulich, wie wir alle immer wieder auf Herausforderungen reagieren – und wo das Potenzial zur Weiterentwicklung unseres Verantwortungsbewusstseins liegt.

Den Hinweis auf das Modell habe ich den Autoren Bill McCarley, Marshall Thurber und Christopher Avery zu verdanken. Sie haben sich nämlich nicht nur mit Verantwortung, sondern mit den unterschiedlichen Stufen von Verantwortungsbewusstsein beschäftigt. Jeder auf seine Weise. Meine Aufgabe war es dann, diese Erkenntnisse für unser Institut und den Index weiterzuentwickeln. Denn das Wort

»Verantwortung« führt in der Regel zu einer Null- oder Eins-Bewertung. Entweder es übernimmt jemand Verantwortung oder eben nicht. Hundert Prozent oder null. Genau das löst das Wort Verantwortung in den meisten Köpfen aus. Was bedeutet: zu wenig Differenzierung und damit zu wenig Möglichkeiten einer Entwicklung. Denn Entwicklung und Erlernbarkeit sind nur möglich, wo durch kluge mentale Differenzierung eine klare Methodik und Didaktik abgeleitet werden kann. Wo also durch Erkenntnis und Einsicht eine Lernmöglichkeit entsteht. Und das ist bei mangelnder Differenzierung nie der Fall. Deswegen lohnt sich Forschung: Sie hilft beim Erkennen und Differenzieren. Deshalb lösen Worte wie »Verantwortungsqualität«, »Verantwortungsstil« oder »Verantwortungsbewusstsein« schon beim Gebrauch und beim Hören mehr Differenzierung im Geiste aus als das bloße Wort »Verantwortung«.

Schauen wir uns den typischen Umgang mit herausfordernden Situationen an, die an unsere Verantwortung appellieren. Im Leben geschehen immer wieder Dinge, die weder geplant noch gewollt waren. Das können kleine Ärgernisse sein: Schlüssel vergessen, Geldbeutel verloren oder eine Reifenpanne. Es können aber auch größere Dramen wie eine schwere Krankheit, ein Scheidungskrieg oder eine Insolvenz sein. Wie sieht unser Umgang mit solchen Rückschlägen typischerweise aus? Bei den meisten Menschen verläuft die Verarbeitung eines ungewollten Ereignisses in Stufen. Bis sie schließlich – hoffentlich – den Anteil erkennen, den sie an dem Ergebnis zu verantworten haben, also ihren Teil der Verantwortung. Dort angekommen, werden sie mit Einsicht und Inspiration belohnt.

Ich möchte es an einem Beispiel aus der Praxis zeigen. Die Firma eines befreundeten Unternehmers geriet vor einigen Jahren nach einem riskanten, spekulativen Deal an den Rand der Insolvenz. Ich konnte an der Argumentation meines Freundes die sechs Stufen exemplarisch beobachten und ihm dabei helfen, die Stufen selbst wahrzunehmen, um sie dann allmählich hinter sich zu lassen – sie zu transformieren.

Stufe 1 ist die unbewusste **Verdrängung**. Das »Nicht-wahrhaben-Wollen«. Der typische Gedanke: »Das darf doch nicht wahr sein!« Mein Freund verschloss die Augen vor den alarmierenden Zahlen. Der besorgten Sachbearbeiterin bei seiner Bank erklärte er, es handle sich nur um eine temporäre Liquiditätslücke, die bald geschlossen sein werde. Und auf dem Höhepunkt der Verdrängung bestellte er, um sich selbst zu bestätigen, eine neue Maschine, obwohl er nicht wusste, wovon er sie bezahlen sollte.

Stufe 2 ist die automatische **Suche nach einer schuldigen Person**. Der typische Gedanke: »Wer hat mir das angetan?« Der Freund zerbrach sich den Kopf darüber, welche betrügerischen Machenschaften sein Vertriebschef wohl im Sinn hatte, als dieser den Deal einfädelte. Vielleicht ist er kurz davor, zum Mitbewerber zu wechseln? Er selbst wollte den Deal ja eigentlich gar nicht. Der Vertriebsmann hat ihn überredet, ja gedrängt.

Stufe 3 ist die Suche der **Schuld bei den Umständen.** Der typische Gedanke: »Da kann man halt nichts machen.« Höhere Mächte halten einen auf. Er erklärte mir abends beim Wein: »Die plötzlichen Veränderungen im Markt waren nicht vorhersehbar. Ohne Geschäfte mit guter Rendite geriete die Firma auch in Gefahr. Und gute Renditen ohne Risiko gibt es nicht. Es war mehr oder weniger meine Pflicht, so zu handeln. Außerdem hätte die Bank doch besser beobachten und früher eingreifen müssen!«

Die ersten drei Stufen verbindet ein gemeinsamer Tenor: Ich will mit der Sache nichts zu tun haben. Weg damit! Weiche von mir! Wenn sich das Verantwortungsbewusstsein weiterentwickelt, macht es jetzt eine Kehrtwende. Der Versuch des Annehmens startet.

In der Stufe 4 wird die **Schuld bei sich selbst** gesucht. Das sind die Selbstvorwürfe. Der typische Gedanke: »Hätte ich doch früher schon … auf die warnenden Stimmen aus dem Controlling gehört, den Seniorchef ernster genommen, die Marktentwicklung genauer betrachtet. Ich war leichtsinnig und inkompetent. Ich bin nicht gut genug. Ich sollte alles hinschmeißen und Konkurs anmelden.«

Diese ersten vier Stufen führen zu einem Opferbewusstsein. Und die Wahrnehmung bestätigt dann den Zustand des Bewusstseins. Es werden Gründe gesucht und gefunden, um sich zu beschweren. Sie führen zu Grübeln, Reden und Klagen. Und die Situation bleibt, wie sie ist.

Das ändert sich erst mit Stufe 5: der **Selbstverpflichtung**. Der typische Gedanke ist hier: »Ich muss jetzt eben damit leben. Augen zu und durch.« Die innere Haltung ist: »Ich muss, will aber eigentlich gar nicht. Ändern kann ich es ohnehin nicht mehr. Ich stehe das jetzt durch. Ich habe mir mein Leben als Unternehmer ganz anders vorgestellt, aber nun muss ich mit der Verachtung durch die Belegschaft und mit der Verantwortung leben.« Diese Haltung ergreift das Schicksal aktiv und befreit uns aus der Ohnmacht. Aber sie ist mit Stress und Schmerz verbunden.

Erst mit der Stufe 6 sind wir im Zustand echter **Verantwortung**. Der typische Gedanke lautet: »Wenn ich schon muss, dann will ich auch.« Oder kürzer: »Ich will jetzt, was ich muss.« Das Bewusstsein macht sich auf die Suche nach dem eigenen Anteil der Verantwortung am Ergebnis – seinen Einflussbereich. Den nimmt es dann geistig voll in Besitz. In unserem Beispiel lief das so: Mein Freund stellte sich irgendwann vor die Belegschaft und schuf Transparenz. Er benannte seinen Teil der Verantwortung für die eingetretene schwierige Situation der Firma. Und dann bat er um das Vertrauen der Mitarbeitenden. Er habe einen Plan für ein verändertes, temporär verkleinertes, besser fokussiertes und deshalb mittelfristig erfolgreicheres Unternehmen und wolle diesen Plan realisieren. Dabei versprühte er ungeheuren Aufbruchsgeist – ich durfte dabei sein. Aus dem Druck der Verpflichtung war die Lust darauf geworden, sich an die Spitze zu stellen und den Karren aus dem Dreck zu ziehen.

Er hatte die Lage angenommen und handelte aus voller innerer Überzeugung – und nicht, weil er getrieben war und innerlich haderte. Aus Last wurde Lust.

Bitte verstehen wir uns nicht falsch: In uns allen existieren die Stufen 1 bis 6 permanent parallel. Weil Emotionen uns manchmal packen und davontragen. Weil wir Triggerpunkte mitbringen: unverarbeitete Verletzungen aus der Vergangenheit, der Kindheit oder Erwartungen an die Zukunft. Kurz: weil wir nun mal Menschen sind.

Wer sich mit dem Bewusstsein für Verantwortung beschäftigt und seine mentalen Zustände erforscht, wird irgendwann erkennen, welche Rolle im Denken das Streben nach Erfolg und die Sehnsucht nach Erfüllung spielen. Aber Erfolg und Erfüllung haben nichts, aber auch gar nichts miteinander zu tun.

Im Vorwort habe ich den Zuhörer erwähnt, der nach einem Vortrag zu mir kam und mit mir über den Titel »Lust auf Verantwortung« reden wollte. Ich bemerkte schnell seine innere Getriebenheit, seine Rast- und Ruhelosigkeit. Er beschwerte sich, dass andere zu wenig Verantwortung übernähmen und wie schwierig doch alles sei. Ich fragte ihn, ob ich ihm ein paar Fragen stellen dürfe. Er bejahte. Ich begann hiermit: »Haben Sie sich schon einmal Ziele gesetzt und sie erreicht?« Er nickte. »Und haben Sie sich auch schon sehr große Ziele gesetzt und sie erreicht?« Er nickte wieder. »Und wie ging es Ihnen danach? Wie lange hielt der euphorisierende Zustand nach einer Zielerreichung an? Entstand da nicht schnell eine innere Leere? Eine Art Unwohlsein und Traurigkeit? Die erst weggeht, wenn Sie sich neue Ziele setzen?« Er sah mich erstaunt an – und nickte dann zögerlich.

Ich fuhr fort: »Also hetzen Sie von Ziel zu Ziel und spüren trotzdem eine innere Leere. Sie schauen in die Zukunft in der Hoffnung, dass beim Erreichen des nächsten Ziels mehr Erfüllung da sein wird. Doch inzwischen wissen Sie eigentlich, dass dem nicht so sein wird.« Er schwieg und dachte nach.

Nach einer Weile sagte er: »Genauso ist es. Ich hetze von Ziel zu Ziel und empfinde doch eine innere Leere.« Ich freute mich über seine Erkenntnis und sagte: »Erfolg und Erfüllung haben nichts, aber auch gar nichts miteinander zu tun. Das Problem ist, dass wir Erfüllung an Erfolg anheften. Deswegen sind mentale Krankheiten so auf dem Vormarsch. Erfolg heißt Ziele setzen und erreichen. Wer Erfolg will, will sich durchsetzen und stellt andere infrage. Das führt zur **Fremderkenntnis**: Andere werden erfasst und analysiert. Erfolg ist die Antwort auf die Frage: Was muss ich tun, um Bestätigung und Anerkennung zu bekommen? Erfüllung hingegen ist die Antwort auf die Fragen: Für was bin ich gemeint worden? Was haben andere davon, dass es mich gibt? Das führt zur **Selbsterkenntnis** und Selbstüberwindung. Zur Einsicht, dass jetzt schon alles in uns vorhanden ist, was wir für Erfüllung brauchen. Und dass außerhalb von uns nichts existiert, das uns tiefe Erfüllung geben kann. Oder anders: **Kein Mensch, keine Situation kann dafür sorgen, dass du dich schlecht fühlst, wenn du dir nicht selbst die Erlaubnis dazu erteilst.«**

Er dachte nach und erwiderte: »Aber warum soll ich mich dann noch anstrengen? Wenn ich erfüllt bin, dann strenge ich mich doch nicht mehr an!«

»Es ist genau andersherum«, antwortete ich. »Je erfüllter wir sind, desto einfacher wird es, in die Welt hinauszugehen und zu zeigen, was alles möglich ist. Wir werden wesentlich größer denken, uns wesentlich größere Ziele setzen und sie erreichen. Doch die Niederlagen und Siege auf diesem Weg haben keine Auswirkungen mehr darauf, welchen Grad an Erfüllung wir erleben. Wir werden frei und lassen uns keinen Ring mehr durch die Nase ziehen. Keinen Ring, auf dem steht: Irgendwann einmal, in der Zukunft, wird alles besser. Wir wissen und haben erfahren, dass jetzt, in der Gegenwart, alles da ist, was wir für ein erfülltes Leben brauchen. Wir leben im Hier und Jetzt. Der Weg wird zum Ziel. Das ist Freiheit.«

Viele sind der Meinung, Erfolg würde automatisch Erfüllung mit sich bringen. Dass dem nicht so ist, weißt du jetzt. Aber wie können wir es schaffen, auf einem hohen Niveau sowohl erfüllt als auch erfolgreich zu sein, ohne dass das eine vom anderen abhängt?

Dieses Buch hilft dir dabei, deinen **Einflussbereich** immer besser zu erkennen, diesen dann geistig voll in Besitz zu nehmen und dabei ständig zu erweitern – damit du der beste Mensch wirst, der du sein kannst, wenn du es willst. Belohnt wirst du mit mehr Zufriedenheit, tiefer innerer Ruhe, größerer Klarheit und besseren Ergebnissen in deinem Leben.

Zunächst betrachten wir jedoch, was es mit dem Begriff »Verantwortung« auf sich hat.

2

WAS BEDEUTET VERANTWORTUNG?

Stellen wir uns eine Politikerin vor – in zwei verschiedenen Situationen. Die erste ist eine Wahlkampfrede: Optimistisch und freudig ruft sie in den Saal: »Ich bin bereit, Verantwortung zu übernehmen für unser Land!«

Zwei Jahre später: Dieselbe Politikerin tritt zerknirscht vor die Kameras und erklärt: »Für die Fehlentwicklungen in meinem Ministerium übernehme ich die politische Verantwortung und trete hiermit von meinem Amt zurück.«

Wir haben hier zwei unterschiedliche Bedeutungen des Begriffs »Verantwortung«: die erste ist die in die Zukunft gerichtete Möglichkeit, etwas zu gestalten und zu beeinflussen. Die zweite ist die in die Vergangenheit gerichtete Antwort auf die Frage »Wer ist schuld?« – etwa an einem Fehler oder einem Misserfolg.

Das Beispiel zeigt: Wir benutzen den Begriff »Verantwortung« zwar dauernd – aber oft zu undifferenziert, sodass er merkwürdig schimmernd und diffus bleibt. Wir sind verantwortungsvoll oder verantwortungslos. Wir ziehen zur Verantwortung, rufen zu ihr auf und fordern sie ein. Wir übernehmen sie oder schieben sie auf andere. Wir verfügen über sie, sehen ihr ins Auge oder zeigen uns blind ihr gegenüber. Wir werden ihr gerecht oder versagen in ihrem Angesicht. Wir übertragen oder übernehmen sie oder stehlen uns aus ihr heraus. Der Begriff durchdringt alle Bereiche des täglichen Lebens: Politik, Wirtschaft, Medien und das Privatleben. Auch in Beziehungskonflikten oder bei der Frage, wer im Büro die Kaffeeküche aufräumt, ist sie oft der zentrale Punkt, um den die Emotionen kreisen. Menschen, die nicht bereit sind, ihre Verantwortung anzunehmen, ecken permanent an, weil sie mit ihrem Handeln oder Nichthandeln andere beeinflussen.

Im Grunde geht es immer um die Frage: Wer ist wem gegenüber wofür verantwortlich?

Wir können hier drei unterschiedliche Ebenen unterscheiden:

1. Ich trage Verantwortung für einen Menschen (zum Beispiel als Vater oder Mutter, als Pfleger oder als Betreuerin).

2. Ich trage Verantwortung für eine konkrete Aufgabe oder einen Gegenstand (zum Beispiel die Organisation der Weihnachtsfeier oder das vom Freund geliehene Auto).

3. Ich trage Verantwortung für ein abstraktes System oder Prinzip (ein Beispiel ist der Umweltschutz).

Eine der ältesten Geschichten zum Thema Verantwortung stammt aus der Bibel.

Im 1. Buch Mose ruft Gott nach Adam und Eva. Er will eine Antwort. Er will, dass sie sich ver-*antwort*en:

> *Und Gott der HERR rief Adam und sprach zu ihm: Wo bist du? Und er sprach: Ich hörte deine Stimme im Garten und fürchtete mich; denn ich bin nackt, darum versteckte ich mich. Und er sprach: Wer hat dir's gesagt, dass du nackt bist? Hast du nicht gegessen von dem Baum, davon ich dir gebot, du solltest nicht davon essen? Da sprach Adam: Das Weib, das du mir zugesellt hast, gab mir von dem Baum, und ich aß. Da sprach Gott der HERR zum Weibe: Warum hast du das getan? Das Weib sprach: Die Schlange betrog mich also, dass ich aß.*

Das Abschieben von Verantwortung auf andere praktizieren wir Menschen also buchstäblich seit Adam und Eva. Aber woher kommt eigentlich das Wort »Verantwortung«? Es ist unschwer zu erkennen, dass es sprachlich mit der »Antwort« zusammenhängt. Die war ursprünglich aber nicht einfach die Erwiderung auf eine Frage – sondern auf eine Anklage. Wer vor Gericht stand und einer Tat bezichtigt wurde, musste die Gelegenheit zur »Gegenrede« bekommen – das bedeutet »Ant-Wort« nämlich etymologisch gesehen. Das Ant-Wort war also das Recht derer, die sich für eine Tat »verant-worten« mussten. Möglicherweise liegt in dieser Wortbedeutung der Ursprung eines Missverständnisses, das den Umgang mit dem Begriff der Verantwortung bis heute prägt, nämlich die Gleichsetzung mit »Schuld«. Aus diesem Grund ist das Wort Verantwortung für viele Menschen überwiegend negativ besetzt. Nehmen wir an, man fragt hundert Leute: »Was erwartest du, wenn du gefragt wirst, ob du für etwas verantwortlich bist – Anklage oder Lob?« Mindestens neunzig werden antworten: »Anklage«. Denn viel zu selten geschieht es, dass jemand Dinge sagt wie: »Wer ist für diese Veranstaltung verantwortlich? Du? Respekt! Die ist großartig gelaufen!« Nach dem oder der Verantwortlichen wird vor allem gefragt, wenn jemand Kritik oder Frust loswerden will. So ist eine unbewusste »Schwere« und Negativität um das Wort Verantwortung entstanden. Leider!

Denn zugleich liegt in der »Verantwortung« die Chance, etwas zu beeinflussen. Frag dich einmal selbst, bei welcher Frage es dir schwerer fällt, die Hand zu heben: »Wer hat daran Schuld?« oder »Wer hat hier die Verantwortung?«. Vermutlich ist es die zweite Antwort – weil sie die Möglichkeit enthält, noch etwas zu retten.

Das Verhalten in einer Situation, die an die Verantwortung appelliert, kann unterschiedlich ausfallen. Viele warten passiv ab, bis sie aufgefordert werden, etwas zu tun. Das ist weder gut noch schlecht. Weder richtig noch falsch. Es ist so. Doch es kann mit der Zeit eine innere mentale Passivität entstehen. Und die kann schnell in ein Opferbewusstsein münden. Manche hingegen gehen aktiv auf die Verantwortung zu. Sie suchen sie, sie erkennen sie, sie ergreifen sie und sie liefern Ergebnisse. Sie sehen die Gestaltungsmöglichkeit und werden magisch davon angezogen. Verantwortung kann dich stolz machen. *Jacopo Tintoretto fecit – Jacopo Tintoretto hat das gemacht.* So signierten die Renaissancemaler selbstbewusst ihre Bilder. »*Ich* hab das gemacht! *Ich* war das!«

Dazu, wie wir Verantwortung wahrnehmen oder verweigern, ein ganz banales Beispiel aus dem Alltag: Ich sehe, dass die Geschirrspülmaschine fertig gelaufen ist. Sie auszuräumen gehört zu meinen besprochenen Aufgaben. Ich habe also im ersten Schritt meine Wahrnehmung ausgerichtet. So weit, so gut. Doch im zweiten Schritt mache ich einen Fehler. Die Interpretation der Wahrnehmung erzeugt Unlust und inneren Widerstand. Ich möchte mich am liebsten aus der Küche verdrücken und so tun, als hätte ich es nicht gesehen. Vielleicht komme ich heute darum herum, weil ich später noch ausgehe. Oder weil jemand so genervt von meiner Untätigkeit oder meiner demonstrativen Unlust ist, dass er es selbst macht. Oder ich warte, bis mich jemand auffordert: »Die Maschine ist gelaufen. Räumst du sie bitte aus?«

Doch es gibt auch eine andere Möglichkeit. Ich mache mir klar: Wenn ich es nicht tue und mich drücke, muss es jemand anderes machen. Meine Frau, die heute lange arbeiten muss und sich schon um die Wäsche gekümmert hat. Oder es macht niemand, und das dreckige Geschirr türmt sich in der Spüle, weil man es nicht in die Maschine stellen kann. Und dann passiert vielleicht Folgendes: Ich sehe, was ist und was getan werden sollte. Und ich nehme alle inneren Widerstände heraus und verliebe mich in das Ergebnis der leer geräumten Spülmaschine. In den Gedanken, wie wohl wir uns alle fühlen, wenn die Küche sauber ist. **Denn oft, wenn wir uns in das Ergebnis verlieben, übernehmen wir Verantwortung gerne.** Und dann räume ich ohne großes Hadern die Maschine aus. Denn ich will meine Verantwortung jetzt wahrnehmen. Ich erfreue mich vielleicht sogar einfach daran, dass ich lebe und dieses Ergebnis genießen kann, so banal es auch ist. Aus einer anfänglich destruktiven Haltung wurde eine konstruktive. Indem ich meine inneren Widerstände herausnehme, erkenne und tue ich das, was jetzt zu tun ist. Und tue es. Gerne.

Anders, als manche vielleicht erwarten, betrachte ich übrigens das aktive Ergreifen von Verantwortung nicht pauschal als die »bessere« Variante. Insbesondere in der Arbeitswelt brauchen wir beides – die aktive und die passive Herangehensweise. In einer gesunden Firmenkultur finden wir zu zwei Dritteln aktive und zu einem Drittel passive Verantwortung als Haltung, wobei sich die Haltung je nach Kontext auch verändern kann. Darum wird es später im Buch noch gehen. Die folgende Feststellung können wir bereits jetzt treffen: Man kann das aktive und das passive Verhältnis zur Verantwortung auch als den Unterschied zwischen den mentalen Haltungen »Ich will!« und »Ich muss!« bezeichnen.

»Ich muss!«: Das ist Verpflichtung, Schwere, **Last**. Kennen alle. Das »Ich will!« hingegen ist die **Lust** auf Verantwortung, das Annehmen, das Zupacken. *Muss* ein Autohersteller schadstoffärmere Motoren bauen oder *will* er? *Muss* eine Partei regieren oder *will* sie? *Muss* ein Vater oder eine Mutter Unterhalt zahlen oder *will* er oder sie? Unabhängig von der Frage, welcher der Zustände besser oder schlechter ist, kommt es erst einmal darauf an, sie in ihrer Unterschiedlichkeit zu erkennen. Und da es in jedem von uns beide Haltungen gibt, können wir auch beide durch Training transformieren. Darum geht es in den späteren Kapiteln.

Gestatte mir zur Veranschaulichung eine persönliche Geschichte. Nach meinem Unfall lernte ich meine Krankengymnastin erst kennen und dann lieben. Wir zogen zusammen nach Köln, wir heirateten, und unsere Tochter kam zur Welt. Leider entwickelten wir uns in unterschiedliche Richtungen. Es kam zur Trennung. Wir hatten uns vorgenommen, uns für die einvernehmliche Scheidung von einem gemeinsamen Anwalt beraten zu lassen. Doch der Anwalt versuchte gleich im ersten Gespräch, Öl ins Feuer zu gießen. Er versuchte, unsere Traumatisierungen auszunutzen und uns gegeneinander aufzuwiegeln. Das erkannten wir. Und so groß aufgrund der noch frischen gegenseitigen Verletzungen die Versuchung war, ihm zu folgen: Wir gaben ihm den Laufpass und beauftragten eine Anwältin. Die verstand ihren Auftrag und half uns, unsere Verantwortung an der gescheiterten Beziehung aufzuarbeiten und auseinanderzudividieren.

Jeder musste zuerst lernen, seinen Teil der Verantwortung zu erkennen und anzuerkennen. Das war gar nicht so leicht. Überall lauern Selbstmitleid und gefühlte Ungerechtigkeit. Doch mit der Zeit und dem ständigen Bemühen kommt irgendwann der Durchbruch zur Klarheit. Als wenn nach einem heftigen Gewitter wieder die Sonne durch die Wolken bricht. Dieser Erkenntnismoment hilft dann in der nächsten Beziehung. Man wird nicht mehr mit denselben Themen konfrontiert, denn man hat sie erkannt, anerkannt und im besten Fall mental transformiert.

Nach der erfolgreichen Aufarbeitung war die Trennung der materiellen Güter ein Leichtes. Es funktionierte hervorragend. Wir klärten alles gemeinsam bei einem Notar und konnten uns innerhalb von einer Minute vor Gericht problemlos scheiden lassen. Ich erinnere mich noch genau, wie die Familienrichterin uns beiden anerkennend zunickte. Ich bin meiner ehemaligen Frau sehr dankbar, dass wir beide das so hingekriegt haben. Denn die Versuchung, sich Verletzungen hinzugeben und sich in Vorwürfen zu verstricken, lauert überall. Und jeder im Umfeld ergreift Partei und versucht, Einfluss zu nehmen. Doch wir haben das nicht zugelassen. Wir blieben eine geistige Einheit. Es hat unserer Beziehung und der zu unserer gemeinsamen Tochter sehr gutgetan. Jeder hat seinen Teil der Verantwortung an der Situation getragen und ist daran gewachsen. Ich bin sehr stolz auf uns als Team.

Weit gespannt ist der Begriff der Verantwortung auch, wenn es um die Frage geht, wer genau wofür Verantwortung übernehmen soll oder muss. Ist Verantwortung etwas Individuelles oder auch etwas Kollektives? Und wie weit reicht sie zeitlich? Nach den Verbrechen des Nationalsozialismus wurde und wird viel darüber gesprochen, ob alle damals lebenden (erwachsenen) Deutschen mitverantwortlich waren, sofern sie keinen Widerstand geleistet hatten. Ebenso wird diskutiert, ob auch Nachgeborene eine gewisse Art von Verantwortung tragen – etwa, wenn sie im Ausland auftreten oder wenn es um das Verhältnis zu Israel geht. Müssen Deutsche des Jahrgangs 1990 ihr Verhalten wirklich an den Untaten eines Regimes orientieren, das 1945 endete? Eine mögliche Antwort auf diese Frage lautet, dass man differenziert überlegt, wie diese Verantwortung für zukünftige Generationen aussehen kann – denn wer in einem der reichsten Länder der Welt lebt, seine über Jahrhunderte geschaffene Infrastruktur nutzt und stolz ist auf die deutsche Kultur, kann sich beim Thema »historische Verantwortung« nicht einfach in die Büsche schlagen. Und wer sagt »Man konnte doch nichts machen«, darf nie vergessen, dass es in jeder Diktatur mutige Menschen gab und gibt, die dennoch Widerstand leisten.

Natürlich geht es auch hier um die Frage, welchen Teil der Verantwortung die Nachgeborenen annehmen sollen und wie das aussieht. Persönlich mit einem schlechten Gewissen herumzulaufen oder sich gar gängeln zu lassen, ist nicht angemessen. Aber aus der deutschen Geschichte zu lernen – und dafür zu streiten, dass diese sich so niemals wiederholt –, ist die Verantwortung jeder Bürgerin und jedes Bürgers.

Auch ohne finstere historische Bezüge diskutieren Gesellschaften darüber, wie viel Verantwortung für die Gemeinschaft der Einzelne trägt und tragen sollte. Wer durch sein Verhalten oder Unterlassen das Leben anderer prägt, steht permanent vor dieser Frage – oder sollte sie sich jedenfalls stellen: Was ist da, wo ich jetzt bin, gerade mein

Teil der Verantwortung für ein bestimmtes Ergebnis? Nicht mehr und nicht weniger.

Selbstverständlich haben auch die Wissenschaften versucht, den Begriff der Verantwortung zu definieren. Trotzdem bleibt er vielschichtig – schon, weil er von verschiedenen Disziplinen unterschiedlich betrachtet wird.

Die **Philosophie** fragt, *unter welchen Bedingungen* ein Mensch Verantwortung für etwas übernimmt und übernehmen kann, und betont dabei unter anderem die folgenden drei Aspekte:

1. Die Person muss **frei entscheiden** können, also das Recht haben, die Verantwortung im Vorfeld abzulehnen.

2. Die **Anforderungen** der Aufgabe und die zur Verfügung stehenden **Mittel** müssen vorher bekannt und durch die Person beherrschbar sein.

3. Die **Folgen** einer Handlung, durch die man seiner Verantwortung nachkommen will, müssen abschätzbar sein.

Die **Psychologie** hingegen spricht eher von »Handlungsfähigkeit« oder »Handlungskontrolle« und stellt die Frage nach dem freien Willen. Ihre Hauptfrage lautet: Was genau leitet einen Menschen bei der Auswahl seiner Verhaltensweisen? Wieder hebe ich drei Aspekte heraus:

1. **Soziale Normen** sind definiert als Überzeugungssysteme, wie man sich generell verhalten oder nicht verhalten soll, die also unser Verhalten ohne Gesetzeskraft steuern. Die Leitfrage wäre: Wie wird der Umgang mit Verantwortung im jeweiligen **Umfeld** definiert?

2. Der Begriff der **Attribution** bezeichnet das Zuschreiben von Ursachen zu Ereignissen, Verhalten, Persönlichkeitseigenschaften oder Verhaltensergebnissen. Unterm Strich: **Wer schreibt wem welche Verantwortung zu?**

3. Welche Erwartungen an die Inhaber bestimmter sozialer Positionen gerichtet werden, hängt außerdem von deren **Rolle** ab: Chefin, Lehrer, Mutter, Politiker …

Intellektuell gesehen sind diese Definitionen sehr interessant. Doch jetzt mal Hand aufs Herz: Hilft dir das? Für dein eigenes Leben? Mir ist im Laufe der Jahre bewusst geworden, dass mir solche akademischen Definitionen in der Praxis wenig geholfen haben. Eine Zeit lang war ich stolz darauf, mir solche Theorien intellektuell zu erarbeiten und sie irgendwann draufzuhaben. Wenn dann jemand ein Stichwort wie »Zuschreibung« erwähnte, sagte ich mit einer wegwerfenden Handbewegung: »Attribution. Diese Zuschreibung lässt sich übrigens in einen äußeren und einen inneren Bezugsrahmen der Zuschreibung differenzieren. Kenn ich!« Wie eine Katze markierte ich durch »Kenn ich« mein Revier und wollte damit meine geistige Überlegenheit zur Schau stellen. Ich dachte, damit sei die Sache erledigt. Ich glaubte, weil ich es kenne, sei es für den weiteren Prozess unerheblich. Ich gehe auf diese Geschichte etwas ausführlicher ein, weil es eine Bedeutung für das Thema unseres Buchs hat.

Irgendwann war ich der Meinung, ich beherrsche den gesamten Komplex »Verantwortung« aus dem Effeff. Bis vor vielen Jahren mein Gegenüber, ein ganz sanfter, freundlicher älterer Mann, auf mein verächtlich-besserwisserisches »Kenn ich!« einmal erwiderte: »Ja, Sie *kennen* das vielleicht. Aber *können* Sie es auch?« Das zog mir damals effektiv den Stecker. Etwas verwirrt fragte ich nach, was er meine. Er fragte zurück: »Wie funktioniert eine Geige?« Ich stammelte zuerst herum und brachte dann irgendetwas von »Schwingung durch gespannte Saiten«, »Tonhöhen durch unterschiedliche Saitenlängen« und »Klang durch den Geigenkörper« heraus. Er hob anerkennend die Augenbrauen: »Ziemlich gut. Sie kennen das Prinzip, nach dem die Tonerzeugung bei der Geige funktioniert, tatsächlich. Aber sind Sie der Meinung, dass Sie deshalb Geige *spielen* können?« Ich habe in diesem Moment viel begriffen. Und ich begegne dem Phänomen heute oft in meinen Seminaren. Die meisten wollen etwas intellektuell kennen – aber sie durchdringen es dadurch noch lange nicht. Diese Menschen sagen immer wieder »Kenn ich!« und halten das für einen relevanten Beitrag. Oft wollen sie dadurch Sicherheit in unbekanntem Terrain gewinnen. Oder einfach Überlegenheit demonstrieren. Und sie wollen damit zugleich ausdrücken: »Los, erzähl mir was, das ich noch nicht kenne.« Es gibt ihnen ein gutes Gefühl, etwas abzuwerten nach dem Motto: »Das ist (mir) nicht neu, also taugt es nichts.«

Für die Erkenntnis, dass Verantwortung bedeutet, vom Kennen zum Können zu kommen, bedarf es tieferer Einsicht. Genau das ist meine Aufgabe: Dazu darf ich die Seminarteilnehmer bringen. Und sie sind dann ebenso verblüfft wie ich damals. Ich bin dem älteren Herrn bis heute dankbar. War es angenehm? Nein! Hat es etwas gezwickt? Ja! Am liebsten wäre mir es gewesen, ich hätte diese Einsicht aus mir selbst heraus entwickelt. Ohne diese direkte Ansprache. Und mein erster, impulsartiger Reflex war Wut. Wie konnte der einfach so etwas Unverschämtes zu mir sagen?

Genau in dieser Wut bleiben viele heute einfach stecken und beschweren sich, wenn sie mit etwas Unangenehmem konfrontiert werden. Doch nur einen Gedanken tiefer entstehen die Erkenntnis und die Einsicht. Und die tun einfach nur gut. Die Wut löst sich auf, und es entsteht Dankbarkeit. So oder so ähnlich läuft es ständig ab. Auch in unseren Trainings. Und wahrscheinlich auch bei dir. Wenn du gestattest, würde ich in diesem Buch manchmal gerne die Rolle dieses älteren Herrn übernehmen. Und wenn es zwickt, sei dir sicher: Es soll dir und deinem Wachstum dienen.

Die Zurechtweisung machte meinen Blick auch für etwas anderes frei: Ich hatte damals durchaus schon ein »Können« zum Thema Verantwortung. Das kam aber nicht aus den theoretischen Definitionen, sondern aus meiner Lebensgeschichte. Mir wurde immer klarer: Da war die Quelle meiner echten Erkenntnisse. Seit dem Unfall, seit dem Fall ins Bodenlose, kam ein Widerstand nach dem anderen. Gefühlt bestand meine neue Welt nur aus Problemen und Widerständen. Und die galt es zu überwinden. Eine Schwierigkeit folgte der nächsten. Eine schmerzhafte Lektion nach der anderen. Daran galt es zu wachsen. Im echten Leben. Aus diesen Niederlagen wollten Siege gemacht werden. Und tatsächlich, meine Lebensergebnisse wurden immer besser. In allen Lebensbereichen. So wurde ich Experte für mentale Transformation. Ohne es zu wissen. Auf den Punkt: **Ich lernte Scheiße zu fressen und Gold auszuspucken**.

Akademisches Wissen liefert oft einen wichtigen Beitrag. Doch Wissen ist noch lange nicht Wirkung. Bewusstsein entsteht erst, wenn du über die Theorie hinausgehst und das durch deine Lebensergebnisse sichtbar machst. Diese zeigen, wer du wirklich bist. Das, was du sagst, ist das, was du gerne wärst. **Das, was du lieferst, zeigt an, wer du wirklich bist**. Und die Brücke dazwischen, die nennen wir Integrität. Je mehr deine Taten deine Worte belegen, desto integrer bist du. Und wir alle haben sowohl Lebensbereiche, in denen wir sehr integer sind, als auch solche, in denen uns das nicht so gut gelingt. Dann gilt es einfach, besser zu werden. Tag für Tag. So gut wir es eben hinkriegen. In dieser Verantwortung ist jeder von uns. Es ist schon ein Unterschied, ob ich in Betriebswirtschaftslehre promoviere oder ob ich erfolgreich ein Unternehmen führen kann. Ob ich alles über Honig weiß oder ob ich ein erfolgreicher Imker bin. Ob ich die Theorie über Humor erlernt habe oder ob ich Menschen zum Lachen bringe. Ob ich eine Menge Wissen über mentale Transformation erworben habe oder ob ich mentale Transformation *bin*. Ausbildungen mit hohem intellektuellem Anspruch schaffen ein Kompetenzgerüst. Und das ist sehr wichtig. Doch jetzt gilt es, dieses Gerüst permanent in tatsächliche Ergebnisse, in Wirkung zu verwandeln. Sonst bleibt es beim Kompetenzverdacht. Erst konstant die gewünschten Ergebnisse zu liefern, zeigt die wahrhaftige Kompetenz.

DAS BEDEUTET VERANTWORTUNG

Wie also definiere ich »Verantwortung« für dieses Buch?

Einige Stichworte sind bereits angerissen worden. Mit einem Zitat von Timothy Devinney: »Verantwortung ist die Verpflichtung, sich gegenüber anderen Individuen, Gruppen oder Organisationen ›korrekt‹ zu verhalten. Wobei ›korrekt‹ definiert wird als Handeln unter Berücksichtigung von Normen, Pflichten, Gesetzen und sozialer Moral.«

Verantwortung wird also verstanden als das richtige Verhalten gegenüber anderen Personen und Institutionen. Die Studien des Grundl Leadership Instituts für unseren jährlichen *Verantwortungsindex* haben ergeben, dass Menschen verantwortungsvolles Handeln vor allem mit den Tugenden der **Ehrlichkeit** und der **Zuverlässigkeit** in Verbindung bringen. Wer auf gute Weise in der Verantwortung ist, handelt in Übereinstimmung mit seinen Zusagen, mit seinen Werten und mit sich selbst.

Ein weiterer wichtiger Aspekt: Verantwortungsübernahme ist die Bereitschaft, die **Konsequenzen** der eigenen Entscheidungen zu akzeptieren. Das lässt sich am besten im Umkehrschluss zeigen: »Verantwortungslos« bedeutet, mit Tempo 80 durch ein Wohngebiet zu rasen und nach einem Unfall zu behaupten, das überfahrene Kind sei schuld, weil es nicht aufgepasst habe; der Unfall habe nichts mit der eigenen Überschätzung zu tun. Wenn du hingegen bereit bist, die Konsequenzen deiner Entscheidungen voll und ganz zu akzeptieren, zu tragen und zu bejahen, erreichst du ein anderes Level deines Verantwortungsbewusstseins. Erst dann hast du dich wirklich für etwas entschieden. In diesem Beispiel: Du bist dir bewusst, wo du dich befindest. Und deswegen fährst du vorsichtig und umsichtig. Weil andere Menschen gefährdet werden können.

Zu einem gelungenen Leben gehören mithin zwei Aspekte von Verantwortung: die Konsequenzen von Fehlern tragen und sich dazu bekennen – und Verantwortung ergreifen, wo es darum geht, das zu tun, was ansteht, was man tun kann und was einem zumutbar ist. Sich zu drücken ist in beiden Fällen ein Zeichen, dass man hier noch nicht wachsen möchte. Und eins ist sicher: **Das Leben wird die Lektion so lange wiederholen, bis wir sie begriffen haben**. Deswegen gilt: wenn nicht jetzt, wann dann?

In gesellschaftspolitischen Diskussionen taucht Verantwortung oft in ihrer (vermeintlichen) Spannung zum Begriff der **Freiheit** auf. Aber was bedeutet Freiheit eigentlich? Die häufigste Antwort lautet: »Dass ich tun und lassen kann, was ich will.« Diese Aussage stammt von Menschen, die denken, sie wären erst dann frei, wenn sie ausschließlich das täten, was sie wollen. Was bedeutet, dass das aktuell nicht der Fall ist. Noch mal bis zum Ende durchdacht: Das heißt, hier ist es nicht so schön, weil ich es gerne anders hätte. Das bedeutet, ich habe innere Widerstände gegenüber der Gegenwart. Also dem Leben gegenüber. Ich bin unzufrieden mit dem, wie es jetzt ist. Oder kurz: Ich bin eigentlich unglücklich. Und die wenigsten verstehen, dass sie sich durch diese unbewusste Deutung der Gegenwart selbst die Hölle auf Erden erschaffen. Direkt darauf angesprochen, möchten sie einen am liebsten einen Kopf kürzer machen. Du erinnerst dich an meine Reaktion auf die Ansprache des älteren Herrn? Er machte mir meinen inneren Widerstand bezüglich der Gegenwart bewusst. Ich wollte das nicht wahrhaben. Ich wollte es anders haben.

Wer also Freiheit nur dann empfindet, wenn er tun kann, was er will, der fühlt sich in der Gegenwart oft unfrei. Wer Freiheit so definiert, der tut nicht, was er will – und er will nicht, was er tut. Er ist im Zustand des Müssens und nicht des Wollens. Und würde angeblich alles dafür geben, frei zu sein. Aber stimmt das wirklich? Wäre er wirklich bereit, den Preis der Freiheit zu bezahlen? Denn dieser Preis ist das vorbehaltlose Akzeptieren der Gegenwart. Das heißt überhaupt nicht, dass ich nichts verändern möchte. Ganz im Gegenteil. Doch Veränderung gelingt am besten, indem ich alle inneren Widerstände gegenüber der Gegenwart herausnehme.

Nur ein verantwortungsvoller Mensch ist selbstbestimmt und damit frei. In einer Radiosendung drückte es eine Pastorin kürzlich so aus: »Ich bin frei, weil ich die Verantwortung für das Drehbuch meines Lebens gerne übernommen habe.« Meine persönliche Geschichte und meine Arbeit als Managementtrainer haben mir gezeigt: Erst gepaart mit Verantwortung ergibt Freiheit einen Sinn. Freiheitsstreben ohne Verantwortungsgefühl führt zur Forderungstyrannei. Wer sie praktiziert, zieht als *Freiheitseinforderungsterrorkommando* durchs Leben. Dementsprechend haben wir es aktuell oft mit einem sehr verkürzten, egoistischen Freiheitsbegriff zu tun, der manchmal geradezu pubertär-trotzig klingt: »Ich kann machen, was ich will!«

Mein Ansatz zum Thema Freiheit heißt, dass man eben nicht tun und lassen kann, was man will. Sondern: **Frei bist du, wenn du willst, was du tust**. Freiheit heißt: Wenn ich es schon tun muss, dann will ich es auch. Wer das schafft, kommt in einen Zustand der Leichtigkeit und Freude statt der Schwere und Last. Und vor allem projiziert er seine innere Unzufriedenheit, sein empfundenes Unglück, nicht auf andere. Er hat vielmehr die Fähigkeit, die Gegenwart immer konsequent und schnell anzuerkennen und alle inneren Widerstände auszuschalten. Das bringt dich in die Präsenz. In das, was jetzt machbar ist. Und es ist keine Last mehr.

Im 1. Kapitel habe ich das **Sechs-Stufen-Modell** bereits einmal vorgeführt. Die sechste Stufe bedeutet genau das eben Genannte: »Ich will das, was ich tue.« Natürlich sind wir alle jeden Tag in allen sechs Stufen unterwegs – wenn uns am Schreibtisch das volle Saftglas umkippt, blicken wir nicht weise lächelnd auf die Bescherung, sondern hadern mit dem Pech und dem eigenen Ungeschick oder geben der Katze die

Schuld, die uns abgelenkt hat. Wenn Menschen den Wunsch hegen, alles in Stufe 6 zu machen, ist das nicht mehr als die Gier nach guten Gefühlen. Aber der Nutzen des Sechs-Stufen-Modells liegt darin, sich über den eigenen Teil der Verantwortung an einem Ergebnis klar zu werden. Wie nehme ich Themen geistig in Besitz? Wann ertappe ich mich beim Verweigern von Verantwortung? Und wo entscheide ich mich – auch das kann sinnvoll sein – für bewusste Verdrängung? Am Ende dieses Bewusstseinsprozesses steht oft die Entscheidung, vor allem die wirklich wichtigen Themen in die Stufe 6 zu bringen.

Aber wie kann das gelingen? Darum geht es in den folgenden Kapiteln. Doch bereits an dieser Stelle sollen zwei Geschichten ins Thema einführen – eine leichte und eine schwierige. Beide zeigen, dass selbstverständlich auch ich durch alle sechs Stufen gehe – und zwar immer wieder neu. Ich erzähle die Geschichten nicht nacheinander, sondern miteinander verschränkt. Wenn du Lust hast, überleg dir doch beim Lesen bitte eine eigene Geschichte, die du selbst erlebt hast. Denn so kannst du die Erkenntnisse aus den sechs Stufen am einfachsten auf dein eigenes Leben übertragen.

Folgende Voraussetzungen sind für die Geschichte wichtig: Du wurdest in deiner Vergangenheit von einer sehr unangenehmen Situation getroffen. Am Anfang wärst du am liebsten vor dieser unangenehmen Situation davongelaufen. Du hättest dich am liebsten versteckt. Und gewartet, bis alles vorbei ist. Doch irgendwann war dir klar, du musst dich der Situation stellen. Also hast du dich der Situation gestellt und hast dich mit ihr auseinandergesetzt. Du bist in den Schmerz gegangen und hast die Lehre erkannt, die in dem Schmerz verborgen war. Und heute bist du froh und dankbar, dass es diese Situation gegeben hat. **Also Verdrängung am Anfang und Dankbarkeit heute – daran erkennst du die passende Geschichte.** Übrigens, diese Geschichte beweist deine eigene mentale Transformationskraft. Und auch darum geht es: dir deine Kraft zur mentalen Transformation bewusst zu machen. Genau die möchte ich dir durch dieses Buch ausbauen helfen.

Geh in Gedanken bitte deine eigene Geschichte durch, während ich dir im Folgenden zwei Geschichten von mir erzähle: eine leichte und eine schwierige. Nur dann profitierst du hiervon maximal. Betrachte es doch einfach als erste Übung darin, dir die Art bewusst zu machen, in der du Verantwortungsbewusstsein entwickelst. Denn normalerweise geschieht das unbewusst. Und ärgere dich bitte nicht, wenn dir gleich mancher Gedanke wie eine Wiederholung aus dem einleitenden Kapitel erscheint. Wiederholungen sind das Geheimnis jeder Didaktik. Kein Musiker wird sich jemals darüber beschweren, dass er die schwierige Passagen immer und immer und immer wieder spielen und üben soll. Selbst wenn sie schon perfekt sitzen, spielt er sie täglich mehrfach, damit sie ihm in Fleisch und Blut übergehen.

Die leichte Geschichte heißt **Boris Grundl und der Kaffeefleck**, die schwierige **Boris Grundl und der Unfall**.

Die leichte Geschichte beginnt so: Fünf Minuten vor meinem Auftritt habe ich mir einen Kaffee geholt. Das schwierige Beispiel beginnt mit meinem bereits im Prolog erwähnten Unfall: Ich bin in Mexiko von einer Klippe gesprungen, bin falsch aufgeschlagen, war danach zu 90 Prozent gelähmt und fand mich im Rollstuhl wieder.

Natürlich haben die beiden Geschichten ein völlig unterschiedliches Level. Aber gemeinsam ist ihnen das Problem, das auftritt: Etwas stellt sich uns in den Weg. Wir wollen von A nach B, und irgendetwas Unvorhergesehenes passiert. Das provoziert Enttäuschung, Ärger, Frust oder Wut. Die Frage ist, wie wir damit umgehen. Wenn du genau hinschaust, wirst du merken, dass die Antwort zum Beispiel auch auf die Frage passt, wie Menschen resilienter werden und was sie berücksichtigen müssen, damit Agilität funktioniert.

Bevor du nun weiterliest, finde für dich ein Beispiel, bei dem du Verantwortung übernommen hast. Ein Beispiel deiner eigenen mentalen Transformationskraft.

Stell dir folgende Situation vor: ein Rollstuhlfahrer in einem blauen Hemd. Um das Weitere zu verstehen, musst du wissen, dass es aufgrund meiner Behinderung ungefähr zehn bis fünfzehn Minuten dauert, selbstständig ein Hemd zu wechseln. Nun passiert Folgendes: Ich bin kurz vor einem Auftritt als Redner. Alles ist fertig. Der Technikcheck auf der Bühne hat geklappt: Die Unterlagen sind da, der Laptop läuft, das Mikro sitzt wie eine Eins, der Ton ist super, alles gut. Es ist noch Zeit, mir einen Kaffee zu holen. Sich als Rollstuhlfahrer mit einem Kaffee fortzubewegen, ist ein bisschen komisch. Den Kaffeebecher halte ich wie alle in der Hand, aber ich brauche meine Hände auch zur Fortbewegung. Also drehe ich das eine Rad mit der freien Hand und das andere mit dem Ellenbogen des Arms, dessen Hand den Becher hält. So rolle ich in Richtung Vortragsraum. Ich komme bis zur Tür – und was passiert? In diesem Moment öffnet sich die Tür. Und was trifft die Tür? Meine Hand. In dieser Hand war der Kaffee – aber jetzt befindet er sich nicht mehr im Becher, sondern auf meinem Hemd. Fünf Minuten vor meinem Auftritt habe ich einen riesigen Kaffeefleck auf dem Hemd, und es würde über zehn Minuten dauern, mich umzuziehen. Wie ist meine erste Reaktion? Klar: »Das kann doch nicht sein. Das gibt's jetzt nicht, oder?« So, wie wenn du zu einem wichtigen Meeting fährst und es ist Stau: »Das gibt es jetzt nicht!« Eine Stunde Puffer ist weg. Der nächste Stau heißt, dass du den wichtigen Termin nicht schaffst. Reaktion: »Das gibt es jetzt nicht!« Du kennst das Gefühl.

Dieselbe Reaktion gab es auch in meinem schwierigen Beispiel: Ich springe in Mexiko von der Klippe und habe keine Körperspannung. Ich kriege das nicht mit, und es schiebt mir den Halswirbel rein. Was ich mitkriege, ist: Ich lande, kann nicht schwimmen, gehe unter und habe eine

Nahtoderfahrung. Ich werde gerettet und an den Strand getragen, liege dort. Erste Reaktion: »Das gibt es doch nicht!«

Das Prinzip dahinter ist, dass du an Punkt A bist und zu Punkt B willst. Das geschieht von morgens bis abends. Bei einer Störung läuft der Weg allerdings nicht wie geplant. Es kommt etwas dazwischen. Sei es eine Autopanne, sei es etwas Schlimmeres im Leben. Zum Beispiel denkt jemand, dass in seiner Ehe alles in Ordnung ist. Aber auf einmal will der Partner sich scheiden lassen. Ob das Problem klein oder schwerwiegend ist – es ist immer dasselbe Prinzip. Etwas kommt in den Weg und wir reagieren mit: »Das gibt es doch nicht. Das ist jetzt nicht passiert.« Das ist die erste Phase. Unser Institut nennt sie **Verdrängung**. Es ist ein Zustand des Nicht-wahrhaben-Wollens. Wenn auf meinem Hemd Kaffee ist, ist ja klar: Es ist Kaffee auf dem Hemd. Bringt es etwas, das zu verdrängen? Natürlich nicht. Aber überleg mal, wie oft du in solchen Situationen die Probleme im ersten Reflex verdrängen willst und sagst: »Das hat nichts mit mir zu tun, das kann nicht sein.«

Verdrängung heißt, dass man sich nicht auseinandersetzen will mit dem Hindernis und seinen Gründen. Man leugnet einfach das Problem. Süchtige betonen zum Beispiel: »Ich bin nicht spielsüchtig«, »Ich bin kein Alkoholiker«, »Ich könnte morgen aufhören, wenn ich wollte«. Diese Verdrängung ist eine völlig normale menschliche Haltung. Die Frage lautet aber: Wie lange verharren wir darin? Bei der Geschichte mit dem Kaffeefleck würde man sicherlich sagen: »Da kommst du schnell drüber weg.« Aber nach dem Unfall? Ich kenne Menschen, die solche Dinge jahrelang verdrängen und sie nicht annehmen. Die Verdrängung kann eine Sekunde, eine Stunde, einen Tag, einen Monat oder ein Jahr andauern. Klar ist: Diesen Impuls kannst du nicht *nicht* haben. Denn du kannst die Ursache für ein Missgeschick und erst recht für einen Schicksalsschlag nicht sofort annehmen. Bewusste Verdrängung kann sogar sinnvoll sein, wenn die Befassung mit einer Katastrophe aktuell zu schmerzhaft wäre. Wichtig ist aber, dass man weiß, dass da eine Baustelle ist. Denn es gibt auch Menschen, die ein Thema ihr ganzes Leben lang verleugnen, bei dem sie eigentlich Verantwortung übernehmen könnten. Sie verdrängen in der Regel unbewusst.

Die Verdrängung ist die erste Phase in der Entwicklung unseres Verantwortungsbewusstseins. Diese Phase durchlaufen wir bei jedem Thema aufs Neue. Die Frage ist immer nur, wie lange wir hier verweilen.

Der Kaffee ist also fünf Minuten vor dem Auftritt auf meinem Hemd. Erste Reaktion: »Kann nicht sein.« Doch, das ist so. Ich akzeptiere es, habe die Phase der Verdrängung hinter mir. Nächster Gedanke: »Welcher Depp hat die Tür aufgemacht?« Das ist die **Suche nach dem Schuldigen**. Hierbei handelt es sich meistens um eine Person oder eine Personengruppe.

Diese Suche nach dem Schuldigen ist ein ganz normaler Reflex. Wenn die Fußballnationalmannschaft bei der Weltmeisterschaft in der Vorrunde ausscheidet, heißt es auch: »Das gibt's doch nicht! Das liegt alles am Bundestrainer!«

Jemandem wird gekündigt, und natürlich hat das in seinen Augen erst mal nichts mit ihm selbst zu tun, es sind die Deppen da oben in der Geschäftsführung.

Wenn etwas nicht funktioniert, suchen Menschen einen Schuldigen, der geköpft werden muss. Beobachte dich einmal selbst. Stell dir vor, du kommst nach Hause und legst deinen Schlüssel irgendwo ab. Kurz darauf musst du eilig wieder los – und kommst an den Ort, an dem du den Schlüssel abgelegt hast. Er lag doch hier. Das könntest du schwören! Aber da liegt er nicht mehr. Wenn du in einer Partnerschaft lebst, wirst du sofort deinen Partner verdächtigen, dass der ihn weggeräumt hat. Und wenn du besonders schlecht drauf bist, witterst du sogar eine Art Verschwörung gegen dich. Der Schlüssel wird absichtlich versteckt, damit du es im Leben noch schwerer hast als sowieso schon. Den Gedanken, dass du den Schlüssel vielleicht woanders hingelegt haben könntest als sonst, lässt du nicht zu.

Nach dem Sprung von der Klippe lag ich bewegungsunfähig da und dachte: »Das kann nicht sein.« Und dieser Prozess war nicht mit dem Ärger über einen Kaffeefleck vergleichbar. Die Verdrängung dauerte hier wesentlich länger. Nicht einige Sekunden, sondern in meinem Fall einige Wochen. Doch irgendwann wollte das Verantwortungsbewusstsein auch hier weiter aufsteigen. Und wie wir wissen, heißt das: die Suche nach dem Schuldigen. Wer hat mich so erzogen, dass ich ständig – denn es war nicht das erste Mal – mein Leben riskiert habe? Dass ich nur etwas gefühlt habe, wenn ich mich an den Rand des Todes gebracht habe? Warum bin ich so? Klar: Es waren die Eltern. Die Eltern haben mich so erzogen, dass ich immer leisten musste, um Liebe zu bekommen. Deswegen war ich so ein Grenzgänger. Deswegen bin ich gesprungen. Die sind schuld.

Vielleicht denkst du jetzt: »Aber es ist doch auch so. Wenn ich zu jemandem ins Auto steige, der dann gegen einen Baum fährt, hat der natürlich den Unfall gemacht.« Stimmt. Aber du bist ins Auto eingestiegen. Das ist deine Verantwortung. Oder jemand verspricht dir hohe Gewinne bei einer Investition, und du verlierst alles. Jetzt kannst du den Finanzberater anklagen – oder aber denjenigen, der ihm das Geld gegeben hat. Klingt hart, oder?

Auch in der zweiten Phase, der Suche nach dem Schuldigen, verweilen Menschen unterschiedlich lange. Manche nur eine Mikrosekunde, andere ihr gesamtes Leben. Es ist also nicht die Frage, ob wir eine schuldige Person suchen, sondern wie lange. Ich kenne eine Frau, die vor fast 25 Jahren eine Scheidung erlebt hat. Da sind ohne Zweifel unschöne Dinge passiert. Aber dass sie noch heute ihrem damaligen Mann die Hölle heißmacht, ihn verfolgt und ihm alles Böse wünscht, ist ihre Entscheidung. Sie hat sich das zur Lebensaufgabe gemacht. Wahrscheinlich würde sie ihm noch ins Grab hinterherspringen, damit er ein möglichst schlechtes Nachleben hat. Sie beschuldigt ihn immer noch und kriegt nicht mit, wie sehr sie damit ihr eigenes Leben vergiftet.

Zurück zur Kaffee-Episode. Die Suche nach dem Schuldigen ist vorbei. Der Kaffeefleck ist auf dem Hemd. Erste Reaktion: »Gibt's doch nicht.« Zweite Reaktion: »Welcher Depp hat die Tür aufgestoßen?« Jetzt kommt die dritte Stufe, bei der wir die Schuld nicht auf die Person, sondern auf die **Umstände** schieben. Weiterhin sind wir also auf der Schuldebene. In meinem Fall war es so: »Wie kann man nur eine Fluchttür nach innen aufgehen lassen? Die muss doch nach außen aufgehen! So was macht man nicht, das muss man doch wissen, wenn man so etwas plant. Mal wieder typisch. Pfusch am Bau.« Die Umstände sind nun die Schuldigen. Der große Moment für Ausreden. Man beklagt zum Beispiel die Umstände der eigenen Kindheit: »Ich war Einzelkind/mittleres Kind/ältestes Kind/jüngstes Kind/überbehütetes Kind/vernachlässigtes Schlüsselkind.« Oder man geht ins Allgemeine: »Das war schon immer so«, »Politiker sind …«, »Das ist wieder typisch«, »Ich musste so handeln«, »Der Kapitalismus ist …«, »Menschen/Männer/Frauen sind …«. Das Allgemeine wird als Rechtfertigung herangezogen.

Wie viele Leute kennst du, die ständig sagen: »Das ist halt so.« Oder: »Weil Chefs eben so sind …«? Wenn zum Beispiel jemand von einem Menschen betrogen wurde, aber selbst denkt, noch nie jemanden tief enttäuscht zu haben, sagt er: »Man kann sich auf niemanden mehr verlassen.« Wenn wir die Welt so sehen, dann scheint es uns oft, dass wir nichts machen können, weil die Umstände nun mal gegen uns sind. Ein solcher Umstand ist zum Beispiel auch: »Ich habe zu wenig Zeit« – die Zeit an sich ist also schuld. Ich sage nicht: »Ich bin nicht in der Lage, die Zeit so zu nutzen, dass ich wunderbar zurechtkomme«, sondern »Der Zeitdruck ist schuld«. Oder die hohe Veränderungsgeschwindigkeit auf Märkten und in Unternehmen – auch sie ein Umstand, dem Menschen gerne die Schuld geben. Dadurch machen wir uns zu machtlosen Opfern. Also für nichts verantwortlich.

Ständig wird in Organisationen viel Zeit und Energie auf die Frage verschwendet, welche Personen oder Umstände die Schuld an etwas tragen. Es werden weder Ideen noch Lösungen gesucht, sondern man bleibt hier hängen. Überleg selbst: Wie oft sitzt du in Meetings, in denen über Schuldzuweisung gesprochen wird, ohne dass man in der Sache auch nur einen Zentimeter weiterkommt? Die alte Redensart bringt es auf den Punkt: Es ist sinnlos, über verschüttete Milch zu jammern. Davon kommt sie nicht wieder in den Krug. Also aus dem Fehler lernen, aufwischen und weitermachen.

Beim Sprung von der Klippe sah die ganze Sache so aus: Meine Eltern haben mich zwar so erzogen. Aber warum? Weil die Gesellschaft »nun mal so ist«. Die Gesellschaft, der Turbokapitalismus sagt: »Leiste etwas, dann bist du etwas.« Deswegen bin ich von der Klippe gesprungen. Ich bin hier beim Thema »Mein Teil der Verantwortung« immer noch im Außen, noch nicht bei mir angekommen. Die Frage lautet wieder: Bleibt man dort eine Sekunde, eine Stunde, einen Tag, einen Monat, ein Jahr oder ein ganzes Leben lang? Wie viele Menschen kennst du, die ihr ganzes Leben lang die Umstände beschuldigen? »Weil ich in dieser Familie groß geworden bin.« Oder: »Das Bildungssystem hat mich nicht gefördert.« Oder: »Die Männer, die Frauen, die Mächtigen haben mich kleingehalten.«

Jetzt folgt ein kleiner Sprung vom Außen zum Innen. Auf der vierten Stufe versuchen Betroffene erstmals, Verantwortung zu übernehmen, statt sie wegzuschieben. Die Richtung ändert sich um 180 Grad. Das fängt fast immer mit **Vorwürfen an sich selbst** an. Der Tenor: »Ach, hätte ich doch bloß nicht …«.

Beispiel Kaffeefleck: Nach »Das kann nicht sein«, »der Idiot« und »doofe Tür« hieß meine vierte Stufe: »Mei, was bin ich blöd. Fünf Minuten vor dem Auftritt mit dem Kaffee durch die Gegend zu hetzen. Wie bescheuert muss man sein? Du kannst dich in Ruhe vorbereiten. Warum musste jetzt noch der Kaffee sein? Wie blöd bist du denn?«

Ähnlich war es nach dem Sprung von der Klippe: Nachdem ich versucht hatte, die Schuld bei anderen abzuladen, folgte der Versuch der Verantwortungsübernahme: »Warum bin ich so drauf, dass ich ständig mein Leben riskieren muss, um mich wach zu erleben? Warum habe ich so wenig Dankbarkeit in mir? Warum bin ich so? Warum muss ich mich selbst ständig prüfen? Ist das nötig?« Diese vierte Stufe der Selbstvorwürfe entspringt unserem Selbstmitleid. Armes Ich. Hätte ich es früher anders gemacht, müsste ich mich jetzt nicht damit auseinandersetzen. Der Versuch der Annahme ist da, doch die emotionale Kraft fehlt noch.

So etwas geschieht häufig in Krisenbesprechungen. Kürzlich durfte ich an der Krisensitzung eines Maschinenbauers teilnehmen. Es waren vier Stunden angesetzt. Zur Analyse der aktuellen Probleme durfte ich nur hospitieren, jedoch nicht agieren. Drei Stunden wurden mit Selbstanklagen der 15 Geschäftsführer verschwendet. Warum man nicht in der Lage gewesen sei, das Problem früher zu sehen. »Hätte man mal ...«, »Wie konnten wir nur so blind sein?« und so weiter. Hochintelligente Leute steckten kollektiv in Scham und Schuldgefühl fest. Weil dieser mentale Zustand für die meisten Menschen unbewusst abläuft. Sobald man diese sechs Bewusstseinszustände über Verantwortung tief verstanden und trainiert hat, fällt einem das wie Schuppen von den Augen. Denn das ist die Gefahr: Die Selbstanklage sieht nach Verantwortungsübernahme aus, und Menschen fühlen sich gut darin. Doch es ist ein heimtückischer Zustand. Er suggeriert das Ringen um Verantwortung und ist dennoch eine weitere Ausrede. Es fehlt noch immer die Kraft, sich der Realität zu stellen.

Ich habe mich oft gefragt, warum dieser Zustand so häufig vorkommt und so viele Menschen lähmt. Die Antwort:

Scham und Selbstbezichtigung sind sozial erwünscht. Sie werden von der Umwelt also positiv bewertet. Achte mal darauf. Ein solches Verhalten interpretieren andere so: »Oh, der übernimmt Verantwortung. Sehr gut.« Deshalb üben viele Leute sehr oft, sehr lange und sehr demonstrativ Selbstkritik. Wir kennen das in der exzessivsten Variante aus asiatischen Gesellschaften, wenn Manager oder Politiker sich nach einem Skandal oder einer Katastrophe unterwürfigst öffentlich entschuldigen.

Was dabei geschieht, ist manchen gar nicht bewusst. Aber jedes Mal, wenn ich sage: »Wäre ich nicht von der Klippe gesprungen«, »Wie konnte ich das nur tun?«, »Hätte ich doch früher eine andere Entscheidung getroffen«, »Warum habe ich nicht …?« und so weiter, zeigt sich eine Form des Selbstmitleids. Armes Ich. Ich klage mich selbst an. Und wer aus Selbstmitleid handelt, hat wenig Energie. Denn er hat seinen Teil der Verantwortung immer noch nicht geistig in Besitz genommen.

Möchte sich das Verantwortungsbewusstsein weiter entwickeln, ist die fünfte Stufe erreicht. Sie heißt **Verpflichtung**. Jetzt sagen Menschen Dinge wie: »Okay, es ist halt so. Es muss jetzt sein. Augen zu und durch. Ich muss nun mal zum Meeting, zur Arbeit, mein Kind erziehen. Ich muss, weil ich verheiratet bin … Ich habe keine Wahl, weil …«

In der kleinen, harmlosen Geschichte sagte ich mir irgendwann: »Jetzt muss ich den Vortrag wohl mit Kaffeefleck auf dem Hemd halten. Sehr unangenehm. Aber da muss ich jetzt durch.« Und als ich nach Monaten im Krankenhaus schließlich im Rollstuhl saß, gingen meine Gespräche anfangs auch so: »Wie geht's dir?« – »Es muss. Es ist schwer. Aber ich mache es. Muss ja.« Ich fühlte mich an den Rollstuhl gefesselt.

Ich muss, muss, muss. Kennst du das? Genau das ist der Zustand, in dem die meisten hängen bleiben, weil sie denken, das sei Verantwortung. Doch das ist es eben nicht. Es handelt sich um den Bewusstseinszustand der Pflicht und der Last – der sozial erwünscht ist. Das bevorzugte Bild der Gesellschaft ist, dass Menschen Verantwortung wahrnehmen, indem sie etwas tun – und zwar unter Mühen. »Sie verpflichtet sich. Sie beißt sich durch. Sehr gut!«

Auf der fünften Stufe hast du schon mehr Energie als bei der Selbstanklage, aber es ist immer noch wenig. Sie genügt gerade so, damit du unter großer Anstrengung deine Ziele erreichst, aber niemals für Außergewöhnliches.

Kennst du Menschen, die im Umgang mit Verantwortung eine unglaubliche Energie haben? Die können geistig nicht im Zustand der Verpflichtung sein. Wieder geht es nicht darum, ob man überhaupt in diesen Zustand kommt. Auf dem Weg zur sechsten Stufe ist er unvermeidlich. Die Frage ist erneut, wie lange man sagt: »Ich muss, will aber eigentlich nicht«: eine Sekunde, eine Stunde, einen Tag, einen Monat, ein Jahr oder ein ganzes Leben?

Denk kurz darüber nach: Wo hast du den Zustand gerade in dir? Wir alle kennen ihn. Wir wissen, wie er ist. Wenn die Gesellschaft die ganze Zeit sagt: »Wenn du dich verpflichtest und aufopferst, bist du ein wertvoller Mensch«, dann ist doch klar, dass jemand so über Verantwortung denkt und dass er Anerkennung für sein Pflichtbewusstsein erwartet. Und dass er sich schämt, wenn etwas nicht gelingt. Weil dann Rechenschaft von ihm verlangt wird.

Wir können hier sogar eine Verbindung zur Entwicklung der christlichen Religion sehen: Im Protestantismus wiegt die persönliche Verantwortung bleischwer. Daher kommt auch die Schwere im Wort »Verantwortung« im heutigen Gebrauch. Sie wirkt als Schuld. Sie ist nicht tilgbar. Egal, ob wir gläubig sind oder nicht. Sie bleibt an uns haften. Im Katholizismus hingegen gibt es immer wieder Ent-Lastungen durch die Beichte und die Absolution. Somit neigt er zur Verantwortungsentlastung oder sogar -verweigerung, weil er die Verantwortung an den allmächtigen Gott abtritt. Das ist ein schönes Beispiel für Polarität. Die goldene Mitte zwischen diesen beiden Polen wäre in Summe wohl hilfreicher für die Entwicklung des Menschen.

Wir finden die bisher dargestellten fünf Phasen überall. In Beziehungen, bei der Arbeit, im Leben … Und jetzt, wo wir das alles durchhaben, bleibt natürlich die Frage: Was ist die Königsdisziplin? Wie gelingt der Sprung? Wie komme ich vom Müssen zum Wollen? Von der Last zur Lust? Was passiert dabei mental? Warum kriegen manche Menschen es hin und andere nicht?

Der Durchbruch in der Kaffeefleck-Geschichte lautete wie folgt: Ich rollte auf die Bühne und sagte: »Meine sehr verehrten Damen und Herren, ich freue mich sehr, dass ich heute zu Ihnen sprechen darf. Wie Sie sehen können, habe ich mich gerade entschieden, das mit einem frischen Kaffeefleck auf meinem hellblauen Hemd zu tun. Und ich glaube, es wird der beste Auftritt, den ich je hatte.« Dank der völligen geistigen Annahme der Situation war der gesamte Stress, den die Auseinandersetzung mit dem Missgeschick in den fünf Phasen davor aufgebaut hatte, mit einem Mal weg. Spurlos verschwunden. Ich war tiefenentspannt und freute mich unbändig auf den Vortrag im befleckten Hemd. Ich hatte Lust darauf. Und er gelang mir wirklich außergewöhnlich gut. Die Leute jubelten mir am Ende förmlich zu. Im Nachhinein war ich dem Kaffeefleck sogar dankbar. Und dem Menschen, der die Tür aufgestoßen hatte, ebenso. Und den Konstrukteuren der Tür. Sie alle haben mich in eine außergewöhnliche Präsenz gebracht. Die sonst an diesem Tag vielleicht gar nicht so groß gewesen wäre.

Aber wie kann Stufe 6 in der Geschichte um meinen verunglückten Klippensprung aussehen? Wo soll da die Lust herkommen? Im Rollstuhl zu sitzen, ist extrem anstrengend, fordernd und schwer. Aber ich *muss* nicht darin sitzen. Ich *darf* es. Denn ich habe mich entschieden: »Ich will dieses Leben im Rollstuhl verbringen. Ich will genauso leben, wie ich jetzt lebe. Und mit keinem anderen Menschen tauschen.«

Jetzt denkst du, das gehe doch gar nicht. Das kann nicht sein. Doch! Ich möchte es. Ob du es mir glaubst oder nicht – das hängt von deiner Sicht der Dinge ab. Und das ist völlig okay. Für mich gilt: Ich darf genau so leben. Warum? Weil mir die Transformation der Anstrengung, des Schmerzes und des Leidens ein unglaublich sinnerfülltes Leben schenkt. Sie gibt mir eine besondere Freude, am Leben zu sein. Warum? Weil mir der Sprung und seine Folgen die Möglichkeit gegeben haben, ein Beispiel dafür zu werden, was alles in uns Menschen steckt. Dafür sitze ich sehr gerne im Rollstuhl. Ich fordere dich jetzt sogar noch ein bisschen mehr. Wenn der Sprung die Voraussetzung dafür war, dass ich dieses Leben jetzt leben darf, dann würde ich sogar noch einmal springen.

Ich weiß, das ist jetzt grenzwertig. Aber es geht hier nicht um mich oder um dein Urteil über mich. Es geht mit dieser Aussage um Folgendes: Ich wünsche jedem Menschen von Herzen, dass er etwas findet, wofür er springen würde.

Zu heftig?

In Phase sechs – **Lust** – nehmen Menschen etwas geistig voll in Besitz. Natürlich muss man bisweilen auch Dinge tun, die keinen großen Spaß machen. Irgendwann muss auch mal das Klo geputzt oder der Keller aufgeräumt werden. Und es werden einem im Leben immer wieder Ziele von anderen vorgegeben. Ein Bekannter drückte es einmal – mit einer Portion ironischer Übertreibung – so aus: »Ich bin Ehemann, Vater und Angestellter. Ich könnte also beklagen, dass etwa 91 Prozent meines Lebens fremdbestimmt sind. Nur weil ich zu dieser Lebenssituation Ja sage und sie nicht als Freiheitseinschränkung wahrnehme, bin ich ein freier, ja sogar glücklicher Mensch. Oder vielleicht sogar genau deswegen?«

In Stufe 5 ist bereits einiges passiert, das du zunächst vielleicht noch gar nicht bewusst wahrnimmst, weil du denkst: Ich muss, also mache ich es. Doch beobachte dich einmal genau. Oft kommen wir nach diesem anfänglichen

Widerstand in einen Fluss. Und dann sind wir in Stufe 6. Nimm das mal ganz bewusst wahr. Die ersten Minuten morgens in der Kälte und Dunkelheit zu joggen, erzeugt inneren Widerstand. Doch mit der Zeit wird daraus: Energie. Spannkraft. Freude. Aus Last wird Lust. So geht es mit vielen Dingen, die am Anfang unangenehm erscheinen. Je bewusster du das wahrzunehmen lernst, desto leichter wird dir der Übergang von Stufe 5 zu Stufe 6 fallen. Und diese Erkenntnisse kannst du dann auf andere Teilaspekte deines Lebens übertragen. Genau das wünsche ich dir von Herzen.

Die Stufe 6 ist reine Präsenz. Reines Gewahrsein. Ganz im Hier und Jetzt. Nichts aus der Vergangenheit und der Zukunft erzeugt Widerstand. Was für ein wunderbarer Zustand. Und du hast ihn schon oft erlebt – nur vielleicht zu wenig wahrgenommen. Im Kern geht es darum, dass wir unser Leben immer mehr in diesem Zustand verbringen. Eine Gewissheit, dass wir immer dort sein werden, gibt es nicht. Aber wenn wir es schaffen, immer mehr Zeit in diesem Raum zu verbringen, ist das die höchste Lebenskunst. Du bist ganz und gar lebendig.

Wenn man mit dem Bewusstsein in Stufe 6 ist, dann freut man sich danach, dass das Klo für die anderen sauber ist, statt herumzulaufen und zu jammern, dass man das Klo putzen musste. Und wenn irgendjemand sagt: »Du machst diese Präsentation ja nur, weil es der Chef dir gesagt hat«, kannst du antworten: »Ja, es kommt vom Chef. Doch ich will das jetzt selbst.« Die Entgegnung wird schnell kommen: »Nee, das hat dir doch der Chef gesagt.« – »Ist mir wurscht. Ich will es.« – »Ach, hör doch auf. Du willst es doch nur, weil der Chef es will.« – »Vielleicht, doch jetzt will ich es.« – »Du machst dir doch was vor!« – »Danke, mir geht's gut. Sehr gut sogar. Wie geht es dir?«

Viele können das nicht verstehen. Was motiviert Menschen, in die Stufe 6 zu gehen? Ganz einfach: Sie möchten maximal inspiriert sein. Sie möchten das Maximum an Lebensfreude und Energie haben. Deswegen machen sie sich

Dinge zu eigen. Und zwar bewusst. Ich verdränge nicht, dass die Anordnung vom Chef kommt. Ich weiß darum – und entscheide mich bewusst, es zu meinem eigenen Projekt zu machen. Das Credo lautet: »Wenn ich es schon tun muss, dann will ich es auch.« Oder, wie ich es weiter oben bereits formuliert habe und der Politiker Ernst Albrecht es vor einigen Jahrzehnten einmal ausdrückte: »Ich will jetzt, was ich muss.« Das ist das Geheimnis – und ich bin dankbar, dass ich es kenne. Nicht nur kenne, sondern auch kann!

Und jetzt verstehst du: **Es geht nicht darum, zu tun, was du willst. Es geht darum, zu wollen, was du tust. Das ist mentale Freiheit!**

Wir haben jetzt einige Erkenntnisse gesammelt. Erstens: Die sechs Phasen laufen immer ab – mal bewusst, mal unbewusst. Zweitens: Menschen können die einzelnen Stufen nicht *nicht* haben. Drittens: Wie wir Verantwortung üblicherweise definieren, hat viel mit sozialer Erwünschtheit zu tun. Viertens: Es gibt einen höheren Zustand, den Menschen erlernen können. Wenn du das tiefer verstehst, anwendest und dir immer besser bewusst machst, verspreche ich dir einen Durchbruch beim Thema Verantwortung, der seinesgleichen sucht.

Aber zuerst einmal machen wir jetzt eine Bestandsaufnahme. Wie steht es in unserer Gesellschaft aktuell um die Verantwortungskultur?

3

WIE STEHT ES AKTUELL UM DIE VERANTWORTUNGS-KULTUR?

Wer mit der Überzeugung durch die Welt geht, er sei ein Opfer, der wird auch eins. So geht es sehr vielen Menschen, die Hilfe und Seelenfrieden und Lösungen für ihre Probleme routiniert bei anderen suchen: beim Staat, bei den Angehörigen, bei Kollegen. Bei den meisten ändert sich das leider erst, wenn der innere Schmerz unerträglich wird. Mentale Krankheiten sind eine extreme Folge dieses Wahrnehmungstunnels, eine schleichende Resignation an der Realität eine übliche. Die permanente Weigerung, durch geistige Verantwortungsübernahme zu wachsen, bringt eine gefühlte Dauerüberforderung mit sich. Der innere Wunsch (der eigentlich eher eine Anklage an das Leben ist), dass es doch irgendwann mal leichter werden müsse, wird natürlich nicht erfüllt. Die einfache Tatsache, dass wir von der Geburt bis zum Tod permanent herausgefordert werden, geistig zu wachsen, wird nicht erkannt. Die Vorwürfe an das Leben nehmen immer mehr zu. Genau das sind dann die genannten Vorwürfe an andere.

Diese zugespitzte Beschreibung gilt dem einen Pol – der kompletten Verweigerung von Verantwortung. Am gegenüberliegenden Pol stehen jene, die sich für alles verantwortlich fühlen und so zielstrebig in den Burn-out steuern. Fast jeder kennt jemanden, der oder die mentale Probleme hat. Und die Zahlen steigen konstant. Nicht selten ist tatsächliche (Selbst-)Überforderung der Grund. Also ein Zuviel an Verantwortungsübernahme. Wer sich andauernd für alles zuständig fühlt, nimmt letztlich die Verantwortung gegenüber sich selbst nicht ausreichend wahr.

Was steckt dahinter, wenn sich jemand permanent überfordert? Natürlich sind es übernommene Prägungen aus der Kindheit. Ob es das »Du bist nicht gut genug« ist oder das »Ich will besser sein als alle anderen«, das »Seht her, wie toll ich bin« oder auch das »Ich will andere dominieren«, bedeutet im Ergebnis keinen großen Unterschied. Die empfundene Minderwertigkeit soll mit einer übermäßigen Leistungsbereitschaft kompensiert werden. Der Wunsch nach Überlegenheit und Stärke wird zum Image. Diese Menschen wissen genau, wie sie gesehen werden wollen, und sie dressieren dann ihr Umfeld zur Kompensation so, dass es ihnen genau das sagt, was sie hören wollen. Zum Beispiel: »Mensch, bist du stark und toll!« Sie wollen als Helden gesehen werden – aber innerlich sind sie eigentlich sehr oft verletzt, schwach und klein.

Wir können beim Umgang mit Verantwortung also grob zwei Extreme unterscheiden.

Zu viel Verantwortungsübernahme: Wir wollen ein Bild der Stärke abgeben. Andere sollen denken, dass wir robust sind, mit allem klarkommen, souverän sind. Wer so ein inneres Bild hat, braucht meist sehr viel Anerkennung von außen. Bei diesen Menschen und auch bei jenen, die eine starke Kontrolltendenz haben, besteht das Risiko, sich mit Verantwortung zu überfordern. Diese Kandidaten heben immer die Hand und sagen: »Ja, ja, ja, noch mehr, ja, ja, ja«, weil sie anderen gefallen wollen und ein Übermaß an Anerkennung brauchen. Sie wollen dabei auch extrem viel Kontrolle ausüben – aus Angst, etwas könnte ihnen entgleiten. Daraus entspringt der Wunsch nach Macht. Im Kern ist es ein mangelndes Vertrauen ins Leben. Wie viele Menschen kennst du, die alles »im Griff haben« wollen, also eigentlich alles kontrollieren wollen?

Der andere Pol ist **zu wenig Verantwortungsübernahme**: Hier präsentieren sich so manche als »Cleverle«. Wer diese Haltung vertritt, guckt bei Verantwortung erst einmal, ob die anderen die Hand heben. Und wenn er direkt angesprochen wird, weicht er geschickt aus, bis jemand anderes die Aufgabe übernimmt oder zugewiesen bekommt – und sagt später am Kneipentisch: »Guckt mal, die Deppen, die strengen sich so an. Und ich Cleverle, ich habe es wieder hingekriegt und bin drum herumgekommen.« Die Cleverle versuchen also, Verantwortung zu vermeiden. Woran erkennen wir das? Beim Übernehmen einer Aufgabe werden schon beim Start Ausreden überlegt, falls es schiefgeht. Das Bewusstsein fließt nicht ins Gelingen, sondern in die Ausreden fürs Misslingen. »Ich wusste gleich, dass es nicht funktionieren wird.« Wie der Mann, der beim Abtrocknen so oft Teller fallen lässt, bis ihm die Aufgabe entzogen wird.

Dass aus dieser kurzfristigen Freude am »Sieg über andere« ein mittelfristiger Schmerz entsteht, ist dem Cleverle nicht bewusst. Aufgrund mangelnder geistiger Anpassungsfähigkeiten entsteht eine zunehmende Beschwerde ans Leben. Denn das Leben wird ihm immer weiter Herausforderungen schicken und ihn zum Wachstum einladen. Und irgendwann nötigen. Trotz der Vermeidungsstrategie beschweren sich die Cleverle immer mehr darüber, wie viel sie machen müssen. Damit bloß niemand auf die Idee kommt, ihnen ihren gerechten Anteil an Arbeit aufzudrücken. Diese Verantwortungsvermeidung hat langfristige Folgen: Wer sich nicht zeigt, muss nicht liefern. Daher wird er nicht gefordert. Er muss (besser: er darf) seine Talente nie voll aktivieren. Irgendwann leidet der »clevere« Wegducker an Unterforderung – auch wenn er es sich nicht eingesteht. Er endet als Befehlsempfänger in einem Netz von Abhängigkeiten. Das ist das Gegenteil von Freiheit. Denn »clever« ist eben nicht klug, sondern kurzfristig schlau. Und kurzfristige Schlauheit führt hier zu mittelfristigem Leid und Schmerz.

Was ist jetzt die Lösung? Die goldene Mitte: Das passende Maß an Verantwortung macht glücklich. Kurzes Gedankenspiel: Ich gebe dir jetzt zehn Millionen Euro. Deine erste Reaktion wird vermutlich sein: »Super, jetzt gehe ich irgendwohin, nach Hawaii, und lege mich an den Strand.« Ich sage dir: Nach ein paar Monaten fällt dir dort die Decke auf den Kopf. Denn was machst du dann? Jeden Tag chillen? Fernsehen? Rum saufen? Spiel es mal selbst durch in Gedanken. Nach einer gewissen Zeit würdest du dich garantiert langweilen.

Ich selbst lebe in Deutschland und Spanien. In Spanien kenne ich Unternehmer, die ihr Geschäft verkauft haben und finanziell frei sind. Sie haben ihre Finca renoviert. Irgendwann langweilen die sich so sehr, dass sie schon morgens anfangen zu trinken. Sie dachten, dieses Weg-aus-der-Verantwortung bedeute Freiheit. Aber verantwortungsbewusste Freiheit fragt nicht »Was ist für mich drin?«, sondern »Was kann ich geben?«. Denk mal darüber nach.

Die meisten Menschen bewegen sich allerdings im Raum zwischen der Verantwortung »für alles« und der »für nichts« – so wie der Bereich zwischen der 0 und der 1 ja sowieso stets der relevante ist, und nicht die Extreme. Das Grundl Leadership Institut erhebt seit einigen Jahren regelmäßig umfangreiche Daten für den bereits erwähnten jährlichen **Verantwortungsindex**. Er soll die Verantwortungsqualität in unserer Gesellschaft messen, um sie zu verbessern und Lust auf Verantwortung zu wecken. Dabei zeigen sich immer wieder interessante »blinde Flecken« bei diesem Thema. Die Befunde zeigen, dass es um die Verantwortungskultur bei uns nicht zum Besten steht.

Mit »Verantwortungsqualität« ist übrigens gemeint: Wie differenziert blickst du auf Verantwortung? Das kann je nach Kontext unterschiedlich sein. Nicht immer sieht man den Bereich der Verantwortung klar und differenziert vor sich.

Ich freue mich immer wieder, wenn ich auf Menschen treffe, für die Verantwortung mehrheitlich ein Lustprinzip ist. Ihre Augen leuchten und glänzen. Sie werden permanent inspiriert, sie wachsen, sie haben Freude und sind energetisiert. Diese Menschen werden immer erfolgreicher, aber auch immer erfüllter im Umgang mit Verantwortung. Es gibt allerdings auch Menschen, die immer noch lieber ausweichen, sich lieber wegducken wie ein Hase, der von einem Greifvogel gejagt wird. Oder sich so vollpacken, dass sie permanent ächzen und stöhnen.

Im Kapitel 2 habe ich bereits über das Phänomen geschrieben, dass die Vorstellung, Verantwortung zu tragen, für viele Menschen negativ besetzt ist. Sie ist nicht mit Freude und Sinn verbunden, sondern mit Schwere und Pflichtgefühl. Und ihre tägliche Erfahrung bestätigt das meistens: Wenn jemand sagt: »Das lag in Ihrer Verantwortung!«, geht es selten um ein Gelingen – mit dem Wort »Verantwortung« wird eher das Misslingen verknüpft.

Eine der deutlichsten Folgen dieser Wahrnehmung ist der fehlende Nachwuchs an Führungskräften. Mir haben schon unzählige Unternehmerinnen und Unternehmer ihr Leid darüber geklagt, dass ihre aktuelle Führungsebene zielstrebig auf das Rentenalter zusteuere und sich unter den Mitarbeitenden um die vierzig kaum jemand dafür interessiere, in ihre Fußstapfen zu treten. »Es gäbe einige, denen ich es bedenkenlos zutrauen würde«, sagte mir kürzlich eine Geschäftsführerin, »aber wenn ich sie direkt darauf anspreche, kommt keineswegs freudige Überraschung, sondern meistens so etwas wie ›Nein, das tu ich mir nicht an. Zu viel Arbeit, zu viel Stress, zu viel Ärger. Und am Ende bin ich immer an allem schuld.‹« Und sie fügte resigniert hinzu: »Ich habe keine Idee, wer in zehn Jahren den Betrieb führen soll.«

Und wenn doch mal jemand wirklich motiviert ist, Freude an seinem Job hat und sich mehr Verantwortung vorstellen kann (also in Bezug auf seine Arbeit die Stufe 6 erreicht hat), wird er oder sie von den Kolleginnen und Kollegen häufig als überehrgeizig wahrgenommen. Die, die lieber eine ruhige Kugel schieben oder sich im Pflichtmodus abrackern, empfinden das fröhliche Pfeifen des frohgemuten Kollegen, das Lachen der gut gelaunten Kollegin schnell als Bedrohung, als unausgesprochenen Vorwurf oder als Konkurrenz. Wer seinen Beruf liebt, ist irgendwie verdächtig.

Warum fällt es Menschen so schwer, klug Verantwortung zu übernehmen? Ein Grund ist, dass viele sich überfordern mit dem Thema. Sie versuchen permanent, alles perfekt hinzukriegen, und leiden darunter, weil sie das passende Maß nicht finden. Manch anderer hingegen fühlt sich, wie erwähnt, geradezu als schlauer Sieger, wenn er einer Verantwortung ausweichen konnte. Was aber steckt dahinter? Wo stehen wir uns selbst im Weg? Welche Prägungen helfen oder limitieren uns?

WO HAKT ES?

Das Konzept der Verantwortung und ihr positiver Wert sind vielen Menschen durchaus bewusst. Der Aussage, dass verantwortungsbewusstes Handeln wichtig ist für die Welt, stimmt fast jeder und jede Befragte zu. Interessant wird es, wenn ganz konkret nach dem eigenen Anteil an dieser »globalen« Verantwortung gefragt wird. Der ist nach den Messungen unseres Instituts etwa 80 Prozent der Befragten weniger präsent als das Prinzip an sich. Zugespitzt gesagt ergibt sich also dieses Bild: »Ich finde es wichtig, dass Verantwortung wahrgenommen wird in der Welt. Aber was hat das mit mir zu tun?« Nur bei jedem Siebten ist die Gewichtung der eigenen Verantwortung stärker als die Einsicht in das allgemeine Prinzip der Verantwortung. Und auch beim Bewusstsein für die ganz konkreten Folgen aus (abstrakter) Verantwortung zeigen sich interessante Zahlenwerte. Zwei Drittel der Befragten beschäftigen sich intensiver mit dem abstrakten Prinzip von Verantwortung als mit der operativen

Ausgestaltung. »Was müsste mal getan werden und warum?« hat also für viele Vorrang vor der ganz praktischen Frage »Wer soll es mit welchen Mitteln wann erledigen?« und »Was kann ich ganz konkret übernehmen?«. Diese Gewichtung hat besonders massive Auswirkungen, wenn es um Führungskräfte in Unternehmen und ihr Verantwortungsbewusstsein geht – weshalb ich im Kapitel 5 »Das bewusste Unternehmen« nochmals darauf eingehen werde.

Ein weiteres interessantes Ergebnis der Befragungen: Die Verantwortung anderer wird klarer wahrgenommen als die eigene. **Fast zwei Drittel aller Befragten waren besser darin, zu benennen, was andere dringend tun müssten, als die eigene Verantwortung.** Vielen fiel es erstaunlich schwer, die Aufgaben und Projekte, die in ihrer eigenen Verantwortung liegen, klar zu erkennen und zu benennen.

Ein Sechstel der Befragten sieht sich selbst stärker in der Verantwortung als andere (was auf die Gefahr der Selbstüberforderung durch Perfektionismus hindeutet), und nur 20 Prozent der Befragten sehen die eigene Verantwortung und die der anderen in gleichem, ausgewogenem Maße. Ganz offensichtlich ist es also schwieriger, sich selbst und seine Limitierungen zu erkennen, als das bei anderen zu tun.

Dass das Prinzip präsenter ist als die konkrete individuelle Verantwortung, und dass man andere schärfer im Blick hat als sich selbst, zeigt für mich einen Mangel an Selbstreflexion und an Wissen um die eigenen Fähigkeiten und Talente. Die Frage, wer man ist und was man bewirken kann, wird zu selten gestellt, weil die meisten Menschen stark auf das Äußere und auf Äußerlichkeiten fixiert sind. Deshalb scheinen Statussymbole und »Schaufenster-Perfektionismus« wichtiger als ehrliche Selbstbefragung. Warum ist das so?

Bis vor einigen Jahren gewährleistete eine Orientierung auf die Außenwelt eine recht hohe Stabilität und Ruhe. Denn das äußere Umfeld war lange Zeit statischer als das innere Gefühlsleben. Faktoren wie Frieden, Freiheit, Sicherheit und

Wohlstand änderten sich, wenn überhaupt, langsam und in langen Wellen. Man konnte sie gut einschätzen und nahm sie als weniger bedrohlich wahr.

Warum schreibe ich hier in der Vergangenheitsform, was unser Institut noch 2018, in der Zusammenfassung des ersten *Verantwortungsindex*, in der Gegenwartsform schrieb? Nun, die Covid-19-Pandemie und der Ukrainekrieg mit Energiekrise, Inflation und Wohlstandsverlusten hat unsere äußeren Lebensbedingungen in eine Dynamik versetzt, die wir lange Zeit nicht kannten. Es bleibt abzuwarten, ob das zu einer stärkeren Rückbesinnung auf das eigene Ich führt – und damit auch auf die eigene Verantwortung. Es wäre einer der wenigen positiven Effekte der Krise(n) seit 2020.

WEGSCHIEBERITIS UND IHRE SYMPTOME

Weil sehr viele Menschen die Verantwortung der anderen besser sehen als die eigene, und weil Verantwortung so negativ besetzt ist, schieben sie sie gerne schnell und bereitwillig ab. So vermeiden sie, über sich selbst nachzudenken und sich zu fragen, was ihre eigene Verantwortung in der jeweiligen Situation wäre. Diese Menschen schreiben Führungskräften und Autoritäten oft eine höhere Verantwortungsqualität zu – ohne diese Meinung bewusst zu reflektieren. Gerade in heiklen Phasen und Krisensituationen laden sie die Verantwortung gerne und dankbar auf einzelne Figuren ab, die zu wahren Heilsbringern hochstilisiert werden. Das Bild des Kapitäns, der das Schiff ruhig und mit unangefochtener Autorität durch den Sturm steuert, während alle ihm ergeben gehorchen, romantisiert diese Neigung, zu viel Verantwortung abzugeben. Gefährlich wird es, wenn eine Gesellschaft nach dem starken »Führer« ruft – wer weiß das besser als wir Deutschen? Aber auch unter demokratischen Verhältnissen erleben wir diese unrealistische Hoffnung auf

Erlöser-Gestalten. So wählte die SPD Anfang 2017 Martin Schulz zum Vorsitzenden und Kanzlerkandidaten – ohne eine einzige Gegenstimme. Hundert Prozent. Ein solcher Vertrauensvorschuss war nicht einmal großen SPD-Vorsitzenden wie August Bebel oder Willy Brandt vergönnt. Und er kam aus purer Verzweiflung zustande, wie das schnelle Ende der überhöhten Erwartungen zeigte: Sie waren schlicht unerfüllbar durch einen einzelnen Menschen. Postwendend zeigte sich die Kehrseite der Überhöhung: Auch die Erwartungen sind unrealistisch – und die Kritik ist streng und wird oft maßlos und gnadenlos.

Das **Abladen** der Verantwortung auf einzelne Akteure wie zum Beispiel Politiker hat fatale Folgen für unsere Demokratie. Faktisch können Politiker und Politikerinnen, die gewählt werden wollen, gar nicht anders, als unrealistische Wahlversprechen zu verkünden, von denen sie meist selbst wissen, dass sie sie nicht werden erfüllen können. Aber die Menschen erwarten, dass »die Politik« den Karren aus dem Dreck zieht. Wer ehrlich sagt, dass das nicht ohne Weiteres möglich ist, dass vielleicht sogar Wohlstandsverluste, Bequemlichkeitsverzicht und andere Zumutungen ins Haus stehen, der wird nicht gewählt. Wählerinnen und Wähler wollen belogen werden – was man als kollektive Weigerung bezeichnen kann, sich wie Erwachsene zu verhalten. Das Wegschieben der Verantwortung auf »die da oben« ist im Kern eine kindliche, unreife Reaktion auf schwierige Umstände. Vor allem, wenn dann nach dem bösen Erwachen von »Enttäuschung«, »Empörung«, »Wut(bürgern)« und »Politikverdrossenheit« die Rede ist. Weil die, die die unerfüllbaren Versprechen sozusagen »bestellt« haben, danach nichts mehr davon wissen wollen. Erneut wird dann Verantwortung weggeschoben. Eine Extremform davon haben wir nach dem Kriegsende im Mai 1945 erlebt, als plötzlich fast niemand mehr sich erinnern oder jemals die Nazis gut gefunden oder gar gewählt haben wollte. Unterschätze nie die Macht der Verdrängung!

Ausreden sind die Königsdisziplin des Wegschiebens von Verantwortung. Wohl jeder hat schon mit Menschen gehadert, die ihren Schreibtisch offensichtlich nicht als Ort der Verantwortung und der Gestaltung ihres Verantwortungsbereichs betrachten, sondern als Barriere gegen genau diese Übernahme von Verantwortung: »Dafür bin ich nicht zuständig.« Oder: »Das ist nicht meine Aufgabe.« Oder: »Dazu bin ich nicht befugt.« Oder: »Dafür liegt mir keine Anforderung vor.« Fairerweise sei hinzugefügt, dass gerade Staatsbedienstete oft in hierarchische Systeme eingebunden sind, die das eigenständige Denken und verantwortungsbewusste Handeln systematisch unterbinden.

Übrigens kann auch **Bescheidenheit** eine Form der Verantwortungsverweigerung sein. Überhöhung von sich oder anderen ist eine Gefahr, aber auch die »Unterhöhung«. Wer permanent das eigene Licht unter den Scheffel stellt und sich als »nicht würdig« oder »noch nicht so weit« selbst aus dem Spiel nimmt, weigert sich, das zu tun, was er oder sie könnte.

Nicht selten tritt dieses Phänomen bei gut ausgebildeten Menschen auf, denen eine verantwortungsvolle Führungsposition zugetraut und geradezu auf dem Silbertablett angetragen wird, die sich dann aber nicht trauen, die Hand zu heben. Wer kneift, wo er oder sie anderen sinnvoll dienen könnte, verweigert Verantwortung.

Eine beliebte Methode, Verantwortung von sich zu schieben, ist auch die **Verantwortungsdiffusion**. Also das berüchtigte »Man müsste mal …«, »Wir sollten …«, »Kann bitte jemand …?« und so weiter – besonders oft in Mails an einen diffusen Verteiler oder gleich »an alle« gerichtet. So unscharf wird gesprochen oder geschrieben, wenn nicht klar ist, wer genau für eine bestimmte Aufgabe angesprochen werden muss. Oder wenn die Führungskraft einen Konflikt scheut.

Man kennt das Problem der Verantwortungsdiffusion aus Anti-Gewalt-Trainings und Erste-Hilfe-Kursen. Dort lernen die Teilnehmenden, dass man im Falle einer Schlägerei in der S-Bahn oder bei einem Unfall nicht allgemein appellieren soll (»Kann mal jemand die Polizei anrufen/helfen?«), sondern konkret: »Sie in der roten Jacke, bitte rufen Sie einen Rettungswagen!«

Auch die Verantwortung für Dinge, die schlecht gelaufen sind, wird gerne durch ein diffuses »Wir« vernebelt: »Das sollten wir das nächste Mal besser hinbekommen.« Hier regiert wieder die Scheu, die verantwortliche Person direkt anzusprechen. Stattdessen nimmt die Führungskraft in Kauf, alle zu tadeln. Ergebnis: Die eigentlich gemeinte Person lehnt sich zurück und freut sich, dass offenbar alle zusammen schuld an der Panne sind. Und die gewissenhafte Kollegin, die ihren Part pünktlich und korrekt geliefert hat, fühlt sich zu Unrecht beschuldigt.

Ebenso ungünstig ist das Streuen von Lob. Die Verbesserungsidee eines bestimmten Mitarbeiters sollte ihm zugeschrieben werden und nicht »dem Team«. Sonst droht derselbe Effekt: Der Faulenzer prahlt daheim, dass »wir« eine tolle Idee hatten, während der bescheidene Tüftler das Lob nicht auf sich bezieht.

MENSCHEN IN VERANTWORTUNG

Wir alle kennen das Phänomen: Wir haben gerade in großem Umfang moralisch richtig gehandelt, etwa durch eine großzügige Spende an eine wohltätige Organisation. Kurz danach stehen wir an der Supermarktkasse und bemerken, dass die Kassiererin eine Tafel Schokolade so über den Scanner zieht, dass es nicht piepst. Und die vorhergegangene Spende vermittelt uns das Gefühl, hier dürften wir jetzt zu unserem eigenen Vorteil einmal ein Auge zudrücken. Der psychologische Fachausdruck für dieses Phänomen lautet *Rebound-Effekt*. Er wurde entdeckt, als man untersuchte, ob der Stromverbrauch nach dem Einbau stromsparender Lampen in dem Maße sank, wie es rechnerisch zu erwarten war. Er tat es nicht, weil die Probandinnen und Probanden sich weniger

Mühe als vorher gaben, sparsam mit der Beleuchtung umzugehen. Eine gute Tat an der einen Stelle verführt also dazu, es mit der Moral an einer anderen nicht so genau zu nehmen.

Ähnlich kann es auch beim Thema Verantwortung laufen. Hier beeinflusst die Rolle, die jemand hat, und die Erwartung an die Person häufig sehr stark, ob und wie sie ihrer Verantwortung gerecht wird. Stell dir einen Geschäftsführer vor, der während einer Umsatzkrise seines Unternehmens an sechs Tagen die Woche bis spätabends arbeitet, um das schlingernde Schiff wieder auf Kurs zu bringen. Er wird seiner professionellen Verantwortung voll gerecht und nimmt sie freudig an. Aber als ihn eines Abends seine Tochter anruft und ihn um fünf Minuten Hilfe bei einer vertrackten Mathe-Aufgabe bittet, bügelt er sie brüsk ab. Sie hat ihn mitten aus einem komplizierten Gedanken gerissen. Später wird ihm klar: In seiner Rolle als Familienvater ist er seiner Verantwortung nicht nachgekommen. Das schlechte Gewissen plagt ihn und lenkt ihn noch viel stärker von der Arbeit ab als der Anruf.

Manchmal sind solche Dilemmata unvermeidlich – niemand kann zu jedem Zeitpunkt auf jedem Feld optimal verantwortungsbewusst handeln. Doch man sollte sich solche Spannungen bewusst machen und Konsequenzen daraus ziehen. Wer es nicht hinbekommt, seine Ressourcen mittelfristig in *allen* Lebensbereichen verantwortungsvoll zu planen, den wird es irgendwann emotional zerreißen.

Mit jeder Rolle verbinden wir andere Erwartungen. Das gilt auch für die Geschlechter, wie der *Verantwortungsindex* bestätigt: Männer gelten als verantwortungsbewusst, wenn sie loyal sind. Das erklärt Seilschaften in Unternehmen und jahrelang unentdeckte Missstände, wie wir sie immer wieder den Wirtschaftsnachrichten entnehmen können. Die Prägung und die soziale Erwünschtheit lassen Männer auch da loyal sein, wo persönliche Integrität und Widerspruch angebracht wären. Frauen hingegen gelten vielen als verantwortungsvoll, wenn sie hilfsbereit sind. Diese Erwartung kostet sie

Einfluss und Karrierechancen. Sie nehmen sich zurück, wo sie sich zeigen und nach vorn gehen müssten.

Immerhin haben die Messungen des *Verantwortungsindex* gezeigt, dass das Geschlecht keine Auswirkung auf die Verantwortungsqualität hat: Frauen und Männer sind in gleicher Weise in der Lage, verantwortungsbewusst zu handeln – wenn sie sich die Erwartungen und Prägungen bewusst gemacht haben, die ihr Verhalten beeinflussen. Diese Erkenntnis ist ein wohltuender Kontrapunkt zum oft recht undifferenzierten »Geschlechterkampf«.

VERANTWORTUNG ÜBERNEHMEN UND SICH ENTSCHULDIGEN

So falsch die Gleichsetzung von Verantwortung mit Schuld ist: Manchmal bedeutet die Übernahme von Verantwortung eben doch, dass man sich dazu bekennt, etwas verbockt zu haben. Dass man nicht andere Menschen oder Umstände beschuldigt, sondern zu einem Schaden steht, den das eigene Handeln oder Nichthandeln angerichtet haben. Natürlich ist das Steckenbleiben in Schuldzuweisungen oder Selbstanklagen erst einmal unproduktiv. Bei der rechthaberischen Klärung, wer recht und wer unrecht hatte, sollte niemand stehen bleiben. Doch eine richtige, glaubhafte, aufrichtige Benennung eigener Verantwortung und eine Entschuldigung im richtigen Moment ist oft ein entscheidender Faktor, um Vertrauen wiederzugewinnen und Brücken zu Menschen wieder aufzubauen, die man enttäuscht, verletzt oder geschädigt hat.

Auch gesellschaftlich kann das Anerkennen einer Schuld oder eines Versäumnisses reinigende Funktion haben. Weil es ein notwendiger Schritt ist, um weiter voranzugehen. Nach dem Ende der Apartheid in Südafrika beschäftigten sich Wahrheitskommissionen jahrelang sehr produktiv mit der gemeinsamen Aufarbeitung geschehenen Unrechts. Die CDU hat anlässlich des Todes von Willy Brandt 1992 öffentlich gesagt, dass der Kampf gegen seine Ostpolitik falsch war und die persönlichen Angriffe gegen ihn ebenfalls. Ich denke, das tat der Gesellschaft gut, die über diese Frage zeitweilig stark gespalten war. Manche glauben auch, dass die Suche nach Antworten in der aktuellen Energiekrise konstruktiver und weniger ideologisch verliefe, wenn CDU, FDP, SPD, Gewerkschaften und Industrieverbände sich einmal hingestellt hätten und bekannt hätten: »Ja, wir haben über Jahrzehnte den Abschied von fossilen Energien und den Ausbau der Erneuerbaren verschlafen oder sogar bewusst verzögert und behindert. Damit haben wir die Illusion genährt, dass Energie dauerhaft zu sehr niedrigen Preisen zur Verfügung steht. Das war nicht nur fatal für das Klima, sondern wir haben damit auch die deutsche Wirtschaft ins offene Messer laufen lassen. Der Vorwurf gegen Umweltorganisationen, die Grünen und so weiter, sie seien wirtschaftsfeindlich, war unberechtigt. Das Versäumnis lag bei uns.« Es ist schwer, politische Aussagen rein sachbezogen und ohne taktische Agenda zu formulieren. Doch genau das ist das, was wir in Zukunft brauchen.

Sehr wichtig in diesem Zusammenhang ist eine verbesserte Fehler*lern*kultur – in den Medien und der Öffentlichkeit, in Unternehmen, in Beziehungen. Im Moment haben wir eine Situation, in der man Leute genüsslich schlachtet, wenn sie Fehler machen und das zugeben. Das nennt sich übrigens Fehler*vermeide*kultur. Die entsteht, wenn Kritiker mehr zählen als Erschaffende. Wenn das Zerlegen wichtiger wird als das Erbauen. Und deswegen haben wir so wenig unternehmerisch denkende und handelnde Menschen in unserem Land. Leider! In einer solchen Stimmung wird niemand freiwillig die Hand heben und sich zu seiner Verantwortung für einen Fehler bekennen. Und damit verhindern wir auch, dass aus Fehlern gelernt wird, indem man sie offen bespricht und analysiert. Natürlich müssen wir unterscheiden zwischen tolerierbaren und nicht tolerierbaren Fehlern. Ein Azubi darf einen Fehler machen, der einen CEO den Kopf kosten würde.

Der verbreitete Begriff »Fehlerkultur« ist schlichtweg schlecht formuliert. **Im Zugestehen und Hinnehmen von Fehlern liegt keine Erkenntnis. Sondern nur in der Transformation des Fehlers.** Also in der Lehre daraus. Das ist wichtig! So ist auch nicht jede Krise automatisch eine Chance. Erst durch die Transformation der Lehre durch die Krise wird sie zur Chance. Das ist ein großer Unterschied. Krisen an sich sind nur schmerzlich. Also brauchen wir in der Gesellschaft und in vielen Unternehmen eine Transformation von der Fehler*vermeide*kultur, die wir derzeit praktizieren, hin zur Fehler*lern*kultur.

DIE VERANTWORTUNG UND IHR PREIS

Ich habe es bereits ein paar Mal angedeutet: Einer der Gründe dafür, dass Menschen die Übernahme von Verantwortung scheuen, ist die mögliche Kritik, der sie sich damit aussetzen. Natürlich: Wer die Hand hebt, wenn Verantwortung gefragt ist, muss nach Fehlern auch mit der berechtigten Kritik und den Konsequenzen leben können. Aber gilt das auch für überzogene, unberechtigte, unfaire Kritik? Wer in schwieriger Lage sagt: »Ich versuch's!«, und dann scheitert, muss zu oft damit rechnen, danach maßlos beschuldigt zu werden. Warum ist das so?

Der Sozialpsychologe Lee Ross hat das als den *fundamentalen Attributionsfehler* (Zuschreibungsfehler) bezeichnet. Bei wahrgenommenen Fehlern suchen wir unbewusst sofort die Ursache in den beteiligten Personen – also in ihren persönlichen Motiven oder in ihrer Kompetenz. Das Versagen liegt also gemäß der verbreiteten Intuition im Menschen selbst. Eher selten schauen wir hingegen auf die Umstände. Das kommt daher, dass wir in den westlichen Kulturen individualistisch geprägt sind. Hier haben wir ein unabhängiges, selbstbestimmtes Menschenbild (ein sogenanntes *in-*

dependentes Verständnis des Selbst). In östlichen Kulturen hingegen sehen die Menschen sich eher als Teil einer Gemeinschaft, in der alle voneinander abhängig sind (ein *interdependentes* Verständnis des Selbst). Dementsprechend schaut man hier als Erstes auf die Umstände, wenn es gilt, einen Fehler zu erklären.

Was außerdem auffällt: Die, die gerne Verantwortung bei anderen abladen, nehmen sich paradoxerweise zugleich das Recht, sehr strenge Maßstäbe anzulegen an diejenigen, denen sie ihre Rettung anvertraut haben. Das trifft zum Beispiel Chefs, Politiker und öffentliche Personen. Je stärker Menschen sich also ihrer Pflicht entziehen, desto strenger achten sie bei anderen darauf, dass diese alles richtig machen. Sie erkennen deren Versäumnisse leichter als die eigenen. Und weil Anpacken selten ohne Versäumnisse und Fehler klappt, fühlen die Drückeberger sich »denen da oben« plötzlich überlegen und interpretieren deren Erfolge und Entlohnung als ungerechtfertigt. Der Zuschreibungsfehler führt dann zu einer »Überlegenheitsillusion« – sie erzeugt die Meinung, dass man mehr bekommen müsste. Eine gefühlte Ungerechtigkeit entsteht. Und diese Form von Neid verhindert wiederum, dass man an der eigenen Verantwortungsqualität arbeitet. Ein Teufelskreis.

Ebenfalls typisch für das Übertragen der Verantwortung an andere ist das Misstrauen, das damit einhergeht. Es heißt ja: Wem man die Verantwortung gibt, dem gibt man die Macht. Daraus folgt: Wenn das mit der Verantwortung erledigt ist, ist zu viel Macht da. Sobald die unmittelbare Krise oder Gefahr überstanden ist, wird die Führungsposition, die man dem »Alphatier« selbst gegeben hat, uminterpretiert zur Anmaßung. Plötzlich rückt der Verdacht des Machtmissbrauchs in den Vordergrund – was in der Demokratie durchaus auch seine Berechtigung im Sinne einer Kontrollfunktion haben kann.

Unfair hingegen ist es, jemanden rückwirkend dafür zu kritisieren, dass er genau die Autorität und Führung bewiesen hat, die man sich von ihm erbeten hat. Oder dass er bereit war, sich an die Spitze zu stellen, auch wenn noch völlig unklar war, wie der Gefahr zu begegnen sei. Ein Beispiel ist das Verhalten von Teilen der Gesellschaft während der Covid-19-Pandemie. Zunächst gab es ein breites Vertrauen in die Politik. Die versuchte, sich durch den dichten Nebel des kaum vorhandenen Wissens über das Virus voranzutasten. Dem mit Vertrauen zu begegnen war richtig – kein blindes, sondern waches Vertrauen, das auch einmal kritische Fragen stellte. Aber nachträglich, als das Wissen über die Krankheit endlich größer war, die Fehler aus der Anfangsphase zu benennen und zu geißeln, die man selbst mit hoher Wahrscheinlichkeit auch gemacht hätte, war einfach zu billig. Wer hätte in den Jahren 2020 und 2021 mit den Politikern tauschen wollen? Dasselbe gilt für die komplexe Ballung von Krisen infolge des Ukrainekriegs. Wer die multiplen Probleme wirklich besser jonglieren könnte als die, die es tun müssen, der werfe den ersten Stein.

ELTERNSCHAFT ALS VERANTWORTUNGSBOOSTER

Noch immer soll es Personalchefs und -chefinnen geben, die es als Minuspunkt betrachten, wenn der Bewerber oder die Bewerberin kleine Kinder hat oder in einem Alter ist, das eine Schwangerschaft vorstellbar macht. Natürlich ist es mühsam und teuer, für einen noch ungewissen Zeitraum eine Elternzeitvertretung zu suchen, die eingearbeitet werden muss und die entweder nicht so gut ist wie die Stammkraft – oder die so gut ist, dass man sie nach der Rückkehr der Mutter nur mit einem weinenden Auge wieder ziehen lässt. Die unplanbaren Fehlzeiten wegen Krankheit der Kinder sowie die Möglichkeit weiterer Schwangerschaften machen die Planung ebenfalls nicht einfacher. Und dennoch: Jedes Zögern, wenn man die Chance hat, Eltern in die Belegschaft zu bekommen, ist ein Riesenfehler. Denn nichts im Leben hebt Menschen so schnell und wirkungsvoll auf ein »höheres« Verantwortungslevel wie die Verantwortung für Kinder.

Warum brauchen wir das so dringend? Wir haben es heute häufiger als frühere Generationen mit jungen Erwachsenen zu tun, die es auch mit knapp dreißig nicht geschafft haben, die volle Verantwortung für ihr Leben zu übernehmen. Nicht selten wohnen sie noch bei ihren Eltern, und die unterstützen und beraten sie oft noch bei vielen Schritten, die früher ganz selbstverständlich Sache der jungen Erwachsenen waren: Studium, Bewerbungen, Probleme im Beruf, Anschaffungen und so weiter. Alles Dinge, aus denen meine Generation die Eltern möglichst früh und um jeden Preis heraushalten wollte. Heute bieten Universitäten Elternabende für die Väter und Mütter der Studierenden an und erklären dort, was Eigenständigkeit bedeutet – weil sie die Erfahrung gemacht haben, dass sonst die Mutter, die die Seminararbeit (mit)geschrieben hat, in die Sprechstunde des Professors marschiert kommt, um die Note zu diskutieren.

In dem Moment, in dem junge Erwachsene die Verantwortung für ein hilfloses kleines Menschenwesen haben, macht ihre Verantwortungsqualität in allen Lebensbereichen einen Quantensprung. Und dieser positive Effekt ist auch für den Beruf weitaus stärker als der negative durch die praktischen Probleme. Vor allem, wenn man bedenkt, dass die Phase der Kinderkrankheiten nach wenigen Jahren vorbei ist, man aber über Jahrzehnte von einer Arbeitskraft profitiert, die ein höheres Verantwortungsbewusstsein hat.

Kinder fördern den Blick auf sich selbst und die eigene Verantwortung. Denn Kinder erziehen ihre Eltern mindestens genauso stark wie umgekehrt. Es ist wohl die Identifikation mit dem Kind, die Menschen Verantwortung übernehmen lässt – auch im Job. Zudem haben sie aufgrund der

Doppelbelastung gelernt, ihre Zeit effektiv zu nutzen. Beim cleveren Zeitmanagement geht es nämlich um den Unterschied zwischen Zeitquantität und -qualität. Wer mehr leisten will, erhöht zunächst meist die Anzahl der Stunden, in denen gearbeitet wird. Die Quantität wird erhöht. Zuerst 8 Stunden, dann 10 und schließlich 14 Stunden am Tag. Dann anstatt 5 lieber 6 Tage pro Woche, und schließlich wird auch am Sonntag gearbeitet. Dass das nicht viel Sinn hat, ist eigentlich offensichtlich. Doch die wenigsten haben ihr Bewusstsein so entwickelt, dass sie konsequent ihre Wirkung pro Stunde erhöhen. Dass sie mehr mentales Brennglas werden statt mentale Gießkanne. Eine Definition von Dummheit ist, immer wieder das Gleiche zu tun und dabei bessere Ergebnisse zu erwarten. Deswegen müssen Menschen lernen, ihre Intensität und damit ihre Wirkung zu erhöhen. Der Vater, der an zwei Tagen pro Woche pünktlich um 14:30 Uhr gehen muss, um sein Kind von der Krippe abzuholen, wird sehr schnell lernen, keine Zeit mit Nebensächlichkeiten oder unsinnigem Palavern in Meetings zu verschwenden – weil er sein Tagespensum eben bis 14:29 Uhr geschafft haben will und die zur Verfügung stehende Zeit nicht beliebig nach hinten ausdehnen kann.

Väter und Mütter werden sich ihrer Verantwortung am eigenen Arbeitsplatz immer bewusster. Sie identifizieren sich mit Projekten, Produkten und Ideen und übernehmen Verantwortung. Den Kindern sei Dank. Woher ich das weiß? Weil ich während meiner Zeit als Marketing- und Vertriebsdirektor festgestellt habe, dass Eltern nach der Elternzeit in einem halben Tag mehr bewältigt haben als Mitarbeitende ohne Kinder an einem ganzen. Und weil diese Erfahrung dann durch unsere Forschungsergebnisse aus dem *Verantwortungsindex* belegt wurde. Nur deshalb wage ich es, darüber zu schreiben.

AUSBLICK

Schauen wir uns diese Betrachtungen mithilfe des Sechs-Stufen-Modells aus der Vogelperspektive an, ergibt sich folgendes Bild: Die Menschen, die erkennen, welche Verantwortung sie haben (immerhin sind sie auf Stufe 4 oder 5), sind viel zahlreicher als die, die diese Verantwortung dann auch annehmen *wollen* (Stufe 6). Weil Verantwortung als Last empfunden wird, wird sie eher abgewehrt. Wären mehr Menschen bei den entscheidenden Themen in Stufe 6, hätten wir in unserer Gesellschaft und in unseren Betrieben viel weniger Probleme – weil der eigene Teil der Verantwortung viel klarer wahrgenommen würde. Und bevor ich mich auf etwas einlasse, muss ich es zunächst überhaupt mal erkennen, also wahrnehmen.

Stellen wir uns einen Menschen vor, der in der Vergangenheit immer wieder bewiesen hat, dass er mehr ist als nur die Summe der Probleme, die sich ihm in den Weg stellen. Er hat gezeigt, dass er Hürden bewältigen kann. Dass er daran wächst. Das, was vor einigen Jahren mental ein Problem für ihn war, löst er heute mit links. Und ihm wird bewusst, dass er ein heutiges Problem wahrscheinlich wiederum in ein paar Jahren mit links lösen wird. Er scheitert sich konsequent nach vorne. Und nach Niederlagen richtet sich sein Blick nicht auf mögliche Schuldige oder widrige Umstände – sondern er passt sich und seine Ziele an. Er reflektiert und arbeitet an sich selbst.

Für diesen Menschen ist Verantwortung zum Lustprinzip geworden. Weil er mit den Erfahrungen der Stufe 6 auf Verantwortung schaut und sie deswegen ganz anders wahrnimmt als jemand, der gewohnt ist, von der Stufe 4 oder 5 auf Verantwortung zu blicken. Für den wiegt Verantwortung bleischwer, ist eine Last und strengt an.

Auch wenn Du es erst einmal nicht glauben wollen wirst: Das Schöne ist: Dieser »Stufe-6-Mensch« kannst du sein. Du kannst Verantwortung völlig anders empfinden und leben als bisher üblich. Du kannst dein Bewusstsein im Umgang mit Verantwortung deutlich entwickeln. Wie das geht, erfährst du in den folgenden Kapiteln.

Ab jetzt geht es darum wie du von Stufe 5 in die Stufe 6 kommst

4

SO MACHST DU DICH FIT FÜR VERANTWORTUNG

> *»Wer so tut, als bringe er die Menschen zum Nachdenken, den lieben sie. Wer sie wirklich zum Nachdenken bringt, den hassen sie.«*
> (Aldous Huxley)

Bis hierher habe ich dir vor allem Futter für den Kopf gegeben. Wir haben uns dem Thema Verantwortung intellektuell genähert und eine allgemeine Bestandsaufnahme vorgenommen. Denn Wissen ist zweifellos wichtig. Es ist unglaublich, wie viel Wissen die Menschheit im Laufe ihrer Geschichte angesammelt hat. Wir wissen, wir sollten uns gesund ernähren, genügend Sport machen, ausreichend schlafen, nichts Schlechtes denken, keine Form von Gewalt anwenden und keinen Krieg anzetteln.

Genauso unglaublich allerdings ist es, wie schwer wir uns mit der Umsetzung des Wissens in die Praxis tun. Also damit, unsere Erkenntnisse in Wirkung zu verwandeln. Deswegen ist die Welt voller Menschen, die anderen jene Ratschläge geben, die sie selbst nicht umsetzen können. Es gibt eben einen Unterschied zwischen intellektuellem Erkennen und emotionalem Anwenden. Und genau um dieses emotionale Ergreifen und Anwenden geht es ab sofort. Ab jetzt geht es in die Tiefe. Und zwar bei dir. Im Geiste des obigen Zitats von Aldous Huxley versuche ich, dich jetzt wirklich zum Nachdenken zu bringen. Das tue ich auf das Risiko hin, dass du mich dafür hassen könntest – und zugleich in der Hoffnung, dass du mich dafür respektieren kannst. Los geht's.

Wenn du weißt, aus welchen Zutaten Bier besteht, bist du noch lange kein guter Brauer. Wenn du weißt, wie Kinder erzogen werden sollten, bist du noch lange kein guter Vater oder keine gute Mutter. Wenn du weißt, welche Zutaten es für ein Gericht braucht, bist du noch lange kein guter Koch. Wenn dir klar ist, was deine Chefin oder dein Chef besser machen sollte, bist du noch lange kein guter Vorgesetzter. Wenn du erkennst, warum es in der Beziehung deines Bruders Probleme gibt, führst du selbst noch lange keine erfüllte Partnerschaft. Wenn du weißt, wo andere sich selbst belügen und zu wenig Verantwortung übernehmen, heißt es noch lange nicht, dass du selbst ein kluges Verantwortungsbewusstsein hast. Damit du lebst, was du weißt, musst du deine Erkenntnisse auf dein Handeln übertragen. **Um diesen Transformationsprozess – vom Kennen zum Können – geht es jetzt.**

Beobachte dich beim Lesen genau. Wahrscheinlich wird dein Intellekt immer wieder etwas Interessantes erfahren wollen. Aber in dir ist auch eine andere Stimme. Eine Stimme, die nach mehr Tiefe und Substanz schreit. Da ist etwas, das runder und ganzer werden will. Das intuitiv versteht, dass es um mehr als nur um Wissen geht. Und dieser Stimme wollen wir jetzt Futter geben.

Wie du auf Verantwortung schaust und wie du damit umgehst, hat entscheidend mit deinem mentalen Zustand zu tun. In diesem Kapitel arbeiten wir an deiner mentalen Transformation. An deiner Erkenntnis. An deiner Einsicht. Und damit an deinem Bewusstsein von Verantwortung und an deiner Wahrnehmung. Das hört sich jetzt wahrscheinlich erst einmal etwas vage an. Denn wenn das Wort »Bewusstsein« auftaucht, entstehen viele Fragezeichen und Verunsicherungen; zu viel oberflächlichen Missbrauch gibt es mit diesem Wort. Ich habe das Wort Bewusstsein selbst jahrelang abgelehnt. Es war mir zu schwammig und zu nebulös. Doch heute weiß ich, wie wichtig »bewusstes Sein« für unsere zukünftige mentale Entwicklung ist. Was das ist, verstehst du gleich – ich bin ziemlich sicher, dass du schon mehrfach im Leben eine »mentale Transformation« durchgemacht hast. Auch wenn du vielleicht nicht wusstest, dass das so heißt. Bitte erinnere dich an deine Geschichten zu den sechs Stufen des Verantwortungsbewusstseins. Das war ein Beispiel für deine mentale Transformationskraft. Oder meine beiden Geschichten: Kaffeefleck und Klippensprung. Jedes Mal, wenn du die sechs Stufen durchlaufen hast, hast du etwas mental transformiert, also geistig in Besitz genommen. Aus einer Niederlage, einem Schmerz, hast du einen Sieg gemacht, oder salopp formuliert: Scheiße gefressen und Gold ausgespuckt.

Wenn Menschen sich in Seminaren und Kursen weiterbilden wollen, lassen sich zwei gegensätzliche Motive beobachten. Das können wir in unserem Institut sogar durch die Daten im Veränderungsindex messen und belegen. Ich polarisiere jetzt absichtlich, damit die extremen Motivlagen sichtbar werden. Die einen wollen teilnehmen, um sich »gut zu fühlen«. Sie wollen bestätigt werden in ihrer Weltsicht und suchen zudem nach Prestige und nach einer Legitimation für ihre Art des Handelns. Sie möchten sich so durchsetzen, wie sie jetzt sind. Deswegen suchen sie nach Werkzeugen, besser: »mentalen Waffen«, um die im Seminar gewonnenen Erkenntnisse später anderen um die Ohren zu hauen. Für diese Bestätigung sind sie bereit, viel Geld zu bezahlen. Denn das Problem sind die anderen. Die funktionieren nicht richtig. »Herr Grundl, können Sie mir bitte beibringen, wie ich anderen meine Ideen so vermittle, dass sie denken, die Ideen seien von ihnen selbst?« So hört sich das dann an. Im Klartext heißt ihre Frage an mich: Wie kann ich andere noch besser manipulieren? Nach außen wird selbstverständlich große Bereitschaft zu Veränderungen und zur Selbstreflexion signalisiert – doch die Handlungen spiegeln die inneren Widerstände, die sich dann durch Beschwerden über andere zeigen.

Das alles passiert meist unbewusst. So wie auch die fehlende Veränderungsbereitschaft nicht im Bewusstsein ist. Woran lässt sich diese unbewusste innere Haltung erkennen? An Aussagen wie: »Wenn mein Partner/meine Partnerin sich ändern würde, ginge es mir besser.« – »Wenn meine Vorgesetzten sich ändern würden, ginge es mir besser.« – »Wenn die Politik sich ändern würde, dann ginge es mir besser.« – »Wenn die Welt anders wäre, dann ginge es mir besser.« Übersetzt heißt das alles: »Wenn das Leben sich doch nur an mich anpassen würde, dann ginge es mir besser.«

Wenn jemand glaubt, er sei veränderungsbereit, gleichzeitig aber unbewusst gegen die Veränderung arbeitet, entsteht eine hohe innere Spannung in Form von Stress. So ist es auch mit dem Empfinden von Glück. Wer denkt, er sei glücklich (weil er das sein will), und gleichzeitig unbewusst unter bestimmten Lebensumständen leidet (also eigentlich unglücklich ist), in dem entsteht innerlich ebenfalls eine hohe Spannung in Form von Stress. Denn das wahre innere Empfinden entspricht nicht dem inneren Empfinden, wie es gegenüber anderen dargestellt wird (also dem Image). Und die unbewusst empfundene Spannung äußert sich in Form von Vorwürfen gegen andere: »Wenn die anders wären, ginge es mir besser.«

Bei unseren Messungen in der Wertediagnostik konnten wir etwas Interessantes feststellen. Es wird gesagt: »Der Wert Respekt ist mir wichtig«, doch bei der Frage »Woran erkennen Sie Respekt?« stellt sich heraus, dass »von anderen respektiert werden« viel höher gewertet wird als »andere respektieren«. Noch heftiger ist das Resultat beim Wert »Liebe«. Wer sagt: »Liebe ist mir sehr wichtig«, macht Liebe deutlich häufiger daran fest, »geliebt zu werden« also »Liebe zu empfangen«, als »anderen Liebe zu geben«. Das Muster dürfte jetzt klar sein.

Nicht vergessen: Das hier Beschriebene ist meist zutiefst unbewusst. Deshalb wird es von innen nach außen, also auf andere projiziert. Aus diesem Grund empfinden Menschen, die sich selbst als »kritikfähig« bezeichnen, jede Kritik an sich als Mangel an Wertschätzung. Sie beklagen dann gern die falsche Art der Ansprache oder den falschen Zeitpunkt der Kritik. Mit »kritikfähig« meinen sie also, ohne es zu wissen: »Die anderen sind nicht okay, deswegen müssen sie von mir kritisiert werden. Da ich okay bin, verbitte ich mir aber jegliche Kritik an mir.«

Diesen Typ Mensch und Firmen mit einer solchen Kultur filtern wir anhand der Qualifizierungsgespräche im Vorfeld von Seminaren und Beratungen gezielt aus. Zeigt sich in der Anbahnung einer Zusammenarbeit keine Einsicht und kein ehrlicher Wunsch zum inneren Wachstum, dann verzichten wir sehr freundlich auf den Umsatz. Kein Geld der Welt wiegt die Zusammenarbeit mit solchen Partnern auf. Sie wollen jemanden, der das Notwendige für sie tut. Doch es hat nur Sinn, wenn man es gemeinsam tut. Sonst liegen die Beschwerden schon in der Luft, bevor wir überhaupt anfangen. Der Grund: zu wenig echte Veränderungsbereitschaft – worunter dann alle Teilnehmenden an einem Seminar zu leiden hätten. Meistens ist der tatsächliche Veränderungsdruck, also der Schmerz, bei solchen Kandidaten noch nicht groß genug.

Die andere Gruppe unserer Kunden will Selbsterkenntnis. Sie will an der Überwindung eigener Widerstände arbeiten. Da du dieses Buch noch in der Hand hältst und nicht weggelegt hast, gehe ich davon aus, dass du zu dieser Gruppe gehörst. Ich möchte dich zum bewussten Umgang mit Verantwortung inspirieren. Das ist zunächst mental anstrengender als ein Raum mit Menschen, die sich in den Rausch guter Gefühle und Bestätigung begeben. Es fordert von dir, dich selbst zu befragen und klug infrage zu stellen. Wenn du dich wirklich darauf einlassen magst, wird sich dir eine ganz andere Welt von Möglichkeiten eröffnen. Und es geht nicht darum, dass du mir das glaubst. Etwas, woran du glaubst, liegt meist weit außerhalb deiner selbst. Und das erzeugt oft Abhängigkeiten. Abhängigkeit von jemandem, der dich überzeugt hat. Und das möchte ich nicht. Ich möchte dich einladen, es auszuprobieren. Damit du deine eigene Erfahrung machst. Es in Form von Ergebnissen in deinem Leben selbst erfährst. Das ist kraftvoll. Das macht dich unabhängig.

Es geht mir hier um echte mentale Flexibilität und Stärke. Ich behaupte nicht, dass die hier im Buch beschriebene Methodik und Didaktik der einzig denkbare Weg ist. Doch du darfst dir sicher sein, es ist die Essenz aus dreißig Jahren des bewussten Erlebens, Ausprobierens und Reflektierens. Und aus mehr als zwanzig Jahren des Lehrens und Forschens. Dabei durfte ich unfassbar viel von anderen lernen. Denn: **Lehrende und Lernende erschaffen gemeinsam die Lehre**. Das kann ich dir versprechen. Und was bedeutet das für dich? Ich lade dich ein, dass du dich in Summe klug nach vorne irrst. Dass dein Leben so zum besten Lehrer wird. Und dass du dabei dieses Leben, dein Leben, mehr und mehr in die Hand nimmst.

WO STEHST DU HEUTE?

Damit du dich auf den Weg machen kannst, ohne völlig blind herumzuirren, musst du erst einmal wissen, wo du dich in deinem Leben gerade befindest. Wo stehst du jetzt? Was ist dein Ausgangspunkt? Es ist wie bei einer Wandertour: Bevor du dich mit dem Weg zu deinem Ziel beschäftigst, solltest du dir erst mal darüber klar sein, wo du gerade bist. Es wird ein Parkplatz sein, ein Bahnhof oder eine Bushaltestelle – ganz egal. Aber wenn du nicht genau identifizierst, von wo du losgehst, kannst du den Weg zum Ziel nicht finden. Weil du dann nicht mal weißt, in welche Himmelsrichtung du loslaufen musst. Also: Was sind deine Lebensergebnisse? Heute?

In unserem Institut benutzen wir das Wort »Ergebnisse« anders, als du es vermutlich kennst. Du verwendest es wahrscheinlich für das, was zum Abschluss einer Aufgabe vorliegt oder am Ende eines Prozesses mit einem klaren Endpunkt. Zum Beispiel der durch Zahlen messbare Erfolg einer Firma im abgelaufenen Geschäftsjahr, das Endresultat eines Fußballspiels, der Ausgang einer Abstimmung oder Wahl oder einer Prüfung. Doch Ergebnisse gehen beim Grundl Leadership Institut sehr viel tiefer: Sie zeigen sich in allem, was im Leben da ist: die Summe aller Tatsachen und Zustände, die dein Leben ausmachen. Deine Beziehung – glücklich oder so lala. Deine Gesundheit, körperlich wie seelisch – robust oder wackelig. Deine mentale Verfassung – zufrieden, unglücklich, resigniert, optimistisch, gestresst. Deine Arbeitssituation – erfüllend oder frustrierend. Deine wirtschaftliche Situation – komfortabel oder angespannt. Deine Kreativität und Inspiration – eingeschlafen oder hellwach. Deine Persönlichkeit – zupackend oder ängstlich, rücksichtsvoll oder egozentriert. Dein Umgang mit Vertrauen und mit Verletzungen aus der Vergangenheit. Das Maß an Erfüllung und Liebe, die du erfährst. Deine Lebensergebnisse sind das, was da ist, wenn du innehältst und eine Art innerer und äußerer Inventur machst. Eine ehrliche Bestandsaufnahme. Geh mal die folgenden Fragen durch und beantworte sie dir im Geiste – so ehrlich wie möglich:

- Wie gut ist meine Beziehung zu mir? Wie wohl fühle ich mich in meiner Haut?
- Wie sehr bin ich Sklave oder Herr meines Denkens? Wie oft kreist mein Gedankenkarussell, vor allem nachts?
- Wie ist die Qualität meiner Beziehung zu anderen? Wie stabil und belastbar sind meine Beziehungen?
- Wie ist mein Gesundheitslevel? Wie viel Energie und Selbstmotivation habe ich?
- Wie ausgeprägt ist meine Fähigkeit, Probleme zu lösen?
- Wie entwickelt ist meine mentale Fähigkeit, durch Niederlagen zu wachsen?

- Wie gut kann ich meinen Teil der Verantwortung an Ergebnissen erkennen?
- Wie habe ich meine Talente zu Stärken entwickelt und diene damit anderen?
- Wie ist mein Umgang mit tolerierbaren und nicht tolerierbaren Schwächen?
- Wie ist meine finanzielle Situation und wie hat sie sich entwickelt?
- Welches Level an Erfüllung lebe ich – wie glücklich bin ich wirklich?
- Wie hoch ist mein Level an Vertrauen in mich, in andere und in die Welt?
- Wie gut ist meine Fähigkeit, meine mentalen Haltungen zu erkennen und bewusst zu wählen?
- Wie sehr habe ich Verantwortung dafür übernommen, worauf ich meine Wahrnehmung richte?
- Wie stark übernehme ich die Verantwortung dafür, wie ich das Wahrgenommene emotional interpretiere/welche Geschichte ich daran knüpfe?
- Wie gut verantworte ich, was diese Interpretation/Geschichte emotional mit mir macht?
- Wie hoch ist mein Bewusstsein gegenüber meinen eigenen limitierenden Eitelkeiten und Ausreden?

Eine ehrliche Bestandsaufnahme ist schwer. Sie gelingt nur, wenn du dafür deine inneren Hürden überwinden willst. Zu viele leben nach dem selbstzerstörerischen Motto »Nach außen Sonnenschein abgeben und innerlich eine Wüstendurchquerung ertragen«.

Wenn wir uns mit mentaler Transformation beschäftigen, sprechen wir also zuerst einmal über Schmerzen. Du erinnerst dich: Die erste der sechs Stufen ist Verdrängung. Oft zwängt sich Verdrängtes erst durch Schmerz in unser Bewusstsein. Damit fängt alles an.

Dieses Buch entwickelt auch manches aus dem Schmerz. Genauer: Es reagiert auf den Schmerz, der da ist, anstatt ihn zu leugnen. Es macht den verdrängten Schmerz sichtbar. Sei gewiss: Die Last wird leichter mit der Zeit.

Zur Veranschaulichung wird jetzt erneut polarisiert. Wir alle kennen Menschen, die wenig oder nichts über sich wissen. Sie reden naiv wie ein Kind daher. Ihre Schwächen kennen sie nicht, und ihnen fehlt jegliche Bildung des Intellekts und des Herzens. Wir erkennen sie daran, dass sie sich sehr gerne mit den Schwächen und Verfehlungen anderer beschäftigen. Wie Schulhofschläger trampeln sie durchs Leben und bemerken nicht mal, wen sie rechts und links niederstampfen. Sie loben sich ungeniert selbst – und missverstehen das verlegene Gelächter darüber als Applaus für einen gelungenen Scherz. Manchmal landen solche Menschen sogar ganz oben und werden CEO oder US-Präsident. Doch in Sachen tiefes Verantwortungsbewusstsein sind sie ganz unten, weil sie nur um sich selbst und ihre Interessen kreisen und nicht über sich selbst hinausdenken können. Ihr inneres Leiden wird durch den »Geiz an Ehre«, durch die Angst, »zu kurz zu kommen«, zum Leiden anderer. Wie getrieben hetzen sie durch das Leben. Erfolg? Ja, und zwar um jeden Preis! Erfüllung? Was ist das? Sie kriegen nicht mit, wie viel äußeres Leid sie erzeugen, weil sie selbst leiden.

Andere sind im permanenten Beschwerdemodus aufgrund ihrer extremen Identifikation mit etwas oder jemandem – sei es Tierschutz, sexuelle Orientierung, Herkunft, Nationalität, Naturschutz, Körperbehinderung, Arbeitgeber oder Arbeitnehmer. Weil sie zu sehr identifiziert sind, wird ihre Wahrnehmung verzerrt, und sie sehen sich (oder die von ihnen zum Beschützen auserwählte Gruppe) als Opfer, ohne jede Differenzierung. Die Eltern, die Lehrer, die Vorgesetzten, die Diskriminierung in der Gesellschaft – es ist immer jemand anderes schuld an ihrer Situation oder daran, was sie an der Welt und am Leben stört. Sie selbst hingegen sind schuldfrei. Wer sein Verhältnis zur Welt so einseitig sieht, macht sich selbst klein und schwach. Solche Menschen reiben sich auf im Kampf gegen das, was ist, und prallen ständig an selbstkonstruierten Widerständen ab. Sie haben keinen Blick für ihren Teil der Verantwortung.

Wieder andere tragen so gut wie keine Beschwerde mehr in sich, weder an sich noch an andere. Sie haben alle inneren Widerstände dem Leben gegenüber aufgegeben. Sie haben sie mental transformiert. **Daran erkennt man eine reife Persönlichkeit: Sie beschwert sich über so gut wie überhaupt nichts mehr im Leben.** Sie ist bei allen wichtigen Dingen in der Stufe 6. Ein anderes Wort dafür ist reine Präsenz. Völlige Gegenwart. Weder die Vergangenheit noch die Zukunft haben Einfluss auf ihre Präsenz. Diese Menschen sind vom Leben tief erfüllt. Große Ziele haben sie trotzdem – sehr große Ziele sogar. Doch diese Ziele setzen sie nicht unter Druck. Die wunderbaren Bilder einer großartigen Zukunft inspirieren sie, und dennoch genießen sie jeden Moment auf dem Weg zu den Zielen. Von Niederlagen lassen sie sich nicht mehr sonderlich beeindrucken – und von Siegen auch nicht. Sie nehmen stets zur Kenntnis, wo sie sind und auch, wo sie gerne wären. Doch die Distanz zwischen Realität und Zukunftsbild lässt sie keinen Stress empfinden.

Wer also bist du im Moment? Wo stehst du gerade? Womit bist du zufrieden (in Frieden) und womit nicht? Hast du Selbstwirksamkeitsüberzeugung – also den Glauben, dass das, was du tust und tun kannst, einen Unterschied bedeutet? Schreibst du dir deinen Anteil an deinen Ergebnissen auch zu? Empfindest du dich als den Erschaffer deines eigenen Lebens oder als Objekt, das »gelebt wird«? Willst du von den anderen und vom Leben verstanden werden, oder willst du das Leben verstehen – also Menschen oder auch Märkte und Zyklen? Soll also das Leben sich gefälligst dir anpassen, oder willst du dich dem Leben anpassen, nachdem du es besser und tiefer verstehst?

Es ist sehr wichtig, dass du deine Lebensergebnisse verstehst. Denn die Beschäftigung damit ist ein entscheidender Schritt in deiner Persönlichkeitsentwicklung. Nur wenn du erstens **die Ergebnisse kennst** und zweitens verstehst, **welchen Teil davon du beeinflussen kannst** und wenn du drittens **weder zu viel noch zu wenig Verantwortung** dafür übernimmst, hast du die Klarheit und die Kraft, an dir zu arbeiten.

Etwa 50 Prozent können wir im Leben beeinflussen und 50 Prozent eben nicht. Doch welche die 50 Prozent der möglichen Beeinflussung sind, das gilt es permanent herauszufinden. Und dafür müssen, nein: wollen wir die 100 Prozent in den Blick nehmen. Deine Gene, die Prägung durch dein Elternhaus oder die Allergie konntest du nicht beeinflussen. Woraus folgt, dass es nicht lohnt, dich ausgiebig damit zu beschäftigen. In diesem Buch konzentrieren wir uns auf das, was du beeinflussen konntest und kannst. Denn dafür, und nur dafür, kannst und solltest du Verantwortung übernehmen. Also zum Beispiel dafür, wie du in Zukunft mit der Prägung durch deine Eltern und mit der Allergie umgehst.

In unseren Seminaren bin ich immer wieder Zeuge großartiger Aha-Momente. Viele tun sich anfangs schwer, mein Konzept der Lebensergebnisse zu begreifen. Aber wenn der Groschen mal fällt, dann rattern die Erkenntnisse nur so. Eine Frau begriff beispielsweise in einem Seminar, warum sie immer wieder scheiternde Beziehungen erlebte: Sie hatte unbewusst nach materieller und mentaler Sicherheit gesucht – und sich deshalb immer wieder kopfüber in Beziehungen zu selbstbewusst auftretenden, sportlichen, großen Männern mit teuren Autos gestürzt, die ihr ungefragt die Welt erklärten und den Eindruck vermittelten, jederzeit alles im Griff zu haben. Sie hat also die scheinbare Erfüllung ihrer unbewussten Sehnsucht als Liebe missverstanden. Und dann stellte sie jeweils nach wenigen Monaten fest, dass der Beziehung und dem Partner jede seelische Substanz fehlte. Am Anfang war er »ganz toll« und schließlich »ganz doof«. Also fand sie sich wiederholt im Zustand größter Unsicherheit wieder – ohne Partner, ohne Halt und trotz ihrer glänzenden

Qualifikation und ihres guten Gehalts oft auch mit einem erheblichen Schaden, der ihre ökonomische Absicherung für das Alter gefährdete. Das war ihr Lebensergebnis in Sachen Beziehungen. Woran lag das? Ihr unbewusstes Muster wiederholte sich im Lebensergebnis »Partnerschaft«. Sie dachte, es liege an den Männern und nicht an ihren unbewussten Wünschen. Sie begriff es, als sie bei uns im Seminar zum ersten Mal schonungslos darauf schaute. Aus Scheu, die Männer zu vergraulen, die ihr Sicherheit zu versprechen schienen, hatte sie auf die Klärung der entscheidenden Beziehungsfragen verzichtet: Vertrauen, Verbundenheit, Treue, Solidarität, Respekt, erfüllende Sexualität, gemeinsame Interessen, gemeinsamer Humor und so weiter. Sie hatte sich für Sicherheit statt für Klarheit entschieden. Ich traf sie ein Jahr nach unserem Seminar auf einem Kongress wieder. Sie strahlte vor Glück. Ihr neuer Partner war Lehrer von Beruf, fuhr einen vernünftigen Kompaktwagen und interessierte sich genauso viel für das, was sie sagte, wie für seine eigenen Beiträge. Sie verriet mir, dass sie sich so sicher und geborgen fühle wie noch nie.

Ein anderer Teilnehmer schaute auf die Ergebnisse seines Lebens und stellte fest, dass er sich seit vielen Jahren nicht mehr gesund und fit fühlte. Obwohl er erst Anfang vierzig war, hatte er diverse Stoffwechselprobleme, er atmete hektisch und flach, sein gerötetes Gesicht deutete auf Bluthochdruck hin, und er hatte einiges an Übergewicht. Mit einem Wort: Er wirkte unsportlich und mit seiner Körperlichkeit unglücklich. Dabei war er als junger Mann ein begeisterter Sportler gewesen. Eher klein gewachsen, hatte er sich von Anfang an verbissen durchsetzen müssen. Als Kind hatte er mehrfach die Erfahrung gemacht, dass die Gleichaltrigen ihn, den »Kleinen«, ausgeschlossen hatten und er nicht mitspielen durfte. Daraufhin hatte er sich beim Trainer der nächsthöheren Altersklasse gemeldet und diesen durch sein Talent und vor allem durch seinen Ehrgeiz überzeugt. Irgendwann, nach einer erfolgreichen Zeit als »Kleiner« zwischen den Großen, bekam der Trainer seiner alten Mannschaft mit, was für einen Schatz er da hatte ziehen lassen, und holte ihn zurück.

Ich sagte zu ihm: »Respekt. Sie haben schon mal eine mentale Transformation durchgemacht.« Er schaute mich fragend an. »Sie haben sich durchgebissen, als Ihre Altersgenossen Sie ausschlossen. Sie sind nicht im Frust stecken geblieben, sondern Sie haben die Situation angenommen. Sie haben keinen bequemen Ausweg gesucht, sondern das Gegenteil: den anspruchsvollen Umweg über die ältere Mannschaft. Aber was ist dann passiert?«

Er antwortete zögerlich. »Ich … habe wohl die anderen überfordert mit dem Ehrgeiz, den ich durch diese Erfahrung entwickelt habe. Ich war zu engagiert und habe mehrfach Rote Karten bekommen in Spielen. Die Schiedsrichter hatten mich damals auf dem Kieker. Während der Sperren habe ich dann besonders intensiv trainiert – und dabei im Training wohl gelegentlich etwas zu fest hingelangt … Meine Mannschaftskameraden haben mich aber auch provoziert mit Frotzeleien. Und mein Vater wollte immer Einsatz von mir sehen. ›Mehr Einsatz, Junge, mehr Einsatz!‹, hat er immer reingerufen.«

An dieser Stelle verstummte er, doch ich hakte nach: »Was genau ist passiert?« Er schluckte. »Ich habe einem Mitspieler … das Bein gebrochen. Und einem anderen den Knöchel. Im Abstand von einer Woche.« An dieser Stelle ging ein leichtes Raunen durch den Seminarraum. »Und dann … bin ich aus dem Verein geflogen. Und nachdem es bei einem anderen Team genauso gelaufen ist, wurde ich auf Dauer gesperrt. In der ganzen Region. Spielerpass weg. Seit damals treibe ich keinen Sport mehr.«

Das trotzige Selbstbewusstsein, mit dem er anfangs gesprochen hatte, war inzwischen völlig verschwunden. Mit einer Mischung aus Wut und Verzweiflung stieß er hervor: »Ich hasse es einfach, zu verlieren. Schon als Kind habe ich das Mensch-ärgere-Dich-nicht!-Brett durchs Zimmer geschmissen, wenn jemand anderes gewonnen hat. Irgendwann wollte niemand mehr mit mir spielen. Und auch im Job will ich immer der Beste sein. Ich glaube ...« – sein Gesicht war jetzt extrem gerötet und er atmete hektisch –, »... diese Eigenschaften haben mich krank gemacht.«

Nachdem er sich beruhigt hatte, griff ich seinen Fall im Seminar noch einmal auf – weil sich daran gut zeigen ließ, wie die Arbeit an sich selbst, an der eigenen Verantwortung, laufen kann.

»Sie stehen jetzt an einer Wegscheide. Sie haben gerade den ersten Schritt der mentalen Transformation gemacht, vor unser aller Augen. Als Sie anfingen zu erzählen, waren Sie überzeugt, dass Sie das Opfer anderer Menschen und der Umstände waren. Die anderen haben Sie nicht mitspielen lassen, die Schiedsrichter haben Sie zu streng behandelt, die Mitspieler haben Sie provoziert, Ihr Vater hat Sie angestachelt, die Vereinsfunktionäre haben Ihre sportliche Laufbahn beendet. Bis vorhin waren Sie also im Zustand der **unbewussten Inkompetenz**.«

Fragende Blicke in der Runde. Ich erklärte: »Sie können nicht mit Ihrem Ehrgeiz umgehen und ihn nicht steuern. Siegen ist das Wichtigste für Sie – und dafür gehen Sie sozusagen über Leichen. Aber dieses Defizit war Ihnen bisher nicht einmal bewusst. Ihnen fehlte die Kompetenz zum Steuern Ihres Ehrgeizes, aber Sie wussten das nicht mal. Deshalb: unbewusste Inkompetenz. Aber gerade eben sind Sie einen Schritt weitergekommen. Sie haben artikuliert, dass Ihr Ehrgeiz Sie krank gemacht hat. Damit haben Sie Ihre Verantwortung für Ihre Inkompetenz anerkannt. Ihnen ist jetzt bewusst, dass es mit Ihnen zu tun hat, dass Sie sich so schlecht kontrollieren können, und dass nicht nur Umstände und andere Menschen an Ihrem schlechten Zustand schuld sind. Das nenne ich **bewusste Inkompetenz**. Sie haben ein Problem – aber es ist Ihnen jetzt immerhin bewusst. Das ist ein erster Schritt.«

Er nickte – und fragte dann mit verzagter Stimme: »Und jetzt? Komme ich irgendwie weiter?«

»Können Sie, ja. Auf zwei verschiedenen Wegen. Die meisten Menschen lernen nur durch Schmerz. Sie ändern nur etwas, wenn sie es müssen. Weil sie in echte Probleme kommen – in der Beziehung, im Job oder sonst wo. Nur die unmittelbare Drohung des Partners mit Trennung oder des Chefs mit Kündigung veranlasst sie, ihre Handlungsweisen zu überdenken. Manche brauchen sogar mehr als die Drohung – sie reagieren erst, wenn die Katastrophe eingetreten ist.«

»Was heißt das für ihn?«, fragte eine Teilnehmerin mit einfühlsamer Stimme.

»Tja – wenn Sie es so machen, wie ich es eben beschrieben habe, fangen Sie erst an, Ihren Umgang mit Ihrem Ehrgeiz zu überdenken, wenn ein Arzt an Ihrem Bett steht und Ihnen sagt, dass man Sie gerade noch zurückholen konnte, dass Ihr Herz so was aber nicht noch einmal mitmacht. Wenn Sie sich dann besinnen, nenne ich das Lernen durch Schmerz.«

Man sah, wie der Mann unter der Rötung seines Gesichts blass wurde. »Und … der andere Weg?«

»Sie können jetzt beginnen, an sich zu arbeiten. Sie können es zu Ihrem Ziel machen, Ihren Ehrgeiz besser zu kontrollieren und ihm einen Platz zuzuweisen. Denn Ehrgeiz ist eine wunderbare Energie. Doch der ungesunde Ehrgeiz führt dazu, dass Sie andere öfter als Feinde wahrnehmen. Dass andere Sie aufhalten wollen. Also müssen sie aus dem Weg geräumt werden. Wenn es Ihnen gelingt, den ungesunden in einen gesunden Ehrgeiz zu transformieren, dann wird sich Ihre Wahrnehmung total verändern. Das gelingt, wenn der Wert Respekt auf dieselbe Stufe in Ihrem Bewusstsein kommt wie Ehrgeiz. Dann werden die anderen zu Verbündeten, die Ihnen helfen, der Beste zu werden, der Sie sein können. Sie könnten also bewusst daran arbeiten, mehr Kompetenz im Umgang mit Ihrem ›Sieger-Gen‹ zu entwickeln. Das wäre dann der Zustand der **bewussten Kompetenz**. Der bisher erlebte Schmerz hat Sie herkommen lassen.

Er hat seine Aufgabe erledigt. Jetzt transformieren Sie sich durch Ihren Willen und mit Freude. Aus Einsicht und Erkenntnis.«

Die Teilnehmer nickten nachdenklich. Ich erkannte, dass jeder von ihnen gerade darüber nachdachte, in welchem Bereich er oder sie gerne in den Zustand der bewussten Kompetenz käme. Und manche fragten sich, wo bei Ihnen eine unbewusste Inkompetenz schlummert, also eine Schwäche, die sie noch nicht einmal als solche erkannt haben.

»Ist das dann die Krönung der Entwicklung?«, fragte ein Teilnehmer. »Irgendwie fehlt da doch noch ein Begriffspaar. Aber was soll ›unbewusste Kompetenz‹ sein?«

Statt direkt zu antworten, erzählte ich etwas aus meinem Leben, das alle nachvollziehen konnten, weil es ihnen genauso erging. »Als Kind saß ich oft neben meinem Vater im Auto und sah ihm zu. Autofahren erschien mir sehr einfach. Drei Pedale, ein Lenkrad, mehr war es ja nicht. Das müsste doch jedes Kind können. Das war unbewusste Inkompetenz: Ich wäre niemals in der Lage gewesen, als Autofahrer am Straßenverkehr teilzunehmen, aber diese fehlende Kompetenz war mir nicht klar.

Dann kam die erste richtige Fahrstunde im Straßenverkehr. Ich saß supernervös am Steuer und würgte direkt ein paarmal den Motor ab. Irgendwann wollte der Lehrer, dass ich den Blinker setze und mich in den Verkehr einfädele. Dass ich vorher in den Rückspiegel schaue und auf Autos und Radfahrer achte. Aber zugleich auch auf die Fußgänger vor mir. Und das vor uns parkende Auto nicht touchiere. Aber beim Zurücksetzen auch das hinter uns beachte. Als ich endlich fuhr, sollte ich mich rechtzeitig einfädeln, um an der nächsten Ampel links abzubiegen. Wann ist rechtzeitig? Oh, Blinker vergessen! Dann sollte ich auf den Gegenverkehr achten. Und als dort ein Radfahrer auftauchte, musste der Lehrer mir ins Lenkrad greifen und für mich bremsen. Ich war schweißgebadet und überzeugt: ›Das lerne ich nie!‹ Das ist bewusste Inkompetenz.

Aber ich übte und lernte. Ich wollte ja endlich alleine oder mit Freunden irgendwo hinfahren können – an den Bodensee, zum Festival und irgendwann auch mal ins Ausland in den Urlaub. Ich wollte mich verbessern und fand mehr und mehr Spaß am Fahren. Bis zur Prüfung hatte ich es alles einigermaßen drauf. Hoch konzentriert absolvierte ich die Prüfungsstrecke. Ich nahm jedes Verkehrsschild bewusst wahr, schaute sekündlich auf den Tacho und tastete mich an Rechts-vor-links-Kreuzungen vorsichtig voran. Ich fuhr vorbildlich (und war dadurch ein permanentes Verkehrshindernis, was mir aber nicht weiter auffiel). Am Ende war ich wieder schweißgebadet, aber ich bekam meinen Führerschein ausgehändigt. Schwarz auf weiß bescheinigte er mir die bewusste Kompetenz. Zu Hause konnte ich jede einzelne Situation der Prüfungsfahrt rekapitulieren – jedes Kind am Straßenrand, jedes ›Vorfahrt beachten‹-Schild, jedes Schalten und jeder Spurwechsel hatte sich mir eingeprägt.«

Ich schaute in die Runde. »Das kennen Sie alle, oder? Und jetzt denken Sie daran, wie Sie heute Auto fahren. Das meiste passiert völlig von selbst und kommt Ihnen gar nicht ins Bewusstsein. Oder erinnert sich jemand von Ihnen noch, wie oft er auf der Fahrt hierher die Spur gewechselt hat?« Ich schmunzelte. »Und möchte nun noch jemand wissen, was **unbewusste Kompetenz** bedeutet?«

Der amerikanische Filmwissenschaftler Noël Burch hat sein Kompetenzmodell auf eine ganz einfache Formel gebracht. Es gilt jeweils für ein bestimmtes Lebensergebnis:

1. Unbewusste Inkompetenz: Du handelst aufgrund einer falschen Intuition. Dir ist nicht bewusst, dass du unbewusst eine Ursache für ein schwaches Ergebnis setzt.

2. Bewusste Inkompetenz: Du handelst aufgrund einer falschen Analyse. Dir wird dein Teil der Verantwortung am Ergebnis klar, doch dir fehlt die Kompetenz, das zu verbessern.

3. Bewusste Kompetenz (Kennen): Du handelst aufgrund einer richtigen Analyse. Du hast das Wissen und die intellektuelle Kompetenz, deinen Teil der Verantwortung am schwachen Ergebnis zu tragen. Du bist noch nicht bereit, wirklich den Preis für bessere Ergebnisse zu zahlen.

4. Unbewusste Kompetenz (Können): Du handelst aufgrund der richtigen Intuition. Du lieferst jetzt konstant starke Ergebnisse in diesem Bereich. Es fällt dir leicht. Du hast dieses Thema tatsächlich transformiert. Du warst bereit, den Preis für bessere Ergebnisse zu zahlen. Im Voraus.

Das Kompetenzmodell mit seinen vier Phasen ist direkt verknüpft mit dem Thema Verantwortung. Nehmen wir ein einfaches Beispiel: Ein Paar hat sich nach langen Streitereien im Unguten getrennt. Ein gemeinsamer Freund unterhält sich nacheinander mit beiden und fragt sie, wer wohl die Verantwortung dafür trägt, dass die Beziehung auseinandergegangen ist. Im seltensten Fall werden die Betroffenen präzise den eigenen Teil der Verantwortung erkennen. Meistens bringen sie vor, dass die jeweils andere Seite zum größeren Teil oder ganz allein verantwortlich sei. Dass sie selbst ausnahmslos und immer einen genauso großen Teil der Verantwortung für dieses Ergebnis tragen, ist ihnen nicht klar. Es wird verdrängt.

Ähnliches passiert bei Konflikten in der Firma. Stellen wir uns vor, einer Mitarbeiterin wird gekündigt. Wird sie sich dann hinstellen und sagen: »Ich erkenne meinen Teil der Verantwortung dafür an, dass es so weit gekommen ist«? Oder ist die einseitige Abgabe der gesamten Verantwortung wahrscheinlicher? »Diese blöde Firma …«

Für solche Menschen ist Verantwortung eine Null-Eins-Angelegenheit: Man hat sie komplett oder gar nicht. Das ist das klassische Zeichen der **unbewussten Inkompetenz**. Wie viele Menschen kennst du, die permanent den eigenen Teil der Verantwortung an einem bestimmten Lebensergebnis leugnen? Oder die zu viel Verantwortung für das Ergebnis übernehmen? Die gar nichts davon sehen wollen und annehmen, sondern alles irgendwo hinprojizieren oder sich für alles verantwortlich fühlen? Ich glaube, jedem fallen dazu einige Beispiele ein. Aber Null-Eins gibt es nicht im menschlichen Zusammenleben. Wenn jemand denkt, die Verantwortung für einen Konflikt liege ausschließlich auf einer Seite, dann entspricht das nicht den Tatsachen, sondern sagt nur etwas über den selektiven Blick dieser Person.

Wichtig, um Missverständnisse zu vermeiden: Die Aussage, dass Verantwortung immer verteilt ist, bezieht sich auf den alltäglichen, friedlichen Umgang von Menschen miteinander – in Beziehungen, bei der Arbeit oder in der Öffentlichkeit. Kriminalität und Gewalt sind davon ausdrücklich ausgenommen. Eine Frau, die überfallen und vergewaltigt wird, trägt dafür null Prozent Verantwortung – egal, wo sie entlangging, wie sie gekleidet war, wie viel sie getrunken hatte und so weiter.

Bei Lernwilligen folgt dann die nächste Phase: die **bewusste Inkompetenz**. Menschen merken mit etwas Abstand zur Situation, dass sie sich in dieser Beziehung so und so verhalten haben und dass dieses Verhalten zur Trennung beigetragen hat. Das kann zum Beispiel das trotzige Schweigen als Reaktion auf Angriffe sein oder das provokative Ignorieren der Ordnungsbedürfnisse des anderen.

Der Weg von der bewussten Inkompetenz zur **bewussten Kompetenz** – Phase drei – ist gekennzeichnet durch Üben – wie Tonleitern spielen auf der Geige. Das müssen wir so lange tun, bis es leichter wird, und dann kommt die nächste Übung. Das kostet Energie, und wir werden hin und wieder Fehler machen. Doch das ist der Preis, der im Voraus bezahlt werden muss, wenn wir wirklich bessere Ergebnisse haben wollen. Man kann es vergleichen mit der Ausbildung oder dem Studium: Man nimmt geistige Anstrengungen und einen bescheidenen Lebensstil auf sich, um später einmal erfolgreich zu sein. Erst investieren, dann ernten. Da geht es um das Ansammeln von Wissen und das Reifen intellektueller Erkenntnis.

Auf der Werteebene funktioniert es so ähnlich. Wer beispielsweise respektiert werden möchte, für den ist es sinnvoll, konsequent andere zu respektieren. Wer geliebt werden möchte, gibt einfach Liebe – ohne eine Gegenleistung zu erwarten. Und auf einmal erfahre ich dann genau das, was ich anderen gegeben haben, ganz ohne es einzufordern. Es ist ein interessanter Moment, wenn einem der Zusammenhang zwischen Geben und Nehmen klar wird. Auf dieser Stufe ist ein Mensch deutlich reifer geworden. Selbst der Umgang mit Verantwortung wird klarer: Wo habe ich schon einmal Verantwortung zum Lustprinzip gemacht? Wo habe ich bei Verantwortung wirklich voll zugepackt? Wo war volle Identifikation vorhanden? Wo hatte ich viel Energie? In dieser Phase wird der Umgang mit unterschiedlichen Themen bewusster.

Bis man zur **unbewussten Kompetenz** kommt, dauert es eine Weile. Bis dahin hast du so viel praktische Erfahrung mit den neuen Fähigkeiten gesammelt, dass sie dir in Fleisch und Blut übergegangen sind und jederzeit abgerufen werden können, ohne dass du dich bewusst darauf konzentrieren musst. Was für andere noch eine Herausforderung ist, geht dir kinderleicht von der Hand. Du hast es so sehr verinnerlicht, dass es dir keine Mühe bereitet, es aus- oder durchzuführen. Du funktionierst wie ein Flugzeug im Autopiloten-Modus.

Diese vier Phasen sind, wie gesagt, auch beim Umgang mit Verantwortung interessant. Wo hast du eine Ursache gesetzt – beispielsweise in einem Projekt oder während der Kommunikation mit einem Kunden? Wo hast du durch dein Handeln ein vermeidbares oder erwünschtes Ergebnis bekommen? Von nichtsahnend begangenen Fehlern kommst du zum Bewusstsein dieser Fehler und dann zum bewusst richtigen Handeln. Jean Todt, der das Formel-1-Team von Ferrari während dessen erfolgreichster Zeit führte, hat einmal gesagt: »Wichtig ist nicht nur, dass man erfolgreich ist, sondern auch, dass man weiß, warum.« Je besser du den Zusammenhang zwischen Ursache und Wirkung verstehst, desto genauer kannst du den Erfolg duplizieren. Wenn du dir dieser vier Phasen immer bewusster wirst, kommst du dir selbst immer näher. Deine Sehschärfe nach innen wird immer klarer. Und dann passiert Folgendes: Du erkennst deine Talente immer besser. Warum? Weil du dort die vier Phasen am schnellsten durchläufst. Und weil du lernst, genau diese Wirkung zu lieben, verläufst du dich nicht mehr in Beschwerden oder Absichtserklärungen. Du entwickelst deine Talente zu Stärken und dienst damit anderen Menschen. Einfach so. Auf dem Weg. Ist das nicht wunderbar?

Kommen wir zurück zur Frage, wo du stehst. Wie ist die Qualität deiner Beziehung zu dir? Wie wohl fühlst du dich in deiner Haut? Wie gut kommst du mit dem klar, der da in dir ist? Wie ist deine Sehschärfe nach innen? Wie klar kannst du dich wirklich wahrnehmen? Wie gut hast du dich bisher erkannt? Wie ruhig wird es wirklich in dir, wenn du mal zur Ruhe kommen kannst? Gibt es in deinem Denken unerwünschte Themen und Muster, die sich regelmäßig wiederholen und sich durch Stagnation oder Rückgang in deinen Lebensergebnissen widerspiegeln?

Wie wurdest du geprägt durch das, worauf du bewusst oder unbewusst den Fokus gelegt hast in deinem Leben? Und sagst du Ja dazu, wie du geworden bist? Magst du das, was du da siehst? Kommst du auch klar mit dem »Dunklen«, dem Negativen in dir? Das Ziel ist, alles in geistigen Besitz zu nehmen, was du mitbekommen hast – Licht wie Schatten. Goethe hat es auf eine zeitlose Formel gebracht: »Was du ererbt von deinen Vätern hast, erwirb es, um es zu besitzen.« Solange man sich etwas nicht aneignet, liegt es als totes Erbe herum – und richtet eventuell Schaden im Unterbewusstsein an: unbewusste Inkompetenz.

Beim Nachdenken über dich selbst wirst du vielleicht auch schon mal gespürt haben, dass du dich in einem Dreieck bewegst. Es fühlt sich an wie drei Stimmen, die in deiner Brust sitzen. Oder drei Bewusstseinszustände, die abwechselnd von dir Besitz ergreifen. Du kennst sie gut, sehr gut.

Und jetzt machen wir sie einmal richtig sichtbar. Es sind die Stimmen **»Wer bin ich?«**, **»Wie will ich sein?«** und **»Wie soll ich sein?«**.

Persönlichkeitsentwicklung bedeutet, dass im Laufe eines Lebens die verborgenste Stimme in dir mehr Raum bekommen möchte. Manchmal ist dieses Selbst-Bewusstsein tief vergraben, aber es ist immer da. **Dein Selbst: Das ist, wer du wirklich bist.**

Aber weil dir manches daran nicht gefällt, pflegst du ein bestimmtes Image, also: **wie du von anderen gesehen werden willst**. Kommt es vor, dass andere dir sagen, wie sie dich wahrnehmen? Und dass du ihre Wahrnehmung dann sofort korrigieren willst? Also sagst du: Nein, nein, ich bin so und so! Kommt dir das bekannt vor? Dass deine Energie sich darauf konzentriert, wie andere dich wahrnehmen sollen? Das ist die Stimme deines Images.

Weißt du, wie viel Energie Menschen aufbringen, um anderen vorzumachen, dass sie glücklich sind? Dass sie eine großartige Beziehung haben und alles super läuft? Stell dir mal vor, du bist an einem traumhaft schönen Ort – und kannst ihn nicht genießen, weil du ausschließlich damit beschäftigt bist, das optimale Foto zu schießen, das du dann posten wirst, damit andere dich beneiden. Aber du hast nur Stress statt beneidenswerten Genuss. Eigentlich verrückt, nicht wahr? Ein Angehöriger der »Generation Y« hat einmal – nur halb scherzhaft – zu mir gesagt: »Im nächsten Leben will ich so sein und leben, wie ich mich jetzt auf Facebook darstelle.« Das bedeutet zum Beispiel, dass du dir nur deshalb ein Auto und ein Haus kaufst, weil du erfolgreich erscheinen willst. Oder dass du nie über deine Ängste sprichst, weil du stark und unerschütterlich erscheinen willst. Oder dass du andere mit Halbwissen nervst, weil du intelligent und kompetent wirken willst.

Du unterscheidest also in deinem Inneren zwischen deinem eigentlichen Selbst und dem von dir konstruierten Image. Frag dich mal, ob du das, was du tust, deshalb machst, weil du es wirklich willst und weil es für dich Sinn ergibt – oder nur, weil du ein bestimmtes Bild erzeugen und Zustimmung wie zum Beispiel Likes erhaschen willst. Es gibt einen provozierenden Begriff dafür: emotionale Prostitution.

Ich wollte damals sogar nach meinem Unfall um jeden Preis stark erscheinen – und gab vor, die Verletzungen zu ignorieren, die ich durch die allgegenwärtige Missachtung und Benachteiligung von Schwerstbehinderten erfuhr. Der Schmerz durch die Diskriminierung war da – er gehörte zu meinem Selbst. Und diesen verdrängten Schmerz, diese permanente Ablehnung habe ich mit übermäßigem Ehrgeiz kompensiert. Daraus entstand dann mein Image. Das war eine Spannung, die nicht gesund war.

Ein dritter Faktor ist, dass du seit deiner Geburt auf Prägungen reagierst: auf Erwartungen, die deine Bezugspersonen, deine Peergroup oder die Gesellschaft von außen an dich herantragen. Die Botschaft: Wenn du dich so und so verhältst, dann bist du richtig. Du folgst also der »sozialen Erwünschtheit«: So sollst du sein! Der Klassiker hier ist der Junge, der nicht weinen darf und deswegen so tut, als habe er immer alles im Griff. Und das Mädchen, das hübsch sein und es allen recht machen soll. Kennst du das?

Oder: Du handelst aus einem dir bewussten, sehr niederträchtigen Motiv und verkaufst das anderen so, als würde in dir ein Heiliger stecken. Du gibst vor, »es für andere zu tun«, dabei hast du vor allem deine eigenen Bedürfnisse im Sinn. Du gibst dich zum Beispiel sozial, obwohl in dir wie in jedem Menschen die Egozentrik wütet. Du gibst dich so demonstrativ bescheiden, dass deine Bescheidenheit zum Statussymbol wird: »Schau mal, wie toll ich das alles nicht nötig habe.« Nach einem Vortrag in der Schweiz kam einmal ein Zahnarzt-Unternehmer zu mir und sagte: »Herr Grundl, ich liebe und ich hasse Sie!« – »Warum?«, fragte ich ihn. Er sagte: »Ich bin ein sehr erfolgreicher Unternehmer. Ich arbeite kaum noch selbst und verdiene sehr viel Geld. Aber ich fahre ein äußerst bescheidenes Auto. Und mir ist aufgefallen, dass ich jede Gelegenheit nutze, anderen zu zeigen, dass ich ein so bescheidenes Auto fahre, obwohl ich mir zig teure leisten könnte. Für diese Erkenntnis liebe und hasse ich Sie!«

Dasselbe Muster ist am Wirken, wenn du dich so aufopferungsvoll um deine Kinder oder Eltern kümmerst, dass selbst Mutter Teresa vor Neid erblasst wäre. Oder nehmen wir die drei großen Kräfte Macht, Geld und Sex. Diese Kräfte, so beteuerst du aller Welt, haben natürlich keinerlei Auswirkungen auf deinen Charakter und dein Handeln. Eine andere Variante: Du lügst – angeblich, weil die Wahrheit andere zu sehr verletzen würde. Aber du willst auf keinen Fall, dass andere dich belügen. Das sei etwas ganz anderes.

Ja, all diese Einsichten können sehr interessant und erhellend sein. Die soziale Erwünschtheit kann auch Extremes entstehen lassen. Einfach mitmachen. Einfach dazugehören. Der Sozialpsychologe Harald Welzer kommt in seinem Buch *Opa war kein Nazi* zu der Erkenntnis, dass die Nazidiktatur eine »Zustimmungsdiktatur« gewesen sei. 10 Prozent waren extrem dafür, 10 Prozent extrem dagegen, und die restlichen 80 Prozent haben sich angepasst und die Situation schöngeredet – also der sozialen Erwünschtheit nachgegeben.

Belohnt wird man dabei durch Bestätigung von außen.

Frag dich einmal, welche Teile deines Verhaltens und welche Ergebnisse auf dem äußeren Einfluss der sozialen Erwünschtheit beruhen. Wie war das in deiner Jugend? Mochtest du die Musik wirklich, die angesagt war in deiner Clique? Fühltest du dich wohl in den Klamotten, die damals modern waren?

Und heute? Wo gibst du Nähe, obwohl dir eigentlich nach Distanz ist? Wo sagst du Ja, obwohl du Nein meinst? Wenn du dir zum Beispiel angewöhnt hast, weniger Fleisch zu essen als früher: Tust du es, weil du fühlst, dass du es willst? Weil dir die ökologischen Vorteile einer stärker vegetarischen Ernährung ein echtes, persönliches Anliegen sind?

Weil du spürst, dass es dir körperlich besser geht, seit du nicht mehr so viel Fleisch isst? Oder folgst du eher einem gesellschaftlichen Trend, obwohl du weiterhin Lust auf ein Steak hast? Nichts davon ist besser oder schlechter als das andere – wir schauen nur und urteilen nicht. Auch über die nicht, die nur aufhören, ihre Fleischmahlzeiten zu posten und stattdessen mit Salattellern posieren, die also lediglich ihr Image an die Fleischdiskussion anpassen.

Frag dich doch einmal: Lohnt es, seiner selbst immer bewusster zu werden? Wenn ja, soll dir im ersten Schritt bewusster werden, was dich leitet, wenn du etwas Bestimmtes tust oder unterlässt: das Image, die soziale Erwünschtheit oder dein wahres Selbst. Denn je nachdem, was dich gerade leitet, hat das natürlich Auswirkungen auf deine Wahrnehmung.

Zurück zur Standortbestimmung. Ergebnisse haben noch mehr Aspekte als dich selbst. Wie ist die Qualität deiner Beziehung *zu anderen*? Zuerst mal: in deiner eigenen Kernfamilie und in deiner Herkunftsfamilie. Rutscht ihr in immer dieselben unproduktiven Streitereien? Bist du mit allem im Reinen, was in der Vergangenheit passiert ist? Oder hältst du an alten Verletzungen fest und schleppst sie mit dir rum?

Es gibt einen Istzustand der aktuellen Beziehungsqualitäten – deine Ergebnisse – und den Sollzustand der »idealen« Beziehungsqualität. Zu diesem Umstand kann man zwei unterschiedliche mentale Haltungen einnehmen. Entweder: »Ich bin nicht perfekt und damit nicht okay« – dann fokussiert man sich mit seinem Bewusstsein permanent auf das, was einem noch fehlt. Man meint, dieses oder jenes nicht zu können und noch lernen zu müssen. Die mentale Haltung ist: Ich bin noch nicht gut genug. Mit dieser Fixierung auf ihre Defizite entziehen Menschen übrigens sich selbst die Erlaubnis, andere zu führen, zu entwickeln, zu erziehen. Das Ergebnis: Sie glauben nicht an sich – und damit tun es die anderen auch nicht. Dadurch sind sie permanent gestresst. Denn **Stress ist letztlich die Spannung zwischen dem, was jetzt da ist, und dem, wie man es gerne hätte.**

Oder wir verändern die Perspektive und akzeptieren, wer wir sind. Wir nehmen uns an. Wir erkennen an, dass wir auch Fehler haben, und stehen dazu. Ich lade dich an dieser Stelle dazu ein, dass du erst einmal anerkennst: »Ich bin okay. Ich habe und trage gerne meinen Teil der Verantwortung und entwickle mich jetzt in Richtung eines Ideals. Auch wenn ich weiß, dass ich diesen Zustand nie erreichen werde. Das ist in Ordnung.« Dieser Weg, diese Entwicklung, die kluge Richtung – die sind das Entscheidende. Und nicht die Perfektion des Ideals. Wenn du dich entwickelst, bist du okay. »Ich bin eben so« ist also nicht grundsätzlich falsch – wohl aber, wenn der Satz als Ausrede für Defizite herhalten muss, die dir bewusst sind und an denen du arbeiten könntest.

Wenn du tief über die oben stehenden Fragen nachdenkst, hast du irgendwann ein Ergebnis. Das, was jetzt gerade ist und was du bist. Aber welchen Anteil dieses Ergebnisses kannst du eigentlich beeinflussen? Wofür trägst du Verantwortung und wofür nicht? Wie schon erwähnt: Die Wissenschaft geht davon aus, dass der Mensch etwa 50 Prozent dessen, was in ihm ist, entwickeln kann, während die andere Hälfte unzugänglich für seine Bemühungen ist. Ist dir eigentlich bewusst, was du beeinflussen kannst und was nicht?

Die 50 Prozent findest du nur heraus, indem du dich an die 100 Prozent heranwagst. Nur, wenn du dir alles schonungslos anschaust, erreichst du ein Bewusstsein für das, was du verändern kannst.

AN MIR ARBEITEN – WIE GEHT DAS?

Du hast deine Lebensergebnisse angeschaut – und festgestellt, dass du mit manchem nicht zufrieden bist. Du willst nicht stehen bleiben, sondern dich entwickeln. Die Frage ist also: Was musst du dafür tun?

Meine Antwort: Es geht im ersten Schritt weniger ums Tun als ums Sein. Das ist die alte Streitfrage: Kommen wir über das Tun zum Sein oder über das Sein zum Tun? Oder anders gefragt: Genügt es, ein Werkzeug zu beherrschen (Tun), oder spielt auch eine Rolle, mit welcher mentalen Haltung (Sein) das Werkzeug geführt wird?

In der Vergangenheit wurde das Einführen neuer Werkzeuge und Systeme in Unternehmen bis zur Perfektion getrieben. Die Zitrone wurde immer besser ausgequetscht. Das hat uns zum Selbstoptimierungswahn geführt. Was dabei auf der Strecke blieb, war die Arbeit an der mentalen Haltung. Inzwischen wird immer klarer, dass wir deren Entwicklung ganz anders fördern müssen. Also die Zitrone größer machen sollten, statt mit Gewalt immer mehr herauszupressen aus der kleinen Frucht. Doch wie geht das? Wie geht das ganz genau? Dazu soll auch dieses Buch einen Beitrag leisten. Hier gehen wir über das Sein zum Tun – also durch die Entwicklung des Verantwortungsbewusst*seins* zum verantwortungsvollen Handeln.

Im ersten Schritt geht es ums intellektuelle Erkennen und emotionale Anerkennen. Sich nur eine Anleitung zu besorgen und dann »mechanisch« anders zu handeln als bisher, wirkt nicht nachhaltig, wenn das dazugehörige Bewusstsein fehlt. Nehmen wir als Beispiel einen verheirateten Mann. Seine Identität ist »Versorger«. Damit identifiziert er sich. Das ist seine Rolle. Also arbeitet er viel und hat wenig Aufmerksamkeit für seine Frau. Ihren Beitrag zum gemeinsamen Leben nimmt er gar nicht wahr. Wenn er abends heimkommt, würde er am liebsten andauernd von ihr hören, wie toll er ist, dass er das alles bewerkstelligt. Er möchte also von ihr verstanden und damit anerkannt werden. Weil er das nicht bekommt und leidet, möchte er unbewusst, dass seine Frau genauso leidet wie er: Er lädt den gesamten Stress und Frust des Tages bei ihr ab. Aufgaben im Haushalt übernimmt er nicht.

Ihre Identität ist »Kümmerin«. Damit identifiziert sie sich. Das ist ihre Rolle. Und auch sie möchte in ihrer Rolle verstanden und damit anerkannt werden. Sie möchte ihm, wenn er nach Hause kommt, mitteilen, was sie so erlebt hat, während sie sich aufopferungsvoll um alles gekümmert hat. Beide Blickwinkel sind Beschreibungen, keine Urteile! Sie können beim Lesen als Urteile missverstanden werden. Das läge dann aber nicht bei mir, dem Autor.

Beide wollen also vom anderen zuallererst einmal verstanden werden. So vergeht Tag um Tag. Ihre Bemühungen um eine angenehme Atmosphäre im Haus bemerkt er nicht, oder er geht lieblos damit um. Wenn sie am schön dekorierten Tisch ein aufwendig gekochtes Abendessen serviert, schaufelt er sich eine Portion auf den Teller, verzieht sich vor den Fernseher und schlingt es ohne Genuss in sich hinein. Er interessiert sich kein bisschen dafür, was sie bewegt und wie ihr Tag in ihrem Beruf verlaufen ist. Weil er zuerst von ihr in seiner Identität verstanden werden will – genau wie sie umgekehrt von ihm.

Weil beide geistig unflexibel bleiben, reicht es ihr irgendwann, und sie droht ihm mit Trennung, wenn sich nichts ändert. Ratlos fragt er eine Bekannte, was er tun könne. Ihre Frage »Bringst du ihr denn wenigstens ab und zu mal Blumen mit?« genügt ihm schon. In seinem Outlook-Kalender steht ab jetzt an jedem Dienstag um 18:30 Uhr »Tanken + Blumen«. Und immer dienstags drückt er ihr jetzt den Tankstellenstrauß in die Hand – natürlich noch mit der Folie drum herum. Sonst ändert sich nichts.

Als sie ein halbes Jahr später die Scheidung einreicht, fällt der Mann aus allen Wolken. Er versteht nicht, was er falsch gemacht haben soll. Logisch: Er wollte niemals verstehen, worum es wirklich geht. Er ist das ganze Thema niemals mit Bewusstsein angegangen. Er hat nie wahrgenommen, was seine Frau fühlte und was sie bewegte – ja nicht einmal, was sie täglich tat. Geschweige denn, dass ihm bewusst geworden wäre, was er selbst fühlte und was ihn bewegte, weil er von ihr zuerst verstanden werden wollte. Bei seiner Frau war es umgekehrt nicht anders: ein hoher Grad von Unbewusstheit herrschte bei beiden vor. Auch sie trägt 50 Prozent der Verantwortung. Sie bestand ebenfalls darauf, zuerst verstanden zu werden.

Der Teufelskreis wird erst durchbrochen, wenn einem von beiden die unbewusste mentale Haltung bewusst wird. Mit dieser Einsicht kann sich der eigene Blick verändern und weiten. Aus »verstanden werden wollen« kann »verstehen wollen« werden.

Analysiere doch mal deine letzten Gespräche, die nicht so rundliefen. Kann es sein, dass beide Parteien zuerst vom anderen verstanden werden wollten? Sei es Partner, Partnerin, Chef, Chefin, Mitarbeiter oder Mitarbeiterin.

Wer an der mentalen Haltung arbeitet, bekommt einen anderen Zugang zum Leben. Mit einem Bild ausgedrückt: Ein Messer ist einfach nur ein Messer. Entscheidend jedoch ist, mit welcher Haltung jemand das Messer benutzt. Gebe ich das Messer einem Mörder, hat es eine andere Bedeutung als in den Händen eines Chirurgen. Das Messer bleibt dasselbe Werkzeug. Und der Umgang damit muss auf jeden Fall auch trainiert werden (bewusste Kompetenz). Doch mit der Haltung fängt alles an. Die Haltung erzeugt eine andere Wahrnehmung – und am Ende ein anderes Ergebnis mit dem Werkzeug.

Ich möchte dich immer wieder einladen, dass du deine mentale Haltung erkennst, trainierst und dann bewusster wählst.

DUMMER – KLUGE – WEISE

Gehen wir noch einmal einen Schritt zurück, zum Denken. Dazu eine kleine Geschichte:

Ein Dummer, eine Kluge und eine Weise sind unterwegs zu ihrem Ziel, als sie plötzlich vor einer endlosen massiven Mauer stehen. Sie sollen dieses Hindernis möglichst als Erster überwinden – aber wie? Immerhin wissen sie, dass die Mauer eine verborgene Tür enthält, die es zu öffnen gilt. Der Dumme macht den Anfang. Er nimmt Anlauf und rennt mit dem Kopf voran gegen die Wand. Nichts passiert. Da nimmt er erneut Anlauf und rammt seinen Kopf noch mal gegen dieselbe Stelle der Wand. Mit etwas mehr Anstrengung. Das macht er so lange, bis er bewusstlos zusammenbricht. Schädelbruch statt Durchbruch.

Die Kluge hat sich das angeschaut. Sie wählt eine andere Stelle als der Dumme, um die Tür zu finden und mit einem Schulterstoß aufzurammen. Und als sie scheitert, verlagert sie den Angriffspunkt nochmals einen Meter nach links. Das macht sie so lange, bis sie die Tür gefunden hat und – mit schmerzender Schulter – hindurchgeht.

Und was tut die Weise? Sie beobachtet die beiden anderen und verändert ihre Prioritäten. Um den Preis starker Schmerzen oder eines Schädelbruchs will sie nicht mehr die Erste sein. Sie wartet stattdessen ab, bis die Kluge die Tür gefunden hat und passiert sie hinter dieser als Zweite. Ganz ohne Blessuren.

Vielleicht hast du diese Geschichte mit einem gewissen Gefühl der Überlegenheit gelesen. Ist doch klar, dass man es so machen muss wie die Weise. Aber hüte dich vor der Überlegenheitsillusion. Ich bin ziemlich sicher, dass du in manchen Situationen auch »nur« der Kluge bist. Und dass du – so wie ich auch – in manchen Situationen sogar die Dumme bist. Denn jede und jeder ist mal dumm, mal klug, mal weise. Ich lade dich ein, einmal zu schauen, wo du in Denkfallen tappst wie die Figuren in der Geschichte.

Die Anekdote gibt eine gängige Definition von Dummheit sehr schön wieder: dasselbe tun wie vorher und ein anderes Ergebnis erwarten. Wer kennt das nicht? Der Sportler, der Trainer, der Vater, die Lehrerin oder die Vorgesetzte, die vergeblich versuchen, ein bestimmtes Ziel zu erzwingen – und aus dem Scheitern den Schluss ziehen, dass es noch mehr Druck braucht. Mehr Verbissenheit. Mehr Krampf. Das funktioniert selten. Trotzdem wird es immer wieder versucht.

Das klassische Beispiel: Ein Kind kommt in die Pubertät. Und die Erziehung hat bis dahin ganz gut funktioniert. Das Kind hat mehr oder weniger das gemacht, was man ihm gesagt hat. Es war also weniger Erziehung als eine Art von milder Diktatur. Aber dann gerät es in den unvermeidlichen Strudel der Hormone. Und auf einmal ist nichts mehr wie vorher. Das Kind entzieht den Eltern auf einmal die Aufnahmebereitschaft. Und die Eltern denken sich: »Was dreizehn Jahre funktioniert hat, muss doch wohl auch weiterhin funktionieren. Wir müssen nur die Dosis verdoppeln.« Den Fehler machen viele. Bis es zu einer Entfremdung zwischen Eltern und Kindern kommt (im Kern wollen beide zuerst vom anderen verstanden werden) und danach zu einer Annäherung auf Augenhöhe (wenn der Schmerz der Trennung groß genug geworden ist).

Im Nachhinein halten das alle für den natürlichen Lauf der Dinge. Doch muss die Entfremdung wirklich sein? Denn nicht die Kinder werden schwierig in der Pubertät, sondern die Eltern, die am alten Erziehungsstil, sprich: Führungsstil festhalten. Weil sie nicht verstehen: **Bis zur Pubertät gilt *Erziehung* und ab der Pubertät gilt *Beziehung*.**

Anderes Beispiel: Beobachte dich einmal beim Autofahren in der Stadt, wenn du unter Zeitdruck bist. Du bist zu spät dran – und preschst deshalb an jeder Ampel mit quietschenden Reifen los, sobald sie grün wird. Du fährst so schnell wie gerade noch erlaubt, oder noch schneller – und musst an der nächsten Ampel abrupt stoppen. Rot. Als sie wieder grün wird, gleitet auf der rechten Spur das Auto an dir vorbei, das auch an der letzten Ampel neben dir stand. Und was machst du? Du lässt wieder die Reifen quietschen, drückst auf die Tube und überholst den anderen. Weil du es so eilig hast. Bis zur nächsten roten Ampel. Wo wieder dasselbe passiert. Von außen betrachtet ist dein Verhalten dumm: Du machst Lärm, verbrauchst mehr Sprit, machst dich lächerlich – und bist keine Minute früher bei deinem Termin als mit einer gelasseneren Fahrweise. Sondern wirst immer gestresster. Trotzdem gibst du an jeder Ampel wieder Gummi.

Bist du klug, weil du ganz präsent bist (ein anderes Wort für Bewusstsein), fährst du so wie der andere, schwingst dich also auf die Grüne Welle ein. Und wenn du weise handelst, hast du im Vorfeld die ganze Reise im Voraus tiefer durchdacht. Dir sind die Verkehrsdichte und die Reisezeit im Vorhinein klar. Deswegen steht dein Auto vielleicht sogar im Park-&-Ride-Parkhaus, während du entspannt in der S-Bahn sitzt, noch einmal die Unterlagen studierst und pünktlich und ohne hektische Parkplatzsuche zum Meeting kommst.

Schau einmal ehrlich bei dir selbst: Wo wählst du immer wieder denselben Ansatz und kommst nicht weiter, handelst also dumm? Wo bist du klug und lernst aus deinen Erfahrungen? Wo bist du weise und schaust auch über den Tellerrand deiner persönlichen Erfahrungen hinaus? Geh einmal die Lebensbereiche durch, in denen du aktiv bist und manchmal mit deinen Ergebnissen haderst. Das kann das Fitnesstraining sein oder deine Arbeit als Produktentwicklerin, es kann der Garten sein, in dem der Rasen jeden Sommer braun wird und verfilzt, es kann das Kochen eines Gerichts sein, das du immer wieder gleich zubereitest, obwohl die Sauce immer wieder klumpig wird oder oder oder … du setzt die Prioritäten! Du bist der Chef, die Chefin! Es ist dein Leben!

Wie funktioniert unser Denken normalerweise? Unser Gehirn baut sich bestimmte Regeln, mit denen es die meisten Situationen automatisch innerhalb von Zehntelsekunden beurteilt und eine den Regeln entsprechende Reaktion in Gang setzt. Bis wir plötzlich eine neue, unerwartete Erfahrung machen. Die wird dann – ein Mindestmaß an Intelligenz vorausgesetzt – verwendet, um die Lebensregel anzupassen. Wir denken jetzt also anders als vorher, wenn die Situation wieder eintritt, und das Ergebnis ändert sich ebenfalls. Wir haben unsere persönliche Erfahrung zur Lebensregel gemacht. Aber ist das schon der Weisheit (!) letzter Schluss? Manchmal nicht – denn es kann passieren, dass wir die Regel zwar anpassen, dabei aber eine verzerrte Wahrnehmung der gemachten Erfahrungen zugrunde legen und deshalb die falschen Veränderungen vornehmen.

Zum besseren Verständnis wieder eine Geschichte: Julia fliegt mit ihrem Freund in die Ferien. Eine Woche Pauschalurlaub, das erste Mal Türkei. Aber die Reise entpuppt sich als eine einzige Pechsträhne: Die Billigfluglinie verschiebt am Tag vor der Abreise den Flug um 24 Stunden. Um keinen Urlaubstag zu verlieren, müssen die beiden einen teuren Ersatzflug buchen. Im Flieger sitzt ein ungepflegter, stark riechender Mann neben ihr. Das Hotel entpuppt sich als heruntergekommene Absteige. Das Wetter ist miserabel. Und am fünften Tag trennt sich ihr Freund von ihr.

Es gibt drei Möglichkeiten, wie Julia mit dieser Erfahrung umgehen kann.

Erstens: Sie kann sie völlig ignorieren. Sie verändert also keine Lebensregel und damit auch ihr Denken und das Ergebnis nicht. Was bedeutet: Sie bucht im Jahr darauf bei derselben Billigfluglinie und im selben Hotel, in derselben für schlechtes Wetter anfälligen Jahreszeit. Höchstwahrscheinlich erlebt sie wieder einen misslungenen Urlaub, wahrscheinlich mit einem ähnlichen Typ von Freund.

Die zweite Möglichkeit: Sie nimmt ihre Erfahrung ernst, verzerrt sie und beschließt: »Nie wieder Türkei!« Sie reist von nun an konsequent zu anderen Zielen oder bleibt zu Hause. Und als eine Freundin sie einige Jahre später einlädt, ins Ferienhaus ihrer Eltern an der türkischen Riviera mitzukommen, ihr davon vorschwärmt und ihr Fotos der türkisblauen Bucht unterhalb des Hauses sowie des Pools und der komfortablen Schlafzimmer zeigt, sagt Julia konsequent: »Nein, in die Türkei fahre ich nicht. Da habe ich schlechte Erfahrungen gemacht.«

Was passiert hier? Julia übersteigert ihre Erfahrungen. Sie verzerrt sie, wahrscheinlich aufgrund zu hoher Erwartungen und der daraus entstandenen Enttäuschung. Sie setzt also ihre eigenen Erlebnisse absolut. Vor allem, wenn du eher pessimistisch veranlagt bist, wirst du so etwas kennen. Nach *einer* negativen Erfahrung formt sich in dir bereits eine negative Regel: »Jedes Mal, wenn ich ins Stadion gehe, verliert meine Mannschaft.« Oder: »Wenn ich aufs Oktoberfest gehe, wird mir das Portemonnaie geklaut.« Oder: »Immer, wenn ich auf einem Flohmarkt bin, werde ich übers Ohr gehauen.«

Wirklich weise wäre es, wenn Julia ihre eigene Erfahrung um die von anderen ergänzen würde. Wer hat welche Türkei-Erfahrungen gemacht und warum? Auch mit Pauschalreisen? Wann ist das Wetter dort stabil? Sie bleibt offen, hinterfragt, gleicht ab und lernt. Dann würde sie den Flug beim nächsten Mal gleich bei einer zuverlässigeren Gesellschaft buchen, nach gründlicherer Recherche ein anderes Hotel auswählen und so weiter.

Es hebt die Lebensregeln auf ein anderes Niveau, wenn man auch die Erfahrungen anderer betrachtet und einbezieht. Dann wird das Denken nicht nur angepasst, sondern erweitert.

Welche zentrale Bedeutung unser Denken für unsere Lebensergebnisse hat, zeigt die »Bumerang«-Pyramide. Bumerang deswegen, weil unser Denken Ursachen wie einen Bumerang »einsetzt«: Irgendwann kommt dieser Gedanke in Form von Ergebnissen in unser Leben zurück.

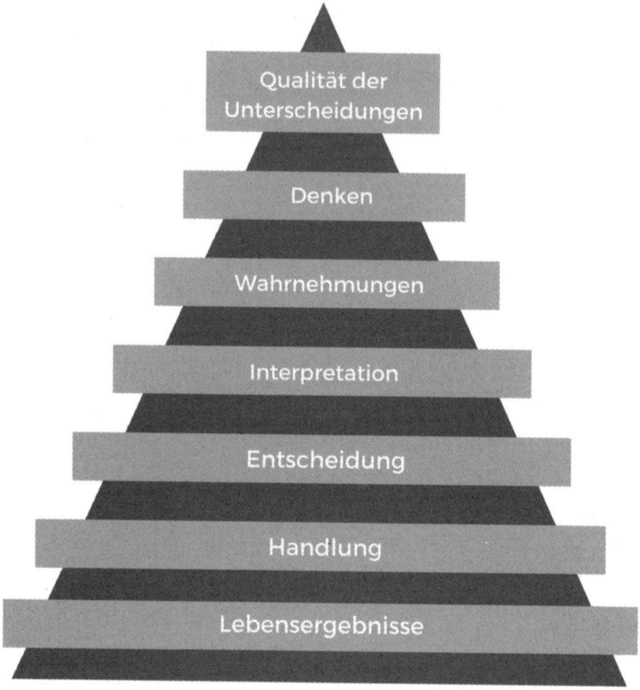

Bumerang-Pyramide: Wie entstehen Ergebnisse in unserem Leben?

Am Ende eines Prozesses steht immer ein **Ergebnis**. Genauer: ein Lebensergebnis. Wie wir das im Institut definieren, haben wir schon besprochen. Nehmen wir hier das Beispiel des unbewussten Ehemanns und der unbewussten Ehefrau von weiter oben. Das Ergebnis – die Scheidung – fällt nicht vom Himmel. Wo also liegt die Ursache für dieses Ergebnis? Wir gehen die Pyramide jetzt von oben nach unten. Am Anfang, als erste Ursache, steht eine bestimmte geistige Differenzierungsqualität in Form einer **Unterscheidung**. Diese führt zu einem bestimmten **Denken**, welches dann zu einer bestimmten **Wahrnehmung** führt. Zum Thema »Unterscheidungen« gehen wir später in diesem Kapitel noch mehr in die Tiefe. Bleiben wir in unserem Beispiel zunächst beim Mann. Er möchte von seiner Frau verstanden werden, bevor er sie verstehen will. Er möchte von ihr wahrgenommen werden – nur dann fühlt er sich geliebt. Er möchte also respektiert werden. »Respekt« heißt für ihn lediglich »respektiert werden« – nicht »respektieren«. Für ihn ist diese Werteebene ein »bekommen wollen«. Nicht ein »geben wollen«. Damit fängt alles an. Das ist wichtig zu verstehen, zu unterscheiden, zu differenzieren. Denn das steuert seine Wahrnehmung. Und was nimmt er wahr? Dass seine Frau ihn nicht zuerst wahrnimmt, nicht zuerst respektiert, sondern zuerst selbst wahrgenommen werden will. Also fühlt er sich von ihr nicht respektiert – und damit abgelehnt. Kurz: Er fühlt sich nicht geliebt. Das ist seine **Interpretation der Wahrnehmung**. Das ist die Geschichte, die er daran knüpft. Er ist verletzt und macht zu. Und diese Verletzung möchte er ihr zurückgeben. Er trifft eine **Entscheidung** aufgrund seiner Wahrnehmung. Er möchte, dass sie genau denselben Schmerz der Ablehnung spürt wie er. Weil er denkt, sie habe seinen Schmerz ausgelöst. Sie sei für seinen Schmerz verantwortlich. Seinen Teil der Verantwortung, seine mangelnde Differenzierungsqualität, nimmt er nicht wahr. Und das läuft alles blitzschnell, weil zum großen Teil unbewusst ab. Seine **Handlungen** aufgrund seiner unbewussten Entscheidung sind jetzt einfach nur logisch. Er zieht sich zurück und stumpft immer weiter ab. Auch das Ergebnis ist jetzt einfach und klar nachvollziehbar: Scheidung.

Bitte tappe nun nicht in die Falle, zu denken, die Frau habe deshalb keine Verantwortung. Sie geht im Kern die Pyramide genau auf dieselbe Art und Weise durch. Da sie auch zuerst verstanden werden will, also respektiert werden will, also geliebt werden will, interpretiert sie genau gleich wie ihr Mann und zieht sich zurück. Auch sie will ihren Schmerz dann beim Partner auslösen – mit Erfolg.

Wie ließe sich das Ganze lösen? Nur, indem einer von beiden die Qualität seiner Differenzierungsfähigkeit erhöht, also die **Qualität der mentalen Unterscheidungsfähigkeit**.

In diesem Fall hieße das zu erkennen: Verstehen heißt zu gleichen Teilen verstehen und verstanden werden wollen. Respektieren heißt zu gleichen Teilen respektieren und respektiert werden wollen. Lieben heißt zu gleichen Teilen lieben und geliebt werden wollen. Diese Erkenntnis, diese Einsicht durchbricht den Teufelskreis. Einer fängt an zu verstehen – ohne die Angst, dabei selbst zu kurz zu kommen, zu verlieren. Weil es nichts zu verlieren gibt. Das geschieht, sobald ein Mensch tief erkennt: Verstehen heißt nicht, einverstanden sein zu müssen.

Wie könnte ein »Bewusster werden« aussehen? Sagen wir, der Mann hat ein neues, faszinierendes Projekt. Er geht völlig darin auf und ist begeistert. Seine Aufmerksamkeit ist nur bei der Arbeit. In der Mittagspause erzählt er einer Kollegin eines Tages mit einem gewissen Stolz, dass er seit Monaten jeden Abend völlig erledigt nach Hause komme und sich nur noch vor die Glotze knallen könne. Der Kollegin kommt dieses Muster bekannt vor, und sie fragt: »Und wie findet deine Frau das?«

Da macht es plötzlich klick bei ihm. Er nimmt seinen Schmerz der Ablehnung und seine Reaktion darauf wahr. Er begreift, dass sein Denken in den letzten Wochen ausschließlich bei ihm selbst war. Auch zu Hause. Es entsteht eine Einsicht und dadurch eine Erkenntnis. Nicht, weil er muss, sondern weil er will. Ihm wird sein Anteil der Verantwortung bewusst. Aus einer unbewussten Inkompetenz wird eine bewusste Inkompetenz. Und jetzt wechselt er den unbewussten Modus »verstanden werden wollen« in den bewussten Modus »verstehen wollen«.

An diesem Tag macht er früher Feierabend, besorgt einen Blumenstrauß in den Lieblingsfarben seiner Frau und überrascht sie damit. Trotz ihrer etwas ratlosen Freude darüber spürt er bei ihr Zurückhaltung. Als er sie fragt, wie denn ihr Tag gewesen sei, antwortet sie abweisend: »Das interessiert dich doch in Wirklichkeit gar nicht!«, und verschwindet in ihrem Zimmer. Der Mann interpretiert seine Wahrnehmung korrekt, nämlich nicht mit: »Hat sie ihre Tage, oder was ist los?«, sondern mit der Einsicht, dass sie sich seit Wochen oder Monaten nicht gesehen und beachtet fühlt. Natürlich hätte auch sie den Teufelskreis durchbrechen können. Doch er bleibt bei sich und seinem Einflussbereich und übernimmt Verantwortung. Und er trifft eine Entscheidung. Am nächsten Tag geht er zu seiner Vorgesetzten und bittet sie, ihn möglichst bald von einem der drei großen Projekte zu entbinden, um die er sich kümmert. Er habe sich zu wenig um sich und sein Privatleben gekümmert und müsse das nun ändern. Perspektivisch wolle er einen halben Tag pro Woche freinehmen; außerdem bittet er darum, Besprechungen, die seiner Anwesenheit bedürfen, nicht später als 17 Uhr anzusetzen, damit er sicher um 19 Uhr zu Hause ist. Als die Chefin ihn mit skeptischem Blick fragt, ob ihm bewusst sei, dass er damit seine Aufstiegschancen gefährde, nickt er und sagt: »Diese Entscheidung habe ich damit getroffen, ja. Weitere Karriereschritte schließe ich nicht prinzipiell aus, aber meine Ehe geht jetzt vor.«

Die gewonnene Freizeit nutzt der Mann, um zu seiner früheren Leidenschaft, dem Kochen, zurückzukehren. Den Austausch in den Gesprächen beim Abendessen zu zweit genießt er. Außerdem besuchen die beiden mindestens einmal im Monat ein Museum – seine Frau ist Kunsthistorikerin und eröffnet ihm neue Möglichkeiten des Sehens und der Wahrnehmung. Noch etwas anderes passiert. Durch den anderen Umgang mit der Zeit entdeckt er die Differenzierung zwischen Zeitqualität und Zeitquantität. Er versucht, die verkürzte Zeit in der Firma intensiver zu nutzen. Damit erhöht er die Intensität seiner Wirkung. Schnell wird klar, dass er trotz weniger Zeit einen höheren Output erreicht. Seine Ergebnisse für das Unternehmen werden besser. Seine Chefin ist verwundert und sehr zufrieden.

Ergebnis: eine glückliche Beziehung auf Augenhöhe, mit der Perspektive einer Familiengründung. Die gute Stimmung zu Hause beeinflusst auch seine Arbeitshaltung. In der kürzeren Zeit schafft er hoch motiviert alles, was nötig ist. Und seine Fähigkeiten im Führen seiner Mitarbeiter haben sich ebenfalls stark verbessert. Fortbildungen und sein verändertes Bewusstsein haben das erreicht. Sein Denken hat sich verändert, also auch seine Ergebnisse.

Was lernen wir daraus? Die meisten Lebensergebnisse, die du bei dir feststellen kannst, sind jetzt und hier aus dem Grund da, weil sie dich weiterbringen sollen. Sie entsprangen deinem – bewussten oder unbewussten – Denken und Handeln und nicht einfach einem anonymen Schicksal. (Wie im oben besprochenen Beispiel der Vergewaltigung gilt auch diese Feststellung natürlich nicht für gewaltsame Willkürtaten oder unbeeinflussbare Katastrophen. Es geht hier um Entscheidungen, die man getroffen hat und die man auch anders hätte treffen können. Das gilt zwar für mehr Lebensergebnisse, als manche wahrhaben wollen, aber natürlich trotzdem nicht für alle.)

Aber bedenke bitte: Diese Erkenntnis ist für dich gedacht – und nicht dafür, dass du sie anderen triumphierend unter die Nase reibst. Schau dir also deine Lebensergebnisse und deinen Teil der Verantwortung daran an, und nicht den der anderen. Wenn du aus dieser Erkenntnis eine Anklage gegen andere bastelst, sagt das letztlich mehr über dich aus als über die anderen.

Kommen wir zu einem zentralen Gedanken dieses Buchs. Wir haben bereits festgestellt, dass verantwortliches Handeln ein entsprechendes Bewusstsein voraussetzt und dass man an seinem Denken arbeiten kann, wenn man will. Bei dieser anspruchsvollen Arbeit an deinem Denken und deinem Bewusstsein kommt es entscheidend darauf an, dass du keine Bewusstseinsenergie verschwendest, oder anders: dass man möglichst viel Bewusstseinsenergie nutzt. Stell dir einfach eine Lampe mit Lichtkegel in deinem Kopf vor. Wohin du diese Lampe drehst, dorthin scheint der Lichtkegel, also dein Bewusstsein. Damit beschäftigst du dich dann in deinem Geiste. Bei den allermeisten Menschen wird diese Lampe jedoch oft unbewusst gelenkt. Sie werden also eher gedacht, als dass sie selbst denken.

Wir haben bereits gelernt, dass wir auf etwa die Hälfte dessen, was unser Leben bestimmt, keinen Einfluss nehmen können. Leider beschäftigen sich viele Menschen ausgiebig mit genau diesem Teil. Ich nenne das den **Interessenbereich** und grenze ihn ab vom **Einflussbereich**. Natürlich interessiert es dich, dass der Staat die Steuern erhöht hat und du jetzt weniger Netto auf dem Konto hast. Dass dir Kollege X bei der Beförderung schon wieder vorgezogen worden ist. Dass ein Lkw-Fahrer während des Berufsverkehrs zum Entladen auf der rechten Fahrspur hält und einen kilometerlangen Stau verursacht. Dass du nicht die Anerkennung bekommst, die du verdienst. Doch das alles bindet viel von deiner Aufmerksamkeit. Beeinflussen hingegen kannst du es nicht – zumindest nicht in diesem Moment. Dennoch intensiv und permanent darüber nachzudenken, blockiert nur wertvolle Denkkapazitäten und vor allem Lebensenergie. Es macht müde und laugt aus.

Nach meinem Unfall in Mexiko, der ersten Notoperation und dem Rücktransport lag ich monatelang in einer Spezialklinik in der Nähe von Stuttgart, in Markgröningen. Ich hatte ein Drehbett – lag also jeweils einige Stunden lang auf dem Rücken und starrte die Decke an, um dann in die Bauchlage gedreht zu werden und einige Stunden lang den Fußboden zu betrachten. Das dient dazu, sich nicht wund zu liegen – die sogenannte Dekubitusprophylaxe. Ich lag nur da. Viele endlose Tage. Mit sehr viel Zeit zum Durchdrehen. Oder zum Nachdenken. Aber worüber? Ich wusste bereits, dass ich querschnittsgelähmt war. 90 Prozent meiner Bewegungsmöglichkeiten waren, wie erwähnt, eingeschränkt. Mit hoher Wahrscheinlichkeit für immer verloren.

Sollte ich mein Bewusstsein, meine Aufmerksamkeit auf diese 90 Prozent lenken? Oder auf die 10 Prozent, die noch da waren, und auf ihr Potenzial? Dass es rationaler wäre, Letzteres zu tun, ist vermutlich jedem klar; das empfehlen mir ja auch die Zuhörer bei meinen Vorträgen. Aber um diese Rationalität scherte mein Gehirn sich damals einen Dreck. Mein Denken kehrte immer wieder zu den fehlenden 90 Prozent zurück. Warum sind die weg? Warum habe ich mir das angetan? Wie soll ich nur weiterleben? Was bedeutet es, dass ich nie wieder Tennis spielen kann? Kein Gaspedal und keine Bremse mehr treten? Nicht mehr nach dem Bus rennen? Keine Treppen mehr steigen? Welchen Wert hat mein Leben überhaupt noch? Solche Gedanken wälzte ich anfangs in einer endlosen Schleife. Bis es mir endlich gelang, mein *Bewusstsein* hinter die Konzentration auf die 10 Prozent zu setzen. Erst jetzt konnte ich mich aus der Falle des Selbstmitleids und der daraus entstehenden Opferrolle lösen und erstmals die Möglichkeiten sehen. Wie könnte ich aus den 10 Prozent mehr machen? Ich lernte damals, dass meine Beine nicht mehr zu meinem Einflussbereich gehörten, sondern nur noch zum Interessenbereich – eine brutale Lektion. Doch im Kern sehr not-wendig. Sie wendete die Not.

Erst jetzt hatte ich freie Sicht auf das, was da war. Auf das Ergebnis meiner Entscheidung, von dieser Klippe zu springen. Auf meine Muster, welche mich das hatten machen lassen. Und ich lernte immer besser, mich auf meinen Einflussbereich zu konzentrieren. Damit nahm ein mentaler Weg seinen Anfang, der mich aus der Sozialhilfe für Schwerstbehinderte über viele Stationen zum Leiter eines erfolgreichen Instituts und zum häufig gebuchten Redner führte.

Ich kam damals für mich zur Erkenntnis, dass es keine richtigen oder falschen Entscheidungen gibt. **Denn an sich ist nichts richtig oder falsch, nur unsere Interpretation von Ereignissen macht es dazu.** Die Interpretation ist die Geschichte, die wir damit verknüpfen – und diese Geschichte macht dann emotional etwas mit uns. Es ist sinnlos, nachträglich hadernd mit den Kategorien »richtig« und »falsch« über einmal getroffene Entscheidungen und deren Ergebnisse nachzudenken. Erkenntnisgewinn? Ja, bitte! Zweifelnde Schuldgefühle? Nein, danke! Denn niemand entscheidet sehenden Auges falsch. Und letztlich weiß man nie, wie es mit einer anderen Entscheidung ausgegangen wäre. In dem Moment, in dem ich entscheide, ist das die Entscheidung. Aus dieser Perspektive war mein Sprung von der Klippe keine falsche Entscheidung – sondern einfach eine Entscheidung, die zu dem Leben führte, das ich heute lebe und das ich nicht mehr missen möchte. Ich weiß, das ist für dich vielleicht schwer zu verstehen. Doch es geht hier nicht darum, wie du über mich nachdenkst. Es geht auch bei dieser Geschichte um dich. **Es geht also darum, absolut einverstanden zu sein mit allem, wie es jetzt ist in deinem Leben. Bist du es?**

Als junger Mann war ich sehr körperlich – daher ja auch der Sprung von der Klippe. Zusätzlich sog ich in der Schule alle geistig-mentalen Anregungen auf. Das galt allerdings nur für die Themen, die mich wirklich interessierten. Ich war weniger an Schulintelligenz interessiert als an emotionaler Intelligenz, an Lebensintelligenz. Als ich meine Energie nicht mehr durch meinen Körper ausdrücken konnte, begann meine eigentliche geistige Entwicklung. Deren Ansporn war anfangs permanenter Schmerz und dauerndes Leid. Die Botschaft der Welt an mich lautete nur: »Rollstuhl – behindert! Rollstuhl – behindert!« Ich sah die Benachteiligungen für Behinderte, litt unter der permanenten, meist unbewussten Diskriminierung und erlebte den Versuch des Sozialamts, mich beruflich aufs Abstellgleis zu schieben. Ich erinnere mich noch genau an die Worte des Sozialarbeiters: »Herr Grundl, wir müssen sehen, wo wir Sie unterbringen können.« *Untergebracht werden.* Klar, genau das wollte ich! Im Ernst: Das hat nichts mit Freiheit und einem selbstbestimmten Leben zu tun. Ich hatte kein Selbstwertgefühl mehr, traf keine Mädels mehr, hatte keinen Beruf, bekam keinerlei Anerkennung. Und dann sollte ich auch noch *untergebracht* werden wie ein Gepäckstück.

Dieser Schmerz musste in einem langen Prozess angenommen und umgeformt, also mental transformiert werden. Der Theologe Reinhold Niebuhr hat in seinem bekannten Gelassenheitsgebet treffend formuliert, worum es damals für mich ging und heute geht – und vielleicht auch für dich? Vielleicht weißt du sogar, was jetzt kommt, doch versuche es einmal mit völlig neuen Augen zu lesen. Jetzt. Wie ein Anfänger im Geiste. Als würdest du die folgenden Zeilen noch nie gehört oder gelesen haben. Der Zen-Meister Shunryu Suzuki drückt es so aus: Dem Geist des Anfängers stehen alle Wege offen. Dem des Experten nur wenige. Bereit? Los geht's:

> *Gott gebe mir die Gelassenheit, Dinge hinzunehmen, die ich nicht ändern kann, den Mut, Dinge zu ändern, die ich ändern kann, und die Weisheit, das eine vom anderen zu unterscheiden.*

Dank dieser Selbsterkenntnis konzentrierte ich mich auf das, was da war, nicht auf das, was fehlte. Statt mir bessere Bedingungen zu wünschen, änderte ich meine Sicht auf die Bedingungen. Ich änderte meine mentale Haltung, meinen mentalen Zustand. Was für eine Kraft!

Meine heutige Intensität als Mensch – die mein Umfeld mir permanent widerspiegelt – verstehen die Menschen am besten, die in ihrem Leben selbst extreme Herausforderungen oder Krisen überwunden und transformiert haben. **Wer**

geistig durch die Tiefen eines Meeres gelaufen ist, für den ist ein See kein Hindernis mehr. Nun muss aber zum Glück nicht jeder von einer Klippe springen und verunglücken oder permanent von Krisen heimgesucht werden, um sein Bewusstsein zu vertiefen. Größere mentale Veränderungen kommen zwar, wie erwähnt, sehr oft aus einem Schmerz, doch der muss nicht so existenziell sein wie damals bei mir. Mir ist bewusst, dass sowohl meine Geschichte als auch meine mentale Verfassung etwas Extremes haben. Und ich wäre ein schlechter Menschenentwickler, wenn ich dieses Extrem als Bedingung für das Arbeiten an der eigenen Verantwortung betrachten würde. Aber ich bin mir sicher, dass du weißt: Wenn du dich nicht selbst für dein inneres Wachstum entscheidest, wird dich irgendwann das Leben durch Schmerz dazu zwingen. Bitte sei klüger als ich damals auf der Klippe, und lass dich darauf ein. Wann? Jetzt!

Wozu ich dich ermutige: Konzentriere dich immer mehr auf deinen Einflussbereich. Weil Verantwortungsbewusstsein von deinem Einflussbereich abhängt. Deswegen ist es so wichtig, möglichst genau zu wissen: Was ist dein Verantwortungsbereich? Was ist dein Einflussbereich? Und was ist der Interessenbereich, den du nicht beeinflussen kannst? Dazu gehört auch die Ausschlussklärung: Was interessiert dich gar nicht? Wenn du das nicht klar differenzieren kannst, hat es wenig Sinn, dich intensiv mit deinem Verantwortungsbewusstsein zu beschäftigen. (Übrigens, um ein mögliches Missverständnis zu vermeiden: »Interesse« und »Einfluss« sind nicht als Gegensatzbegriffe gemeint – jedenfalls nicht in dem Sinne, dass einen das, was man beeinflussen kann, *nicht* interessieren würde. Natürlich tut es das. Es geht also um die Unterscheidung zwischen dem, was du beeinflussen kannst, und dem, was dich *nur* interessiert.)

Im Zentrum liegt der **Verantwortungsbereich**. In einer Firma ist es klar, dass Mitarbeiter einen Arbeitsplatz haben und an diesem wirken. Der Mitarbeiter muss sich darüber klar sein: Was habe ich hier zu verantworten? Welche Ergebnisse werden erwartet? Habe ich alles, was ich brauche, damit ich diese Ergebnisse liefern kann? Das muss er wissen, wenn er Verantwortung übernehmen möchte. **Das Verantwortungsbewusstsein korreliert mit dem Verantwortungsbereich, sonst platzt alles.** Es hat keinen Sinn, Menschen Verantwortung zu geben, wenn sie keine Möglichkeiten haben, das Feld zu beeinflussen. Dann sind sie der Wirkung entmächtigt. Ein Kollege nannte so etwas einmal »*management by terror*: Ziele vorgeben und dann die Mittel zu deren Verwirklichung verweigern«. Das ist menschenverachtender Unsinn, kommt jedoch häufiger vor, als du denkst, nach dem Motto: »Ich will von dir Ergebnisse, gebe jedoch dir nicht die Macht, diese Ergebnisse zu erreichen. Die Macht bleibt bei mir.« Das kann nicht funktionieren. Wer verantwortlich ist für etwas, muss es auch selbst beeinflussen können.

Dein **Einflussbereich** ist aber meist einen Tick größer als das, was du unmittelbar zu verantworten hast. Menschen können zum Beispiel auch ihren Chef, andere Abteilungen oder ihre Familie beeinflussen. Jeder kann versuchen, immer wieder irgendwo Einfluss zu nehmen, damit die Dinge laufen. Auch auf sich selbst, um die eine oder die andere Haltung einzunehmen. Der eigene Einflussbereich ist meist größer, als die Menschen denken. Und erst, wenn du dich konsequent auf deinen Einflussbereich konzentrierst, wird dir überhaupt bewusst, wie viel du eigentlich beeinflussen kannst. Weil dein Lampenschirm stabil ist, dein Lichtkegel immer mehr erfasst und du das dann entdecken kannst. Und am meisten Einfluss kannst du auf deine Wahrnehmung und deren Interpretation nehmen.

Der **Interessenbereich** kann, wie gesagt, sehr groß sein. Angefangen von der Weltpolitik über Unternehmensthemen bis zu wichtigen Entscheidungen von Verwandten oder dem unfreundlichen Blick eines Kellners – eben alles, was Einzelne oder Gruppen interessiert und sie betrifft, worauf sie aber keinen entscheidenden Einfluss nehmen können.

Wie oft am Tag fließt emotionale Energie in etwas, das wir nicht beeinflussen können? Die große Mehrheit der Menschen bewegt sich in diesem Modus – dies ist also auch der durchschnittliche Bewusstseinszustand deines Umfelds. Das übt einen starken Druck auf dich aus. (Manchmal ist es auch ein Sog.) Um dazuzugehören, schwimmst du im Bassin des »Interessenbereichs« mit. Denn nebenan, im Einflussbecken, ist es eher einsam. Weil aber der Durchschnitt im Interessenbereich festhängt, ist auch die Wahrnehmung nur durchschnittlich. Und damit leider auch die Ergebnisse. Denn es gilt: Durchschnittliches Denken liefert durchschnittliche Lebensergebnisse. Und wenn du überdurchschnittliche Lebensergebnisse haben willst, musst du natürlich auch überdurchschnittlich denken.

Wir fokussieren uns meist zu wenig auf die Bereiche, in denen wir selbst etwas verändern können. Die Botschaft heißt also: **Konzentriere dich auf das, was da ist – auf deinen Verantwortungsbereich –, und mache daraus mehr.** Und nicht: Verliere dich in irgendwas, ende in Frustration und sage dann irgendwann: »Ich kann ja nichts dafür. Ich kann eh nichts machen.« Im Interessenbereich sind wir zu sehr Opfer. Warum? Weil wir keinen Einfluss haben. Im Einflussbereich hingegen sind wir Akteure. Man kann auch sagen: Schöpfer. Verschwende keine Zeit damit, dich lange über verschüttete Milch zu ärgern. Sie kommt davon nicht wieder zurück in die Flasche, und du verschwendest nur Energie.

Für jeden, der diese Systematik wirklich verstanden hat, ist es faszinierend zu sehen, dass jeder Einzelne immer weiterwächst, wenn er sich auf seinen Verantwortungs- und Einflussbereich fokussiert. Je konsequenter jemand sich darauf konzentriert, den Interessenbereich möglichst oft links liegen zu lassen, desto mehr dehnen sich sein Verantwortungs- und sein Einflussbereich aus. Denn wenn Menschen in ihrem Verantwortungsbereich liefern, bekommen sie mehr Verantwortung und machen so Karriere.

Bitte denke nicht, das sei theoretisches Gequatsche jenseits der harten beruflichen Realität. Hier schreibt jemand, der mehrere Jahre von der Sozialhilfe lebte und heute nicht mehr arbeiten muss, also finanziell frei ist. Natürlich ist Geld nicht alles. Doch es entspannt. Und wenn du mich fragst, was die wichtigste Erkenntnis auf diesem Weg war, dann ist die Antwort: Scheinwerfer des Bewusstseins auf deinen Einflussbereich!

Wie unmittelbar die Lust auf den eigenen Verantwortungsbereich das eigene Bewusstsein führt, erlebte ich auch in meiner Zeit als Produktmanager in einem Produktionsbetrieb. Wir führten einen neuen Maschinentyp ein, der sich stark von der bisherigen Technik unterschied. Das bedeutete, dass unsere Mitarbeitenden in der Produktion und im Verkauf sich intensiv fortbilden mussten, um die neuen Maschinen bedienen zu können. Viele sträubten sich. Sie nahmen die Veränderung als Bedrohung wahr, gingen nicht zu den Lehrgängen – und waren wenige Jahre später ihren Job los, weil die neuen Maschinen jetzt Standard waren und sie zu wenig darüber wussten. Die Fortbildung hätte ganz klar in ihrem Einflussbereich gelegen. Wäre ihnen bewusst geworden, dass es eine tolle Chance war, als Pionier und an verantwortlicher Stelle an der Markteinführung einer völlig neuen Technik beteiligt zu sein, dann wären sie mit offenem Geist darauf zugegangen. Sie wären zufriedener gewesen und hätten ihren Job behalten. Es war eine reine Bewusstseinsfrage. Es war eigentlich eine Wahl: Wachstum oder Bestätigung. Doch sie waren sich ihrer mentalen Zustände nicht bewusst und haben sich unbewusst für Bestätigung entschieden. Sonst hätten sie sich mental strecken müssen. Anstatt innerlich in Widerstand zu gehen und damit die Veränderung zu bekämpfen, hätten sie ihren Blick auf die Veränderung richten können. Ich war traurig. Denn ich hatte im Vorfeld vieles versucht, sie zum Wachstum einzuladen, und war leider gescheitert. Bei manchen nicht, bei manchen doch. Und als sie gehen mussten, beschwerten sich manche natürlich über die Umstände, die Gesellschaft, die Politik, den Kapitalismus, über die Ungerechtigkeit der Welt allgemein.

Man kann diese Situation auch anhand des bereits vorgestellten Sechs-Stufen-Modells nachzeichnen. Einige Mitarbeitende fuhren damals im Expressaufzug von der Verdrängung über die Schuldsuche bei anderen, bei den Umständen und bei sich selbst auf Stufe 6 – und nahmen die Veränderung geistig in Besitz. Sie hatten richtig Lust, die Neuheit zu verstehen, zu durchdringen und erfolgreich zu machen. Aber viele andere quälten sich und begannen auf Stufe 1: »Das kann jetzt nicht wahr sein, dass die schönen alten Maschinen ausrangiert werden. Die sind doch noch gut!« Dann ging es weiter mit »Das haben die da oben absichtlich gemacht, um uns zu schikanieren!« und mit »Dieser verdammte technische Fortschritt! Kann denn nicht einfach mal Ruhe sein?«. Einige kamen in einer späten Phase auf Stufe 4, die Selbstvorwürfe. »Wäre ich mal zu der blöden Fortbildung gegangen!« Und einige schafften es auch auf die Stufe 5: »Ich muss mir das jetzt draufschaffen und die blöden Fortbildungen schnell nachholen. Los jetzt!« Sie behielten ihre Jobs und bekamen ihre Chance. Welcher Umweg. Seither ist mir bewusst: Es ist erstrebenswert, alle wirklich wichtigen Themen in die Stufe 6 zu bringen.

Die Erkenntnisstufen auf dem Weg zur Lust auf Verantwortung findest du als Illustration auf der vorderen Innenklappe dieses Buches.

Aber wie kannst du dein Bewusstsein so führen, dass du Verantwortung für deine Wahrnehmung übernimmst? Dafür, wohin du deinen geistigen Scheinwerfer ausrichtest? Dass du bewusst entscheiden kannst, was du an dich heranlässt und was nicht? Wie geht das, dass du dann auch noch die Interpretation dieser Wahrnehmung selbst bestimmen kannst? Und wie kriegst du es hin, dass dein Bewusstsein nicht dauernd abhaut und sich mit dem beschäftigt, was andere haben und du nicht? Wie lieferst du permanente Spitzenleistung bei mentaler Gesundheit? Wie kann es gelingen, dass du am Ende erkennst, wie du sogar aus Niederlagen Siege machst? Bevor wir die geistige Transformation vollziehen, die das ermöglicht, müssen wir uns in einem Zwischenschritt genauer mit dem Thema »Wahrnehmung« auseinandersetzen.

VERANTWORTUNG FÜR DIE EIGENE WAHRNEHMUNG

Die Erkenntnis aus dem vorherigen Abschnitt lautet, noch einmal zusammengefasst: **Du kannst nicht immer bestimmen, was passiert – aber immer, wie du es interpretierst und darauf reagierst.** Es ist also egal, ob du ein Ereignis zu verantworten hast – dafür, wie du es *wahrnimmst*, kannst du immer die Verantwortung übernehmen. Wenn du es wirklich lernen willst! Der Einstieg dafür ist deine Bereitschaft, dich beim Denken und damit beim Wahrnehmen zu beobachten. Später gehen wir darauf noch ausführlich ein. Schon hier lernst du diesen Gedanken einmal kennen: Das, was du als *wahr* annimmst, sagt mehr über dich aus als über andere.

Ein Beispiel: Den Musiker in der U-Bahn, der nach seinem unbeholfenen Mundharmonikaspiel mit einem zerschlissenen Pappbecher durch den Wagen geht und um ein paar Münzen bettelt, kannst du wahrnehmen als Menschen, der seine Lebenschancen weggeworfen hat und selbstverschuldet in Not geraten ist. Oder du kannst in ihm eine ästhetische und hygienische Zumutung sehen und Abstand zu ihm suchen. Oder einen Menschen, dem es schlechter geht als dir und dem ein Euro viel mehr hilft, als die Spende dir wehtut. Oder du fühlst dich schuldig, wenn du ihm nichts gibst. Oder siehst du einen Kämpfer gegen ein ungerechtes Wirtschaftssystem?

Es geht hier nicht darum, zu beurteilen, welche Interpretation besser oder schlechter ist. Es geht darum, dass du dich beobachten lernst, wie du etwas wahrnimmst – und um das Wissen, dass es immer auch andere Möglichkeiten gäbe, es zu sehen. Ich kenne Menschen, die derart lösungsorientiert denken, dass sie die Existenz von Problemen schlichtweg leugnen. Für sie ist das Wort »Problem« nur die (ungeeignete) Interpretation einer Situation. Zugegeben – das ist eine Extremvariante.

Gehst du manchmal ins Museum? Zusammen mit anderen? Dort ist es völlig normal, dass mehrere Menschen ein und dasselbe Bild verschieden wahrnehmen und interpretieren. Vor allem bei abstrakter Kunst sieht der Erste vielleicht eine Frau auf einem Fahrrad, die Zweite einen angreifenden Panther und die Dritte eine Metapher für Krieg und Frieden. Und nur sehr selten geraten die Betrachter in einen Streit darüber, welche Interpretation eines Bilds nun »richtig« oder »die Wahrheit« sei. Aber sobald sie wieder außerhalb des Museums sind, glauben alle, dass das, was sie in der Welt wahrnehmen, die eindeutige und einzig denkbare Realität sei.

Das hat viel mit unserem Sicherheitsbedürfnis zu tun. Wir wollen lieber Wahrnehmungs-Sicherheit als nur eine Wahrnehmungs-Möglichkeit. Sich sicher zu sein gibt Halt im Leben. Wir wollen vor allem »richtig sein«, also mit dem, wer wir sind, recht haben – selbst wenn der Preis dafür ist, andere ins Unrecht zu setzen, indem wir deren Wahrnehmung für falsch erklären. Und dann entsteht ein unbewusster Kampf darum, wer recht hat. Es geht gar nicht mehr um die Sache. Das kann im Extremfall so weit gehen, dass Gewalt angewendet wird, nur um recht zu haben. Oder Kriege geführt werden.

Selbst bei banalen Vorgängen wie einem Verkehrsunfall mit Blechschaden kommen auf drei Zeugen etwa sieben Versionen des Geschehens. Richter wissen ein Lied davon zu singen, dass es die Wahrnehmung »der Wahrheit« nicht gibt. Sogar Kameras vermögen das Geschehen manchmal nur unvollständig oder verzerrt wiederzugeben. Sportfreunde wissen, dass Fans der einen Mannschaft sofort ein todsicheres Foul sehen, wo die Unterstützer der gegnerischen Mannschaft eine heimtückische Schwalbe vermuten. Selbst die Einführung des Video-Assistenten kann in der Super-Super-Zeitlupe mit Standbildern manchmal nicht auflösen, ob der Verteidiger das Bein des Stürmers nun berührt hat oder nicht.

Die meisten Menschen wollen primär über das reden, was sie zu sehen meinen, und dafür bestätigt werden – und nicht darüber, aus welcher Perspektive sie darauf schauen, also mit welcher mentalen Haltung sie blicken.

Wenn du nicht so sein willst, ist es entscheidend, dass du dir der Ungewissheit deiner Wahrnehmung bewusst bist. Du solltest wissen, dass du *immer* interpretierst, weil dein Standpunkt *immer* mitredet. Deshalb sollte deine Frage eben nicht nur lauten: Was sehe ich? Sondern: **Von wo aus blicke ich darauf?**

Stell dir vor, du beobachtest einen Zusammenstoß zwischen einem Radfahrer und einem Auto. Was dein Gehirn dir als »tatsächliches Geschehen« meldet, ist immer eine Interpretation. Wenn du selbst häufig Rad fährst, gilt deine Sympathie von vornherein eher dem schwächeren der beiden Verkehrsteilnehmer. Und du hast sicher schon einige Erfahrungen damit gemacht, wie unachtsame Autofahrer dir das Leben auf dem Rad immer mal wieder erschweren. Oder bist du leidenschaftlicher Autofahrer? Ja sogar SUV- oder PS-Fan? Dann fühlst du dich vielleicht solidarisch mit dem Autofahrer, der den aus der falschen Richtung kommenden Radler nicht bemerkt hat. Doch halt! Fährt dein Kind nicht täglich mit dem Rad zur Schule und könnte also jetzt dort auf dem

Asphalt liegen, als Opfer eines unachtsamen Autofahrers? Hat das Auto eigentlich geblinkt? Und wo hat der Fahrer hingeschaut? Ist es eine Vermutung, oder hast du wirklich ein Handy in seiner Hand gesehen?

Wir sehen die Welt von dort aus, wo wir stehen. Und unser Horizont ist begrenzt. Klar, wir sehen mehr von der Erde als eine Ameise (die ihre Sichtweise wohl auch für die Wahrheit hielte), aber dass unser Planet kugelförmig ist, können wir ohne Hilfsmittel nicht sehen. Dafür reicht unser Standpunkt nicht aus.

Die Kinder unserer Enkel werden vermutlich schon in der Schule lernen, sich beim Denken zu beobachten. Denn das ist der nächste große Lernschritt in der menschlichen Entwicklung. Einfach um zu verstehen, mit welcher mentalen Haltung sie an Dinge herangehen. Damit sie sich selbst in ihrem Leben nicht im Wege stehen. Du kannst das schon jetzt tun. Mit welcher Haltung nimmst du an einem Meeting teil, an einem Seminar oder an einem Familienfest? Wie nimmst du Dinge wahr? Und was kannst du aus dieser Wahrnehmung folgern? **Das ist das Training der mentalen Haltung: sich erst einmal bewusst darüber werden, welche geistige Festplatte dich gerade formt oder prägt und warum.** Dieses Warum lässt sich sehr gut festmachen an den Polen »Wachstum« und »Bestätigung«: Wer wachsen will, macht den Mund auf und agiert wie ein kleines Kind. Will das ganze Leben in sich aufsaugen. So ein Mensch lernt, hört aufmerksam zu und stellt Fragen. Ohne Angst vor Überraschungen.

Wer hingegen Bestätigung, also Sicherheit bei der Wahrnehmung sucht, verhält sich in Gesprächen von vornherein bestimmt und versucht zu überzeugen. Wie ein Oberlehrer sagt er Bescheid, was Sache ist, ohne die Sichtweisen anderer zu berücksichtigen. Im festgefahrenen Oberlehrer-Modus bestätigen Menschen sich, indem sie deutlich machen, was sie wissen und können. Sie nehmen fast nur das wahr, was sie bestätigt, oder sie interpretieren das Wahrgenommene in ihrem Sinne. Denn das Infragestellen der eigenen Wahrnehmung ist anspruchsvoll und anstrengend. Ihnen geht es um Richtig und Falsch, Gut und Böse, Schwarz und Weiß, Null und Eins. Sie hassen die wichtigen Grauzonen zwischen den Extremen. Denn das würde wirkliches Nachdenken bedeuten.

Wir sehen jetzt, wie du deinem Verantwortungsbewusstsein auf die Schliche kommst: indem du Verantwortung dafür übernimmst, wie du die Welt siehst. Dafür, wie sehr deine Wahrnehmung von deinem inneren Zustand abhängt. Dafür, wie viel du urteilst. Und dass dein Urteil sich dann vermengt mit deinem Ich. So werden aus Wahrnehmungen und Interpretationen vermeintliche Tatsachen. So wird aus einer Wahrnehmung eine Wahrheit und damit eine geistige Enge.

Für mich war es einst ein Riesenschritt, als ich erstmals so richtig tief begriff: Boris, du *bist* nicht deine Wahrnehmung, sondern du *hast* sie nur – und schaust jetzt bewusst darauf. Also zum Beispiel: Ich bin nicht traurig, sondern in mir ist Trauer. Ich bin nicht neidisch, sondern in mir ist Neid. Ich bin kein Verlierer, sondern ich habe eine Niederlage erlebt. Und andersherum: Ich bin nicht gierig nach guten Gefühlen, sondern in mir ist Gier. Ich bin kein Sieger, sondern ich habe einen Sieg erlebt. Ich habe also geübt, einen Schritt zurückzutreten von mir selbst. Und ich habe meine eigene Wahrnehmung zu meiner Lehrerin gemacht.

Dieses gesunde »Dissoziieren«, also das Beobachten deiner Wahrnehmung, ist ein wichtiger Fortschritt im Rahmen der Arbeit an dir selbst. Versuch, dir möglichst häufig auch dies hier zu sagen: »Ich *bin* nicht die Wut, sondern ich beobachte sie.« Oder: »Ich *bin* nicht die Angst, sondern ich beobachte sie.« Oder: »Ich *bin* nicht die Eifersucht, sondern ich beobachte sie.« Diese Trennung, dieses Zurücktreten bewahrt dich davor, aufgrund einer Wahrnehmung zum Opfer deiner Emotionen zu werden. Das ist der Unterschied zwischen unbewusst und bewusst. Du *bist* die Emotion (unbewusst) oder du *schaust darauf* (bewusst). Du entscheidest selbst, ob du das hilflos auf den Wellen treibende Schiff sein willst – oder der Steuermann. Wenn du es schaffst, immer mehr am Steuer deiner Wahrnehmung zu stehen, hast du einen wichtigen ersten Schritt auf dem Weg deiner geistigen Transformation geschafft.

Nehmen wir das Beispiel der Beleidigung. So etwas kommt ja gelegentlich vor. Und gegen die Tatsache, dass dich einer »Depp« genannt hat, kannst du nichts machen. Es ist geschehen. Aber deine Reaktion darauf kannst du durchaus beeinflussen. Du kann beleidigt *werden* – aber niemand kann ohne deine Erlaubnis erreichen, dass du beleidigt *bist*. Nur du entscheidest, ob du eine Situation aus der Opferperspektive wahrnimmst und darunter leiden möchtest.

Und jetzt überlege doch einfach mal, wie oft du andere dafür verantwortlich machst, dass es dir nicht so gut geht. Ich behaupte: ganz schön oft. Heftig, oder? Bitte bedenke: Ich bin nur der Bote, nicht die Botschaft. Und wenn etwas in dir gerade den Boten – also mich – angreifen will, so lass den Angriff einfach durchrauschen. Vielleicht ist gerade jetzt die Zeit gekommen, dir das einfach mal bewusst zu machen. Es einfach anzusehen. Ohne Anklagen und Selbstvorwürfe. Einfach anschauen. Wenn dir das gelingt, gratuliere ich dir von ganzem Herzen. Was für ein Mut. Glückwunsch!

Dasselbe gilt natürlich auch für den Blick auf andere. Wenn dein Chef – der gerade in einer schwierigen Scheidung steckt, weil seine Frau den Tod des gemeinsamen Kindes nicht verkraftet hat – angesichts eines von dir verbummelten Großauftrags völlig ausrastet, dann verhält er sich in diesem Moment cholerisch. Unabhängig davon, dass es besser wäre, wenn er sich sogar in dieser Situation im Griff gehabt hätte: Diese eine Situation rechtfertigt noch lange nicht den Satz »Mein Chef ist ein Choleriker«. Dasselbe gilt für die Kollegin, die bei der Weihnachtsfeier über die Stränge schlägt – deshalb ist sie keine »Trinkerin«, sondern sie hat sich in einer konkreten Situation danebenbenommen. Das Verhalten eines

Menschen in einer bestimmten Situation ist nicht dasselbe wie sein Charakter. Also frage dich ehrlich: Ab wann *ist* jemand ein Lügner, ein Egoist, ein Verlierer, ein Unsympath? Und wann verhält sich jemand nur in einem bestimmten Moment so?

Für die Schulung deiner Wahrnehmung ist eine Unterscheidung wichtig: **Verstehen heißt nicht einverstanden sein.** Ich hatte mal einen Klienten, der mir von seinem Vater erzählte. Er liebte ihn – aber insbesondere während der Pubertät regte es ihn ungeheuer auf, wenn er erlebte, wie sein Vater zwei Menschen zuhörte, die in einer Diskussion diametral entgegengesetzte Meinungen vertraten. Sobald der eine gesprochen hatte, kommentierte der Vater das Gesagte mit einem Nicken und dem Satz »Das verstehe ich gut!« Dann hörte er der Erwiderung des Gegenübers zu und sagte auch dazu: »Ja, das verstehe ich gut!« An der Art, wie der Mann von diesem Jahrzehnte zurückliegenden Erlebnis mit seinem Vater erzählte, merkte ich, wie es ihn noch immer beschäftigte und geradezu aufwühlte. Wie konnte der Vater nur so opportunistisch immer dem zustimmen, der gerade gesprochen hatte? Ich sah ihn an und fragte: »Wie kommen Sie darauf, dass Ihr Vater zugestimmt hat?«

Verunsichert sah er mich an: »Na, das hat er doch gesagt! ›Das verstehe ich gut!‹« – »Ja, eben. Er hat es verstanden. Weil er sich darum bemüht hat. Aber das heißt nicht, dass er die Meinungen geteilt hat.« Mein Klient schaute sehr verblüfft. So hatte er das noch nie gesehen. Und als ich sagte: »Ich glaube, Ihr Vater war ein ziemlich kluger Mann«, sah ich förmlich, wie ihm innerlich eine Last von den Schultern fiel. Er lächelte, und es schien mir, als umarme er seinen längst verstorbenen Vater. Dessen Bild er nun als vollständig und als glückliche Erinnerung sehen konnte.

Deine erste Aufgabe ist es, zu verstehen. Das gelingt auch dann, wenn du gar nicht damit einverstanden bist. Es gibt einen Unterschied zwischen Verstehen und Verständnis.

Wenn du wachsen willst, verstehe: deinen Partner, deine Verwandten, deine Chefin, deine Kunden, deinen Widersacher und nicht zuletzt dich selbst. Oder Märkte, politische Systeme oder Produkte. In Summe: das Leben. Nicht dein Leben. *Das* Leben zuerst. Und du wirst danach ganz einfach *dein* Leben verstehen.

Natürlich kannst du dich und deinen Standpunkt auch vertreten und verständlich machen.

Das ist ein anderer Kontext. Der zweite Schritt. Ich nenne ihn »verstanden werden wollen«. Die Kunst der Selbstbeobachtung liegt darin, zu wissen, ob du gerade im mentalen Modus »verstehen wollen« bist, also aufnimmst, oder ob dein mentaler Modus »verstanden werden wollen« heißt, du also sendest. Und wer sich dabei beobachten kann, weiß auch, dass man bewusst wechseln kann zwischen den Modi. Den geistigen Haltungen. Wenn du anderen nur so lange mit voller Präsenz zuhörst, wie sie sagen, was du hören willst oder ebenfalls meinst, willst du sie eigentlich nicht verstehen. **Im Kern möchtest du verstanden werden, während du zuhörst.** Du willst also Bestätigung.

Möchtest du lernen, auch dann wirklich zuzuhören und verstehen zu wollen, wenn ganz klar ist, dass du nicht einverstanden bist? Das ist eine große Herausforderung. Das heißt natürlich nicht, dass du dir stundenlang ahnungslosen Unsinn, Verschwörungsmärchen oder Hasstiraden anhören sollst – ein Mindestmaß an Kompetenz und Niveau darf verlangt werden. Aber wir neigen zu oft dazu, das Bemühen ums Verstehen viel zu früh einzustellen. Weil uns Argumente verunsichern, die unsere Meinung erschüttern könnten, wehren wir sie ganz schnell ab. Dabei können wir mithilfe tiefen Verstehens viele Konflikte an der Wurzel packen und in einen konstruktiven Austausch transformieren.

Häufig höre ich an dieser Stelle den Einwand: »Ich kann doch nicht in jeder Situation jedes Mal aufs Neue meine Wahrnehmung hinterfragen!« Völlig richtig. Darum geht es auch nicht. Es geht um eine klare Methodik und Didaktik, falls du geistig wachsen willst. Denn würde unser Gehirn sich alles immer wieder bewusst vornehmen, kämen wir in unserer komplexen Welt keine fünf Minuten klar, ohne verrückt zu werden. Das Gehirn regelt zum Glück vieles automatisch, ohne dass uns das überhaupt bewusst wird. Und dafür sind die **Schubladen**, in die wir Situationen, Eindrücke und auch Menschen stecken, unerlässlich. Doch wie qualitativ hochwertig sind die Schubladen? Deine Schubladen? Darum geht es im Kern! Die Schubladen »Verstehen oder verstanden werden wollen«, »Einfluss- oder Interessenbereich«, »Bestätigung oder Wachstum« sind sicher hochwertiger als »Mag ich oder mag ich nicht«, »Richtig oder falsch«, »Gut oder böse«. Doch wie wir es drehen und wenden: Es bleiben Schubladen. Mentale Automatismen. Unser Gehirn arbeitet viel damit. »Schubladen« ist ein anderes Wort für »Unterscheidungen«. **Es geht darum, die Qualität dieser Schubladen, also dein mentales Differenzierungsvermögen, immer weiter zu entwickeln.** Das ist im Kern Persönlichkeitsentwicklung. Dann wird die Qualität deiner Wahrnehmung immer besser.

Wenn eine Schublade klemmt, weil sie eine schwache Wahrnehmung auslöst, solltest du schauen, ob sie überhaupt noch brauchbar ist, und sie notfalls ersetzen. Sie erweitern. Neu beschriften. Oder ihr Design verändern. Ein Beispiel: Wer als Kind noch damit aufgewachsen ist, dass eine intime Partnerschaft nur eine Verbindung zwischen Mann und Frau sein kann, hat inzwischen (hoffentlich) die Schublade seines Respekts vergrößert, sodass auch gleichgeschlechtliche oder geschlechtlich nicht festgelegte Partner darin Platz finden. Oder dass Menschen gar nicht lieben, einen lieben oder mehrere lieben. Mehr zum Thema Schubladen und (Vor-)Urteile liest du am Ende dieses Abschnitts.

Zurück zu unserer Kernthese: **Du hast Verantwortung für deine Wahrnehmung.** Genauer gesagt hast du sie dafür, **worauf du deine Wahrnehmung ausrichtest**, also **womit**

du dich in deinem Geist beschäftigst. Der bekannte Autor Ferdinand von Schirach hat in einem Gespräch seine Sicht auf das Thema dargelegt. Er ging aus vom griechischen Philosophen Epiktet, der bereits feststellte, dass die Menschen nicht durch das beunruhigt werden, was geschieht, sondern durch ihr Urteil darüber, sprich: ihre Wahrnehmung. Und von Schirach fährt dann fort: »Für Ihre Gedanken sind ausschließlich Sie selbst verantwortlich, niemand sonst. Ihr unverschämter Vorgesetzter, Ihre bösartige Tante können Sie gar nicht quälen. Die sagen dummes Zeug und tun gemeine Dinge, ja. Aber es ist Ihre eigene Reaktion, die Sie quält. Sobald Sie verstehen, dass nur Sie selbst für sich verantwortlich sind, wird alles langsam besser.«

Wenn du mentale Freiheit erleben willst, dann bist du und nur du verantwortlich dafür, wie sehr du dich mit deiner Firma identifizierst, wie aufmerksam du deine Frau wahrnimmst, wie du Kritik verstehst. Von wo aus du die Dinge siehst, prägt deine Wahrnehmung.

Wenn jemand in einer Diskussion irgendwann trotzig zu mir sagt: »Aber es ist so! Mein Chef kann mich einfach nicht leiden und schikaniert mich deshalb!«, dann gebe ich zu bedenken: »Wenn du bei dir bleibst, musst du nicht unter der gefühlten Ablehnung leiden.« Es bringt die Leute oft zur Weißglut, wenn ich ihrer Wahrnehmung so viel Macht gebe. Ihnen so viel Macht gebe. Sie somit in Verantwortung nehme. Aber ich habe in Coachings eben sehr oft erlebt, dass sich der vermeintliche Quälgeist durch eine Haltungsänderung in einen Unterstützer verwandelt hat. Also geht es eben nicht nur um die Umstände – sondern vor allem um deren Deutung durch uns. Umstände sind wie Fragen des Lebens an uns. Und wir haben die Aufgabe, darauf inspirierende Antworten zu finden, anstatt uns in Vorwürfe gegen die Umstände zu verstricken. Deshalb bleibe ich in solchen Gesprächen glasklar. Warum tue ich das? Ich will die Leute bei ihrer Verantwortung für ihre Wahrnehmung packen. Sie auf sich selbst und ihre Möglichkeiten zurückwerfen. Ihnen ihre unbewussten Ausreden nehmen. Weil ich schon so viele Menschen erlebt habe, die durch kluges Verantworten frisch energetisiert worden sind. Die ihr Leben positiver angepackt haben als vorher. Die ihren Weg und ihre Bestimmung gefunden haben. Die verstanden haben, wofür sie gemeint worden sind. Da lohnt ein bisschen Klarheit im passenden Moment, oder besser: von Herzen kommende Ehrlichkeit.

Worauf kannst du deinen Blick lenken, wenn du üben willst, deine Wahrnehmung bewusst zu beobachten, also die Verantwortung dafür zu übernehmen? Denk an unser Modell der sechs Stufen. Wisse: Du verdrängst immer irgendetwas. Genau wie ich. Warum? Weil du ein Mensch bist. Frage dich: Was verdränge ich gerade, das mir morgen viel mehr Probleme bereiten wird? Gehe der Antwort nach. Beobachte dich dabei, wie du etwas Entscheidendes verdrängen willst. Du spürst ein leichtes Ziehen, als dein heißer Morgenkaffee deinen Zahn ganz hinten links berührt? Ach, das wird schon nichts sein. Übermorgen fliegt ihr nach Vietnam, und vorher ist noch so viel zu tun. Du hast keine Zeit, dich jetzt stundenlang ins Wartezimmer zu setzen. Doch was ist deine Verantwortung? Die Reise nicht aufs Spiel zu setzen. Also musst du, nein: willst du auf einmal zum Zahnarzt gehen. Auch wenn du keine Zeit hast. Und Angst vor der Behandlung. Denn wenn du ehrlich bist, hast du seit Tagen nicht mehr gut geschlafen, weil der Zahn schmerzhaft pochte.

Oder beobachte dich rückblickend dabei, wie du jemandem und etwas die Schuld gegeben hast. Zwischen deinen Eltern und dir gab es einen klaren Deal: Wenn dein Zeugnis mindestens eine 3,0 als Durchschnittsnote haben würde, dürftest du deinen besten Freund die ganzen Sommerferien lang begleiten und mit ihm in der Surfschule in Spanien sein. Spaß haben, Mädchen kennenlernen und dabei ein bisschen Geld verdienen. Und nur weil du knapp besser als 4 standst, ließen sie dich nicht fahren, sondern organisierten den Nachhilfekurs in Mathe und Physik für dich. Damals warst du wütend auf sie, weil sie dir die beste Zeit deines Lebens nicht gönnen wollten. Nur wegen einer Durchschnittsnote. Und auf die Lehrerinnen, die Schule und den Lehrplan warst du auch stinksauer. Heute, wo du selbst schulpflichtige Kinder hast, verstehst du, warum deine Eltern so gehandelt haben – und bist ihnen dankbar. Denn du hast das Abi bestanden (dein Surffreund übrigens nicht.) Hätten deine Eltern dir deine Faulheit durchgehen lassen, wäre dein Leben anders verlaufen. Du hättest viel weniger Wahlmöglichkeiten gehabt.

Beobachte dich bei der Selbstanklage. Deine Frau hat dich zum wiederholten Male dabei erwischt, wie du mit deiner Ex intime Botschaften austauschst, und stellt dich zur Rede. Und du flüchtest dich in eine weinerliche Selbstbezichtigung. Also Selbstmitleid. Anstatt dich mit deiner Frau über euren Mangel an Intimität auszutauschen und damit das Thema in eure Beziehung zu transformieren, bleibt es im Unterbewusstsein. Jede Wette: Wenn die Ex sich in zwei Monaten wieder meldet, wirst du wieder in dasselbe Muster rutschen.

Wo solltest du unbedingt ein klärendes Gespräch führen? Welche Beschwerden von Kunden wiederholen sich? Welche zu hohen Fehlertoleranzen lässt du in Abläufen zu? Wo fehlt es dir an Nähe und Intimität? Wo bist du für die Zukunft zu schwach aufgestellt?

Oder: Beobachte dich im Pflichtmodus. Bei dir klingelt ein Vertreter der Gemeinde. Es habe Beschwerden gegeben, weil der Fußweg vor deinem Haus nach den Schneefällen der letzten Tage zu spät oder gar nicht geräumt gewesen sei. Du akzeptierst den Vorwurf – du hattest einfach keine Lust, dich aus dem Bett zu quälen und zum Schneefegen in die Kälte hinauszugehen. Am nächsten Morgen klingelt dein Wecker um sechs Uhr dreißig. Es ist noch stockdunkel, aber du erkennst, dass es schon wieder geschneit hat. Die Nachbarn rechts und links sind bereits draußen – du hörst das Scharren der Schneeschieber. Fluchend ziehst du dich an und gehst hinaus. Mit klammen Fingern schiebst du wütend den Schnee weg. Verdammte Gemeinde! Mistwetter! Aber es ist nun mal deine Pflicht als Hausbesitzer. Wie klug wäre es, wenn du deinen Blick verändern könntest! Du bewegst dich an der frischen Luft; das ist gesund. Du spürst den kühlen Schnee. Du fühlst dich frisch, wach und am Leben. Und du wirkst daran mit, dass die alleinstehende, gehbehinderte ältere Dame, die am Ende der Straße wohnt und täglich hier entlanglaufen muss, um einzukaufen oder zum Arzt zu gehen, sicher an ihr Ziel kommt. Das ist eine schöne Aufgabe – wenn du sie als solche siehst. Alles eine Frage der Wahrnehmung. Deine Verantwortung.

Wie bei der Bumerang-Pyramide schon angedeutet: Bei der Wahrnehmung und der Interpretation hilft **mentales Differenzieren**. Das gelingt durch die Anwendung von Unterscheidungen. In unserem Institut bezeichnen wir als »Unterscheidung« das Benennen von konkreten unterschiedlichen Eigenschaften oder Zuständen und das Wissen um die Existenz dieser Unterschiede. Ganz simpel gesprochen: ob ein Auto blau oder rot ist.

Stell dir vor, jemand fragt dich nach dem Weg zur Autobahnauffahrt. Du antwortest: »Sie müssen geradeaus bis zur zweiten Querstraße, dort rechts bis zum Kreisverkehr und dann den blauen Schildern folgen.«

Diese Beschreibung nutzt Unterschiede. Den zwischen rechts und links. Den zwischen Querstraße und Toreinfahrt. Den zwischen Kreisverkehr und Kreuzung. Den zwischen Blau und anderen Farben. Sowohl du als auch der Ortsfremde müssen diese Unterschiede kennen, damit deine Beschreibung einen Sinn hat. Unterscheidungen braucht man, um sich ein Bild zu machen. Deshalb übrigens ist Bildung so wichtig. Sie hat mit dem Bild zu tun, das ich mir von einem Umstand mache. Selbst eine Tür ist eine Unterscheidung. Sie ermöglicht den Durchgang durch eine Wand. Das dürfte jetzt klar sein. Doch wie sieht es mit geistiger Differenzierungsfähigkeit aus? Das ist eine sehr anspruchsvolle

Ebene. Und diese Ebene ist für die zukünftige Entwicklung der Menschheit von so großer Bedeutung. Hoffentlich ist dir das jetzt ebenfalls klar.

Eine sehr tief gehende mentale Unterscheidung ist, ob mein Bewusstsein sich gerade mit meinem Einflussbereich beschäftigt oder in den Interessenbereich abgedriftet ist. Und mit »Differenzierung« meinen wir die mentale Fähigkeit, sich solche Unterschiede wirklich bewusst zu machen und sich in ein Verhältnis zu ihnen zu setzen. In diesem Buch kommen viele anspruchsvolle Unterscheidungen vor: Der Unterschied zwischen Fachkompetenz und Führungskompetenz; zwischen verstanden werden wollen und verstehen wollen; zwischen Bestätigung und Wachstum; zwischen Kennen und Können; zwischen Nähe und Distanz; zwischen Einflussbereich und Interessenbereich. Und man kann auch unterscheiden zwischen Beeinflussung (transparent) und Manipulation (verschleiernd). Zwischen der Aufnahme-Berechtigung, mit der jemand erwartet, dass wir ihm zuhören (abhängig von seiner Kompetenz) und unserer Aufnahme-Bereitschaft, ihm tatsächlich zuzuhören (abhängig von unserer Sympathie). Es gibt auch den Dreiklang von sich selbst führen, sich führen lassen und andere führen.

Um mit diesen Unterscheidungen arbeiten zu können, brauchst du mentales Differenzierungsvermögen. Damit du damit arbeiten kannst, musst du dich selbst beobachten können, um herauszufinden, wo dein Bewusstsein gerade ist. Das ist die Einstiegshürde. Anders geht es nicht.

Stell dir vor, du bist die Mutter eines vierjährigen Mädchens. Aus dem Laufradalter ist es raus, und auch das Dreirad ist ihm jetzt zu langsam. Es will ein Fahrrad, wie seine ältere Schwester. Bekommt es auch. Entsprechend dem Alter des Mädchens und seiner fehlenden Erfahrung hat der Fahrradladen Stützräder angebracht. Nach einigen Wochen des Übens wird es spannend. Entweder denkst du nicht weiter nach über die Stützräder. Die sind da eben dran und bleiben es, bis das Fahrrad zu klein ist. Dein Kind zu begleiten auf seinen Ausflügen ist recht entspannt – es kann ja nicht umfallen.

Du könntest dir aber auch den Unterschied zwischen dem Fahrrad mit Stützrädern und dem Zustand ohne Stützen bewusst machen. Und dann die mentale Differenzierung bei dir selbst vornehmen: Willst du, dass dein Kind nicht stürzt und dass du auf dem Weg zum Spielplatz neben ihm herradeln kannst? Dann musst du es nur dafür trainieren, nach vorne zu schauen und einigermaßen geradeaus zu fahren. Das kannst du aus dem eigenen Sattel machen. Oder willst du, dass es jetzt lernt, auch ohne Stützräder zu fahren? Das bedeutet für dich: nebenherlaufen, es anfangs stützen, irgendwann loslassen. Und es wird ein paar Stürze und Tränen geben. Aber danach kann dein Kind Fahrrad fahren und wird es nie wieder verlernen. Wenn du mit diesen Möglichkeiten bewusst umgehst und weißt, welche du innerlich bevorzugst, hast du eine mentale Differenzierung vorgenommen.

Warum ist diese Fähigkeit zur mentalen Differenzierung so wichtig? Schauen wir uns den Unterschied zwischen Fachkompetenz und Führungskompetenz an. Fachkompetenz bedeutet bei der mentalen Haltung: Ich möchte weiter vorankommen. Ich will Karriere machen. Und Führungskompetenz bedeutet bei der mentalen Haltung: Ich möchte, dass andere vorankommen – also meine Hilfe nicht mehr brauchen. Und jetzt wird schnell klar, dass viele Führungskräfte den Übergang von der Fachkompetenz zur Führungskompetenz nicht hinkriegen. Fachkompetenz ist eben nicht nur Produktentwicklung, Marketing, Controlling oder Vertrieb. Es ist die innere Haltung, sich und andere voranzubringen. Wenn die nicht zur Aufgabe passt, wird Führungsverantwortung zu einer unangenehmen Belastung. Dann stören die anderen vermeintlich nur meine eigene Karriere. Warum funktionieren die nicht besser? Warum sind die nicht genauso ambitioniert wie ich? Führungskompetenz hingegen entwickelt sich am besten mit dieser Haltung: Was muss passieren, damit der andere der beste Mensch wird, der er sein kann? Damit dieser Mensch seine vollen Potenziale entfaltet? Damit er unabhängig von mir wird? Wie kann ich seiner Entwicklung dienen?

Natürlich ist es am besten, wenn Vorgesetzte sowohl Fach- als auch Führungskompetenz haben. Und genau dabei helfen mentale Differenzierungen. Diese Unterscheidungen geben eine Orientierung.

Oder schauen wir uns den Unterschied zwischen Verbindendem und Trennendem an. Am besten lässt er sich an der Liebe zeigen. Wenn wir verliebt sind, sehen wir ausschließlich das Verbindende. Alles ist rosarot, und nichts wird uns je entzweien können. Unser Bewusstsein ist absolut einseitig fixiert. Das ist der »Zauber«, der nach Hermann Hesse jedem Anfang innewohnt. Ähnlich kann es uns ergehen, wenn wir einen neuen Job antreten: Alles super hier! Die Kollegen so nett, der Chef so zugänglich, die Aufgaben so spannend, und sogar der Kaffee schmeckt hier irgendwie besser als in der früheren Firma. Wir stehen in so einer Phase geradezu unter Harmoniedruck: Es sind nur gute Gefühle erlaubt. Sie stabilisieren uns. Bestätigen uns. Und wenn dann irgendwann etwas Trennendes aufscheint, fallen wir aus allen Wolken. Plötzlich ist dann alles Mist. Die Stabilität wackelt. Scheinbar ist das Verbindende jetzt nicht mehr da. Doch während wir nur noch das Trennende sehen, ist das Verbindende nach wie vor vorhanden. Es war schon immer beides da. Nur unser Bewusstsein, unser innerer Scheinwerfer ist jetzt anders ausgerichtet.

Aus Verbindendem kann also Trennendes erwachsen und umgekehrt. Zum Beispiel, weil uns am geliebten Menschen plötzlich eine unangenehme Marotte auffällt, die er nur uns zeigt, weil wir einander so nahe sind. Und umgekehrt kann das Trennende wie anfängliche Antipathie auch Verbindendes wie Respekt vor der Konsequenz der Vorgesetzten hervorbringen. Entscheidend ist: Je besser die Fähigkeit zur mentalen Differenzierung ist, desto geringer ist die Gefahr, dass jemand einseitig nur einen Aspekt betont, obwohl immer beide wirksam sind.

Wer diese Unterscheidung tief durchdrungen hat, wird vieles Zwischenmenschliche ganz anders verstehen. Profis sind sich beider Aspekte ständig bewusst. Weißt du, was dich mit deinem Partner, deiner Partnerin verbindet? Und was euch trennt? Und kannst du dein Bewusstsein auf das Verbindende ausrichten? Das nennt sich Reife! Weißt du, was dich mit deinem Arbeitgeber verbindet und was euch trennt? Und kannst du dein Bewusstsein gezielt auf das Verbindende ausrichten, solange du da bist? Das nennt sich Professionalität. Der Wunsch, dass es in einer Beziehung nur Verbindendes geben möge, entspringt einfach nur der Gier nach guten Gefühlen. Ebenso ist es mit dem Wunsch, dass sich die Werte des Arbeitgebers komplett mit deinen decken. Das ist schlicht naiv.

Hört sich das für dich hart an? In meinen Augen ist es nur klar. Bitte urteile nicht, denke darüber nach. Wer diese Unterscheidung tief versteht, kann sich auf das Verbindende konzentrieren – sogar, wenn das Gegenüber ein echtes Ekel ist. Das ist mentale Freiheit!

Mit (mangelnder) Wahrnehmung kann es auch zu tun haben, wenn die Vergangenheit in destruktiver Weise in die Gegenwart hineinwirkt. Sagen wir, jemand hatte Vertrauen, und das wurde enttäuscht. Seine Partnerin ist jetzt mit seinem besten Freund zusammen – ein doppelter Messerstich in den Rücken. Diese Verletzung prägt ihn unweigerlich. Die Frage ist, wie bewusst ihm das ist. Wenn er es nicht wahrnimmt, dann wird er sich in den nächsten Beziehungen nicht mehr öffnen können, sondern immer die Sicherheit und die Kontrolle haben wollen. Und er weiß nicht mal, warum. Dann sabotiert die Vergangenheit die Gegenwart und die Zukunft. Man rutscht in ein Beziehungsmuster, das einer *self-fulfilling prophecy* gleicht. Andere würden von Schicksal oder von Karma sprechen. Jedenfalls wirkt da etwas, das man mit dem Bewusstsein nicht zu packen kriegt. Weil man es nicht wahrnimmt.

Diese Wiederholungen von Mustern finden wir oft. Ich kenne einen Unternehmer, dessen starker und unbeirrbarer Wille ermöglicht hat, dass er etwas Großes aufbaute. Aber genau dieselbe Eigenschaft verwandelte sich später in Starrsinn. Und der führte am Ende dazu, dass er den Laden, sein Lebenswerk, an die Wand fuhr. Er hatte nie wahrgenommen, was ihn prägte. Ein anderer Unternehmer war überzeugt davon, dass seine Mitarbeiter genauso mit dem Betrieb identifiziert sein müssten wie er selbst. Dabei waren sie Angestellte und nicht Inhaber. Weil er diese Realität nicht wahrnahm, gab er sich moralischer Enttäuschung hin und verlor dadurch die Unterstützung selbst der loyalen Mitarbeiter. Bei wacherer Wahrnehmung hätte er bewusst und rational an der maximal erwartbaren Identifikation seiner Leute arbeiten können.

Die Frage ist immer, ob man genug Mut hat, in den Spiegel zu schauen. Denn der hält das entscheidende Material für eine klare Wahrnehmung bereit. Stell dir vor, ein Bekannter verliert fast sein gesamtes Vermögen wegen einer riskanten Aktienspekulation. Sagst du nur: »Kein Wunder – er hatte eben zu wenig Ahnung von den Feinheiten der Börse«? Oder hältst du inne, hast Mitgefühl für seinen Verlust und denkst auch über dich selbst und deine eigene Finanzstrategie nach?

Dafür, wie relativ unsere Wahrnehmung ist, habe ich zum Abschluss ein schönes Beispiel: das Beobachten von Wolken und das Entdecken von Bildern darin. Denn da hängt es erstens extrem von unserem Stand- (oder besser: Liege-) punkt ab, was wir zu sehen meinen. Zwei Meter weiter – und schon sieht manches anders aus. Zweitens verändert der Wolkenhimmel sich noch schneller als die Wirklichkeit – eine echte Herausforderung. Weil nach wenigen Augenblicken alles anders ist. Um diese Unsicherheit auszuhalten, braucht man inneren Raum und innere Größe. Also geistige Flexibilität. Die dafür nötige schnelle Neuorientierung gelingt durch kraftvolle Unterscheidungen – durch hochwertige mentale Schubladen.

SCHLECHTE UND GUTE SCHUBLADEN

»Man soll Menschen nicht in Schubladen stecken!« Welch gut gemeinte Aufforderung, welch wünschenswerter Zustand. Und gleichzeitig: welch hochgestecktes Ideal! Unerreichbar. Wie bereits gezeigt, ermöglichen die »Schubladen« unserem Gehirn die schnelle Orientierung, also das Zuordnen von Eindrücken, und schützen uns vor der Angst, die Unbekanntes macht. Die Frage ist, welche Qualität die Schubladen haben. »Mag ich« oder »Mag ich nicht« sind sicher schwächere Schubladen als »Kenne ich das?« oder »Kann ich das?«. Mentale Schubladen sind nichts anderes als Unterscheidungen. Also bedingt die Qualität der Schublade die Qualität der Wahrnehmung. Wer über ausreichend differenzierte Schubladen verfügt, kann andere Menschen klarer wahrnehmen, ohne sie an den eigenen Meinungen, Gedanken oder Erfahrungen abzugleichen. Er wird in der Lage sein, Menschen durch ihre eigene, reine Präsenz zu erkennen.

Wer schon mal länger in einer Beziehung gelebt hat, weiß, wie schwer es ist, einen anderen Menschen einfach sein zu lassen. Wir erwischen uns dabei, über ihn zu urteilen und an ihm herumzudoktern, oder wir versuchen ihn zu optimieren. Es scheint fast so, als sei der gelassene Blick das seltene Meisterstück in jeglicher Beziehung – beruflich oder privat. Und das, obwohl jeder weiß, dass dieser Blick das Vernünftigste wäre. Doch intellektuelle Einsicht reicht nicht. Unser Unterbewusstsein urteilt dermaßen schnell, dass einem fast schwindelig wird. Betrachten wir einmal näher, was dort genau passiert.

Beim Wahrnehmen der Welt können wir drei verschiedene »Aggregatzustände« unterscheiden: **verurteilen, urteilen und bewerten**. Davon, in welchem dieser mentalen Zustände du dich befindest, hängt die Qualität deiner Wahrnehmung ab. Und schwache Wahrnehmung ist ein Hindernis für die Übernahme von Verantwortung.

Von morgens bis abends prasseln Reize auf uns ein. Im normalen Stand-by-Modus gleicht unser Gehirn den neuen Input mit bekannten Informationen ab. Wir richten den alltäglichen Strom des Neuen permanent an Bekanntem aus. Das Ziel: psychische Sicherheit. So fahren wir zum Beispiel durch eine fremde Stadt, und unser Gehirn bietet uns innerlich immer wieder Bilder von ähnlichen, bereits bekannten Straßenzügen an.

So kommt es, dass wir Neues und fremd Erscheinendes wie zum Beispiel einen Menschen, der eine unbekannte Sprache spricht oder eine uns nicht vertraute Hautfarbe hat, im ersten Moment oft intuitiv ablehnen, weil er nicht mit unseren vertrauten Bildern übereinstimmt. Das verunsichert. Es löst **psychologische Unsicherheit** aus. Wir empfinden Angst. Und diese Kette läuft mit hoher Geschwindigkeit und unbewusst ab. Wir bekommen also nicht mal mit, dass es unsere innere Angst ist, die das Außen so bedrohlich erscheinen lässt. Das nennt sich **verurteilen** – und macht Veränderung schwer. Wenn wir verurteilen, arbeiten wir mit vereinfachten Schubladen. Mit vereinfachten Unterscheidungen. Diese Vereinfachung soll uns schnelle Orientierung und Sicherheit geben. Ohne große mentale Anstrengung.

Was wir als beruhigend und sicher empfinden, haben wir uns im Laufe des Lebens selbst beigebracht. »Mag ich« oder »mag ich nicht«. »Kenne ich« oder »kenne ich nicht«. »Finde ich gut« oder »finde ich schlecht«. »Das ist gut« beziehungsweise »das ist böse«. Also null oder eins. Eben ganz einfach. Aus dieser verinnerlichten Polarisierung erwachsen Pauschalurteile wie »Männer hören nicht zu« oder »Frauen sind zu emotional«. Oder in meinem Fall: »Behinderte kompensieren ihren Minderwert durch Ehrgeiz.« Oder Weisheiten über kleine Männer und über schöne Frauen. Oder: Geld ist … Politiker sind … Arbeitslose sind … Manager sind … Das sind alles typische gruppenbezogene Vorurteile. Häufig gibt es auch eine Fixierung auf Formalien wie den erlernten Beruf: »Dafür hat der doch gar keine Qualifikation!« Auf den Modus des Verurteilens trifft der schöne Satz zu: »Wenn das einzige Werkzeug, das du kennst, ein Hammer ist, sieht alles wie ein Nagel aus.« Es fehlt an der Bereitschaft oder der Fähigkeit zur Differenzierung.

Ich habe in jungen Jahren Freunden und Kommilitonen beim Umzug geholfen. Da konnte ich gut studieren, wie strukturiert und differenziert jemand denkt. Am schlimmsten waren die, die überhaupt nicht organisiert waren. Sie begannen beim Eintreffen des Umzugstrupps gerade damit, ihre Sachen zusammenzuräumen, hatten aber vergessen, Kartons zu besorgen. Aber der, um den es mir hier geht, hatte bereits gepackt, als ich ankam. Es waren etwa 15 Kisten. Er hatte sie alle beschriftet, wie es empfohlen wird. Dann wissen die Helfer, ob der Karton in die Küche, ins Schlafzimmer oder ins Bad soll. Und der Umziehende findet notfalls auch vor dem vollständigen Auspacken schnell, was er gerade braucht. Bei besagtem Kumpel hätte das aber nicht geklappt. Er hatte auf alle Kartons geschrieben: »SACHEN«. Und beim Hineinschauen stellte ich fest, dass das die Lage ganz gut traf. In einem Karton lagen Bananen, Putzmittel, Kontoauszüge, T-Shirts und Bücher. Und im nächsten Kaffeetassen, Handtücher, ein Radio und eine alte Fahrradkette. So sah das in allen Kartons aus. Er war tatsächlich nicht in der Lage gewesen, seinen Hausrat irgendwie zu strukturieren. So denken Menschen, die kaum differenzieren.

Beim **Beurteilen** haben wir schon etwas mehr Differenzierungsvermögen: Wir unterscheiden, ob uns etwas gefällt oder nicht. Das bedeutet, wir begeben uns in eine Zuschauerrolle und wollen unterhalten werden. Der Tenor: »Bemühe dich um meine Zustimmung.« Und dann: Daumen runter oder hoch. Like oder Dislike. Das gefällt mir, das gefällt mir nicht. Den finde ich gut. Das finde ich schlecht. Typischer Satz: »Ich mag den Referenten nicht.« Durch diese Haltung entsteht der Wunsch: Mach etwas, um mir zu gefallen. Um mich zu unterhalten. Das Kriterium ist also die persönliche Befindlichkeit. Um im Beispiel zu bleiben: Es geht nicht um die Kompetenz des Vortragenden. Sondern darum, ob er »sympathisch ist«, »einen abholt« oder einfach »angenehme Gefühle« auslöst.

Das Ganze tendiert zur Aufforderung: Unterhalte mich! Gib mir Bestätigung und gute Gefühle! Die Sache ist »richtig«, wenn sie für mich passt. Sie ist »falsch«, wenn mir das Geschehen nicht passt. Ganz einfach. Diese immer noch geringe Differenzierung provoziert in Unternehmen jeden Tag unzählige völlig unnötige Probleme. Grund ist die Haltung: Motiviere mich! Überzeuge mich! Mach mich glücklich! Auch dieser unbewusste Wahrnehmungszustand führt zu Veränderungsresistenz.

Erst der Modus des Bewertens ermöglicht kluge Unterscheidungen und eine bessere Wahrnehmung. Oberflächlich wird der Begriff mit »Verurteilen« gleichgesetzt. Dabei ist es etwas völlig anderes. **Beim Bewerten geht es um die Fähigkeit, einen Wert festzustellen.** Wer wenig Ahnung von Immobilien hat, kann deren Wert nicht analysieren. Fehlt Software-Know-how, lassen sich Probleme auf digitaler Ebene nur grob einschätzen. Zum Bewerten braucht es also Kompetenz, zum Beispiel Führungskompetenz. Ohne sie bleibt ein Manager in herausfordernden Situationen an der Oberfläche. Will ich mein Unternehmen auf gute Beziehungen orientieren oder auf gute Ergebnisse? Das eine bedeutet die Abhängigkeit von Menschen und ihren Stimmungen, das andere eher die Unabhängigkeit davon. Durch die Qualität dieser Unterscheidung kann ich ganz anders wahrnehmen und entscheiden. Eine solche klug bewertende Betrachtung eröffnet ein ganz anderes Nachdenken als das Ver- und das Beurteilen.

Auch die Unterscheidung von Einfluss- und Interessenbereich ist eine von sehr hoher Qualität und geht in die Tiefe. Mit ihr lässt sich vortrefflich arbeiten. Je nachdem, wie sich das Bewusstsein oder eine Kultur entwickelt, kann diese Unterscheidung immer wieder von Neuem kraftvoll wirken. So ist das mit dem Bewusstsein. Ein Wort, eine Unterscheidung verändert sich mit der Qualität des eigenen Bewusstseins. So wird einem im Laufe der Zeit immer klarer, wie viel doch in unserem Einflussbereich liegt. Das Trainieren der Schubladenqualität ist anspruchsvoll und am Anfang mental anstrengend, doch es lohnt sich. Sehr sogar!

Oft fällt es schwer, den eigenen Zustand zu erkennen. Das zu trainieren, macht jedoch große Freude. Hierzu eine Übung: Versuch einmal, durch eine Fußgängerzone zu laufen, ohne den Passanten ein Etikett anzuhängen. Egal, ob sie – Achtung, Etiketten! – dick oder dünn sind, klein oder groß, gepflegt oder ungepflegt. **Denn jedes Mal, wenn du dich einem Menschen über- oder unterlegen fühlst, stimmt etwas nicht mit deinem Selbstwert.** Und deshalb urteilst du. Wenn du das bemerkst, lernst du dich selbst besser kennen.

WIDERSTÄNDE ÜBERWINDEN

Wenn wir ein Ziel erreichen wollen, ist es sehr unwahrscheinlich, dass uns auf dem Weg dorthin keine Widerstände begegnen. Um das Bild der Wanderung auf den Berggipfel aufzugreifen: Es ist selten (und wäre ja fast schon langweilig), wenn wir ohne jeden Zwischenfall hoch und wieder herunterkämen. Normal ist, dass ein Wegweiser verschwunden ist oder falsch steht. Dass wir einen Stein im Schuh haben. Dass ein Baum quer über dem Weg liegt. Dass ein Bach, den wir durchwaten sollen, zu viel Wasser führt. Dass ein Teilnehmer überehrgeizig ist und die ganze Gruppe stresst. Dass das Wetter umschlägt. Dass jemand mit dem Fuß umknickt. Dass jemand Höhenangst hat. Dass die Wasserflasche im Rucksack ausläuft. Dass jemand sich überschätzt hat und die ganze Zeit jammert über die Anstrengung. Dass jemand ein extremes Sicherheitsbedürfnis hat und die Gruppe damit vom Abstecher zu einem der schönsten Aussichtspunkte abhält. Hindernisse und Widerstände sind Teil unseres Lebens.

Manche dieser Widerstände sind objektiv nicht wegzubekommen. Ein Unfall, eine Krankheit, eine Naturkatastrophe, eine Finanzkrise – all das liegt weit jenseits unseres Einflusses und hat das Potenzial, uns massiv zu beeinträchtigen. Andere Widerstände hingegen können wir angehen und vielleicht aus dem Weg räumen. Auf jeden Fall sind Widerstände normal – und oft kannst du sie überwinden.

Dafür ist es wichtig, dass du die Widerstände, die du in deinem Leben hast, siehst und als solche erkennst. Ja, das ist nicht leicht – vor allem nicht bei den Hindernissen, die du selbst errichtet hast, die also aus deinem Inneren kommen. Nehmen wir an, du hast dich auf eine Stelle beworben und sagst: »Ich will diesen Job!« Dann lohnt es, auch die Emotionen in den Blick zu nehmen, die du damit verbindest. Natürlich geht es um einen Job und den damit verbundenen Lebensunterhalt. Aber mehr über dich verraten dir die zusätzlichen Antriebe. Was erhoffst du dir genau von dieser Stelle? Willst du dort zeigen, was du alles draufhast, suchst also in erster Linie Bestätigung? Oder reizt dich die Herausforderung des Unbekannten, also das geistige Wachstum? Erwartest du von den neuen Kollegen Respekt? Oder gar extremen Respekt, also eine Form von Liebe? Wünschst du dir, dass das neue Umfeld dir Glück und Erfüllung beschert – oder eher einen höheren Lebensstandard? Was ist die Emotion hinter deiner Bewerbung? Sei ehrlich! So gut es geht. Wo willst du hin? Wenn du deine Emotionen hinter den Fakten siehst, dann siehst du auch deine Hindernisse und Widerstände. Du nimmst Ärger, Frust, Wut, Enttäuschung, Eifersucht oder Angst wahr. Du siehst, was dir in die Quere kommt auf deinem Weg.

Als mich ein Headhunter von meiner Stelle als Produktmanager abwarb, habe ich das mir als neue Herausforderung verkauft. Später kam raus, dass mich eigentlich nur das deutlich höhere Gehalt und die zu erwartende Bestätigung »gejuckt« hatten. Doch ich wollte das nicht sehen. Das Ergebnis: Nach einem Jahr war klar, dass ich mich neu orientieren musste. Oder kürzlich im Coaching: Eine Frau dachte, sie würde einen Mann lieben, und wurde von ihm »ungewollt« schwanger. Später wurde ihr klar, dass sie nur ein Kind wollte, um es nach ihren Vorstellungen zu erziehen. Das Ergebnis: Als das Kind eineinhalb Jahre alt war, hat sie sich getrennt. Der unschöne Kampf um das Kind hält bis heute an. Bitte urteile nicht über die Geschichten. Versuche nur, sie wie auf einem Röntgenschirm klar wahrzunehmen. Ohne moralische Urteile. Das ist wichtig für eine klare Wahrnehmung. Das hilft dir, auch deine Unbewusstheit in der Vergangenheit aufzuarbeiten. Dafür erzähle ich diese Geschichten. Sie helfen dir, deinen unbewussten Ausreden auf die Spur zu kommen.

AUSREDEN – ODER WIE DU GANZ KONKRET DEINEN EINFLUSSBEREICH ERWEITERST

Hier ist mein, hier ist dein, hier ist unser aller Wachstumsproblem: Die allermeisten Widerstände sind für uns nicht richtig sichtbar. Sie liegen in unserer »unbewussten Inkompetenz«. Dadurch tarnen sie sich – und zeigen sich als **Ausreden in unserer Sprache. Wenn du dir deiner Worte immer bewusster wirst, kommst du dir auf die Schliche, und Unbewusstes wird bewusst.** Hier mal eine kleine, unvollständige Hitliste der »beliebtesten« Ausreden:

Wenn ich nicht Partner und Kinder hätte, dann …
Wenn ich bessere Beziehungen hätte, dann …

Wenn ich mehr Geld hätte, dann …
Wenn ich eine bessere Ausbildung hätte, dann …
Wenn ich einen guten Arbeitsplatz hätte, dann …
Wenn ich gesünder wäre, dann …
Wenn ich mehr Zeit hätte, dann …
Wenn die Zeiten besser wären, dann …
Wenn man mich nur besser verstünde, dann …
Wenn man das doch nur früher gewusst hätte, dann …
Wenn die Umstände anders wären, dann …
Wenn ich noch einmal von vorn beginnen könnte, dann …
Wenn man mir die Chance gegeben hätte, dann …
Wenn nicht alle gegen mich wären, dann …
Wenn nichts dazwischengekommen wäre, dann …
Wenn ich jünger wäre, dann …
Wenn ich tun und lassen könnte, was ich will, dann …
Wenn man mich nur wertschätzte, dann …
Wenn meine Eltern reich gewesen wären, dann …
Wenn ich nicht so viel Stress hätte, dann …

Und? Hast du etwas wiedererkannt? Wahrscheinlich bei anderen leichter als bei dir selbst. Das ist völlig normal. Doch inzwischen ist dir das hoffentlich bewusst. Solche Ausreden sind nicht nur spontan erfundene Ausflüchte, wenn man gerade mit dem Rücken zur Wand steht. Sie sind Ausdruck einer selbst angelernten Denkweise. Der Psychologe Martin Seligman nennt sie »erlernte Hilflosigkeit«. Und wer sie benutzt, verfestigt diese Denkweise immer weiter. Meist sind es auch »kollektive Ausreden«, also Dinge, die man oft hört und dann unbewusst übernimmt. Das Schulsystem sollte die Menschen besser bilden. Das Gesundheitssystem sollte dafür sorgen, dass Menschen nicht krank werden. Der Partner oder die Partnerin sollte mich glücklich machen. Das Unternehmen sollte mich erfolgreich machen. Erkennst du das Muster?

In jedem Fall bedeuten Ausreden das Verweigern des eigenen Teils der Verantwortung an einem bestimmten Ergebnis. Wenn Widerstände sich als Ausrede »verkleiden«, wird das direkte Zugehen auf diese Widerstände sehr schwierig. Weil wir sie nicht sehen. Sie sind unbewusst: zutiefst nicht bewusst. Und die scheinbaren Gründe hinter den Ausreden sind immer im Interessenbereich und nie im Einflussbereich. Deshalb kommen wir da nicht ran. Genau das ist so komfortabel für Ausreden-Profis, dieses: »Ich kann da nichts machen.« Aber so willst du sicher nicht sein. Sonst würdest du jetzt nicht diese Zeilen lesen.

Die Lebenserfahrung zeigt, dass man Ausreden von anderen schnell durchschaut. Die meisten Menschen spüren schon am Tonfall und der Körpersprache, dass sich ihr Gegenüber gerade herauszureden versucht – noch bevor sie seine Begründung inhaltlich durchdacht haben. Leider gilt das aber nicht für die eigenen Ausreden. Die durchschaut man nur schwer – wie vieles, was das eigene Gehirn so an Tricks draufhat. Darin, uns selbst etwas vorzumachen, sind wir Menschen wirklich gut. Und je intelligenter du bist, desto besser sind deine Ausreden mit scheinbar klugen Aussagen getarnt.

Deshalb ist es wichtig, dass wir uns unsere Ausreden sichtbar machen. Wir können sie hochholen aus dem Unterbewusstsein, das sie uns gewohnheitsmäßig einflüstert, sobald etwas schiefläuft. Wir müssen, nein: Wir dürfen die Ausreden in die bewusste Inkompetenz holen. Das bedeutet: Ich bin mir darüber bewusst, dass Sätze wie die oben aufgeführten Ausreden sind und mich eher blockieren als voranbringen. Die Hindernisse mögen real sein – aber durch die Art, wie ich formuliere, setze ich mich selbst in eine Ohnmachtsposition. Ich mache mich zum Opfer. Dass ich das tue, mich also in diesem Punkt »inkompetent« verhalte, kann mir bewusst werden. Wenn ich will. Denn nur dann kann der nächste Schritt folgen: die Verwandlung in eine bewusste Kompetenz. Bei dieser Verwandlung werden Opfersätze zu Schöpfersätzen. Schauen wir uns ein paar der oben genannten Ausreden unter diesem Aspekt etwas genauer an.

»Wenn ich mehr Zeit hätte, dann ...«

Niemand hat mehr als 24 Stunden zur Verfügung. Und Hand aufs Herz: Liefe es wirklich grundsätzlich besser, wenn du 26 oder 28 oder 32 Stunden hättest? Klar, in einer akuten Drucksituation können eine oder zwei Stunden mehr auch mal den entscheidenden Unterschied bedeuten. Aber wer regelmäßig über Zeitmangel klagt, hat ein grundsätzliches Problem. Die Annahme »Ich habe keine Zeit« suggeriert, dass ein Mehr an Zeit etwas brächte, obwohl es fast nie stimmt.

Beim Umgang mit Zeit gilt es zu unterscheiden zwischen der Quantität, also der reinen Stundenzahl, und der Qualität, also der Wirksamkeit pro Stunde. Der Schöpfersatz, mit dem du unseren Opfersatz »überschreiben« könntest, lautet demnach: **»Wie kann ich die vorhandene Zeit besser nutzen?«** Es geht sogar noch genauer – dazu kommen wir am Ende dieses Unterkapitels über Widerstände und ihre Überwindung.

»Wenn ich vorher wüsste, dass es funktioniert, dann ...«

Unter Ökonomen ist die Vorstellung vom *homo oeconomicus* immer noch sehr populär. Sie besagt, dass Menschen stets mit dem geringstmöglichen Aufwand nach dem maximalen Nutzen streben. Dieses »ökonomische« Verhalten sei die »unsichtbare Hand«, die unsere Wirtschaft lenke und für Wohlstand sorge. Die Idee, dass man sich nur anstrengt, wenn man vorher weiß, dass es sich lohnt, stammt wohl aus derselben Denkschule. Aber sie blendet eines völlig aus, nämlich das Streben des Menschen nach Sinn. Warum bekommen Menschen Kinder, obwohl jedes Kind die Eltern bis zur Volljährigkeit einen sechsstelligen Betrag kostet? Warum verlieben sich Menschen und verschwenden damit kostbare Zeit und Energie, die sie in die Mehrung ihres materiellen Wohlstands stecken könnten? Warum besteigen Menschen Berge? Und warum genießen Menschen es, sich anzustrengen und Herausforderungen anzunehmen, auch ohne die Garantie, dass es sich lohnt?

Woher kommt es, dass manche Menschen im Vorhinein für ihre Anstrengungen die Garantie einer Gegenleistung erwarten? Wenn diese Garantie ausbleibt, erheben sie sich nicht aus ihrem Sessel. Diese Menschen erwarten etwas vom Leben. Sie haben Angst, dass sich ihre Anstrengungen nicht auszahlen könnten. Sie wünschen sich einen Traumpartner. Den Traumjob. Eine Traumreise. Sie sind jedoch nicht bereit, im Vorfeld den Preis für ein gewünschtes Ergebnis zu investieren. Ihr Einsatz entspricht nicht den Erwartungen. Der Wunsch ist meist nahe am Ideal – die Bereitschaft zum Einsatz hingegen maximal durchschnittlich. Man gibt vielleicht zwei Sterne Einsatz, erwartet aber als Ergebnis fünf Sterne.

Wer so denkt, ist Opfer der »Überlegenheitsillusion«: Man hält sich für besser als die anderen und meint deshalb, man müsse weniger investieren als der Durchschnitt. Ich erinnere mich noch genau an ein Gespräch mit meinem Sohn vor vielen Jahren, als er noch zur Schule ging. Er kam nach einer Klassenarbeit völlig frustriert mit einer Vier nach Hause. Ich fragte ihn: »Was wolltest du denn für eine Note?« Er sagte: »Natürlich eine Eins.« Ich fragte weiter: »Und wie war dein Einsatz dafür? Welche Note gibst du dir für die Vorbereitung?« Er dachte länger nach und sagte schließlich: »Ungefähr eine Fünf.« Ich bemerkte: »Dann warst du ja erfolgreich. Besser als dein Einsatz. Und es gibt keinen Grund zur Beschwerde. Das Leben hat dir mehr gegeben, als du verdient hast. Glückwunsch!« Ich erinnere mich noch genau an sein Gesicht, als er diesen Austausch mental verarbeitete. Heute wissen wir beide, wie wichtig diese Erkenntnis für ihn war. Auch wenn es zuerst etwas gezwickt hat. Weil ja alle anderen anders denken. Sie sagen: »Voll unfair, der Lehrer/die Aufgaben/der Temin!«

Der Schöpfersatz zur Ausrede könnte also lauten: **»Was werde ich an mir ändern, dass ich ohne Erwartungen, voller Freude und Leichtigkeit zuerst das ins Leben investiere, was ich von ihm haben will?«**

Ich lade dich ein: Investiere in Niederlagen! Ich kann dir versichern: Jeder nachhaltig Erfolgreiche hat schon den Preis der Ablehnung gezahlt, auch wenn er ungern drüber spricht. Jeder Sieger steht auf einem Berg voller Niederlagen. Sie tun weh – immer. Doch die Leidenszeit der Verarbeitung verkürzt sich ständig. Am Anfang waren es vielleicht noch mehrere Tage oder sogar Wochen oder Monate, irgendwann nur noch ein paar Sekunden. Doch wenn du alles gibst, tut eine Niederlage immer weh.

Entwickle Verständnis fürs Scheitern. Für dein eigenes und für das der anderen. Wir sollten das Scheitern anerkennen und umarmen. Denn wir sind Menschen. Es ist eben eine große Kunst, ehrlich zu sich selbst zu sein. Wo Wort und Tat nicht übereinstimmen, fehlt die Integrität. Das, was du sagst, spiegelt den, der du gerne sein willst (Image). Nur durch dein Tun bist du derjenige, der du wirklich bist (Selbst). Manchmal sind Wort und Tat eng beieinander. Dort sind wir integer. Und manchmal liegen sie weiter auseinander. Dort können wir uns noch entwickeln.

Wenn du etwas nicht schaffst, dann erkenne es – und erzähle nichts vom »inneren Schweinehund«. Der ist einfach eine Ausrede. Zugegeben, eine süß verpackte Ausrede. Aber die Wahrheit ist: Es gibt nur dich – diesen einen, manchmal schwachen Menschen.

»Wenn die Umstände besser wären, dann …«

Die *Umstände* – das ist definitiv der Inbegriff all dessen, was du nicht beeinflussen kannst. Dein Interessenbereich. Das lässt sich leicht zeigen an zwei erkennbar irrationalen Ausreden: »Wenn ich noch einmal jünger wäre, würde ich den ganzen Laden hier auf links drehen.« Und: »Wenn ich schon älter wäre, würde meine Meinung mehr beachtet.« Niemand kann etwas ändern an seinem Alter. Darauf auch nur einen Gedanken zu verschwenden, ist sinnlos. Aber du kannst dich stärken mit dem Satz: **»Was werde ich an mir ändern, damit ich meine vielfältigen Erfahrungen für mich und**

andere zukünftig nutzbar machen kann?« Oder mit: **»Was werde ich an mir ändern, dass mein Wort auch bei deutlich Älteren mehr Gewicht bekommt?«**

Weitere Umstände, die sich herrlich beklagen lassen, um nicht selbst Verantwortung dafür zu übernehmen, dass sich etwas ändert:

»Ich hätte gerne einen toleranteren/strengeren Chef.« – Frage dich doch stattdessen, wie du dich besser einstellen kannst auf den Chef, den du nun mal hast. Wie kannst du dir Freiräume ermöglichen? Oder dich selbst durch klare Ergebnisorientierung führen, statt auf die Deadlines des Chefs zu warten?

»Wenn mein Chef mich besser abholen oder motivieren würde ...« – Was musst du ändern, damit du deinen Chef besser verstehst und er dich? Wie lässt du in dir Motivation entstehen, unabhängig von anderen?

»Ich hätte gerne mehr (positives)/weniger (kritisches) Feedback.« – Was musst du in dir ändern, um souverän und selbstverantwortlich mit Kritik umzugehen? Schiebe die Verantwortung nicht auf die »Art der Kritik«. Kritisches Feedback kannst du nutzen, und gute Leistungen zählen auch ohne Fleißkärtchen vom Chef.

Sogar die Corona-Pandemie wurde irgendwann als Universalausrede missbraucht – selbst wenn es keinerlei Zusammenhang gab mit dem Thema, um das es gerade ging. Ich habe in einer Radioreportage eine Geschichte gehört, in der ein Polizist eine Mutter anhielt, die ihre zwei Kinder auf dem Fahrrad zur Schule begleitete. Sie hatte ihr Licht an, ihre Kinder nicht. Obwohl die Lichter der Kinder einwandfrei funktionierten. Als der Polizist sie darauf freundlich hinwies, rechtfertigte sich die Mutter schnell mit den Worten: »Die Kinder müssen wegen Corona doch schon so viel aushalten. Da ist das jetzt echt zu viel!«

Ich verstehe, wenn du darüber lachen musst. Doch die Frage ist: Wann greifen wir unbewusst zu solchen Scheinbegründungen? Ein Sturz des DAX um sechs Prozent an einem einzigen Tag ist sicherlich heftig – aber was hat er damit zu tun, dass du den Abgabetermin für deinen Report verbummelt hast? Du hast dich ablenken lassen und hast deshalb einen Fehler gemacht – das ist die ganze Geschichte.

Meine sehr hohe Querschnittslähmung am Hals war – und ist – natürlich eine perfekte Einladung, den Rollstuhl immer mal wieder als Ausrede zu benutzen, schon weil mir fast jeder zugestimmt hätte.

»Ich kann kein selbstbestimmtes Leben in Freiheit führen.«

»Ich kann als Rollstuhlfahrer keine Traumfrau kriegen.«

»Ich kann nicht erfolgreich sein.«

»Ich kann so keine Familie haben.«

»Ich kann nicht erfüllt sein.«

Wer sagt einem Behinderten schon ins Gesicht, dass er sich gerade herausredet? Also musste ich selbst es tun. Ich verbot dem Rollstuhl schon früh, mir auch nur eine einzige Ausrede zu liefern und irgendeine Rolle in meinem Bewusstsein zu spielen. Ich weiß, das liest sich extrem. Doch es geht hier nicht um einen Rollstuhl und auch nicht um mich. Es geht um dich und um deinen inneren Rollstuhl. Du musst nicht so denken wie ich – aber du kannst es, wenn du willst. Wo limitierst du dich? Was ist dein innerer Rollstuhl? Und was wäre, wenn du dich nicht mehr limitieren würdest? Weder durch das, was war, noch durch das, was gerade in deinem Leben da ist?

Was passierte bei mir durch den Entschluss, keine Ausreden zuzulassen und mich immer wieder meinen inneren Rollstühlen zu stellen? Über meine Herausforderungen im Außendienst habe ich dir schon erzählt. Die Karriere ging weiter. Danach wurde ich Produktmanager, Außendienstleiter und schließlich Marketing- und Vertriebsdirektor. Anschließend kam der Sprung in die Selbstständigkeit. Vom Einzelkämpfer bis zu einem Institut von über 20 Mitarbeitenden. Als Rollstuhl-Rugby-Spieler durfte ich während meiner aktiven Zeit die ganze Welt bereisen. Meine Traumfrau und ich haben zwei erwachsene Kinder, und wir sind inzwischen Großeltern. Wir leben in Spanien und Deutschland. Heute arbeite ich nur noch, so viel ich will und mit wem ich will. Und vor allem darf ich meine Berufung leben. In Summe kann ich mir mehr Sinn und Erfüllung gar nicht vorstellen.

Ich bin davon überzeugt, dass das für jeden Menschen im Rahmen seiner Talente möglich ist, wenn er sich konsequent seinen Ausreden stellt. Mir wird ganz schlecht, wenn ich darüber nachdenke, wie viele Widerstände sich mir in den Weg gelegt haben. Andauernd wurde ich mit dem Rollstuhl konfrontiert. Kann man mir den Karrieresprung trotz Rollstuhl zumuten? Möchte sich eine tolle Frau auf das Abenteuer mit einem Krüppel einlassen? Kann ein körperlich so behinderter Mann überzeugend als Führungsexperte wirken?

Doch das Heftigste war: Immer wenn ich meinen Anspruch auf Spitzenergebnisse klar äußerte, erfuhr ich maximale Ablehnung aus meinem damaligen Umfeld. Wenn ich für mich den Rollstuhl nicht als Ausrede benutzen wollte, so benutzte ihn doch mein Umfeld, damit ich meinen zugewiesenen Platz einnähme. So wirkt Diskriminierung. Das habe ich lange nicht verstanden. Natürlich hat das niemand bewusst gemacht. Es war verknüpft mit der unausgesprochenen Botschaft: Wir wissen, wo du hingehörst und was das Beste für dich ist. Zum Glück hat mich das im Kern nicht interessiert – doch so manches Mal mehr verletzt als gedacht. Vieles ist geheilt, manches noch nicht.

Der Vorteil der Überwindung von so vielen Widerständen ist geistiges Wachstum.

ÄNGSTE

Vieles von dem, was uns behindert, hat mit Angst zu tun – auch wenn das vielleicht auf den ersten Blick nicht immer erkennbar ist. Wenn wir einen ungeduldigen Menschen erleben, der andere heftig bedrängt, damit es schneller geht, wirkt er ja keineswegs ängstlich. Im Gegenteil: Der aggressive Huper und der ungeduldig schimpfende Mensch in der Kassenschlange *machen* eher Angst. Und doch liegt der Ungeduld die tiefe Unsicherheit darüber zugrunde, ob ein Vorhaben gelingen wird. Also Angst vor dem Scheitern. Der Schriftsteller Stefan Zweig bemerkte: »Ungeduld ist Angst.« Dasselbe gilt für die Aggressivität. Auch sie überdeckt Unsicherheit. Dieses Wissen allerdings macht den Umgang damit für die Mitmenschen nicht einfacher.

Die Ausdrucksformen, die Ängste annehmen, sind schädlich für das Zusammenleben und -arbeiten. Selbst eine so positiv bewertete Eigenschaft wie Neugier hat oft mit Angst zu tun. Das dauernde Sichstrecken, der Drang nach Horizonterweiterung tarnen meist die Angst vor dem Unbekannten, das als bedrohlich wahrgenommen wird. Es soll schnellstmöglich in etwas Bekanntes verwandelt werden. Und übertriebene Neugier im Sinne von permanentem Aufbruch verhindert, dass man jemals ankommt und in Ruhe Strukturen und Routinen entwickelt. Das habe ich von Professor Felix von Cube gelernt. Wir waren zusammen bei einem großen Lebensmittelhändler eingeladen. Auf gezielte Nachfrage führte er diese Erkenntnis als seine wichtigste an. Sie bildet auch die Essenz seines Buches *Lust an Leistung*. Im Institut nennen wir das übrigens: Lust auf Ergebnisse.

Angst kann uns also im Weg stehen. Sie ist destruktiv und kann lähmend sein. Doch zugleich ist sie evolutionär gesehen unser stärkster Antrieb: Im Kampf oder auf der Flucht, also in lebensbedrohlichen Situationen, setzen Menschen Kräfte frei, die sie sonst niemals aufbrächten. Es kommt also darauf an, Angst zu transformieren: von etwas Lähmendem in etwas Antreibendes. Voraussetzung ist, dass wir unsere Ängste erkennen, anerkennen und durch mentale Transformation in Antriebsenergie umwandeln. Ein Beispiel: Aus der Angst vor einer Prüfung entsteht im Idealfall die

Energie, intensiv für die Prüfung zu lernen – sodass man nicht nur besteht, sondern den Stoff danach tatsächlich durchdrungen hat und souverän beherrscht.

Oder bei mir: Meine Angst vor der Abhängigkeit von anderen, die Schwerstbehinderten vor allem im Alter droht, transformierte ich in die Energie, für ein Leben in finanzieller Freiheit zu sorgen. Richtig gelesen: Ein großer Antrieb meines finanziellen Erfolgs ist Angst. Enttäuscht? Ich kann sogar noch genauer werden: Zu ungefähr 60 Prozent ist es die Angst und zu 40 Prozent die Freude, es anders zu erleben.

Eine weitere Falle in Sachen Verantwortung ist die Angst vor Einsamkeit, vor Ausgrenzung oder davor, nicht (mehr) gebraucht zu werden. Diese Ängste haben mit einem Mangel an Selbstwertgefühl zu tun. Mit dem Wert, den du dir selbst gibst. Ist das Selbstwertgefühl gering, soll der fehlende Wert von anderen kommen. Das äußert sich entweder im Bedürfnis, geliebt zu werden – oder gebraucht zu werden. Wer diese Bestätigung durch andere benötigt, wird Probleme nicht offen ansprechen – aus Angst, dass das bereits genügt, um die Zuneigung der anderen und die Zugehörigkeit zur Gruppe zu verlieren. Er hält sich als Person nicht für wertvoll genug und glaubt, das über sein »Nettsein« ausgleichen zu müssen. Deswegen geht er notwendigen Konflikten aus dem Weg, um bloß nicht anzuecken. Er erinnert Menschen nicht an ihre Verantwortung, wenn sie sie vernachlässigen, sondern prostituiert sich emotional mit dem Wunsch nach Bestätigung. Was er damit erreicht? Er gewinnt vielleicht die Zuneigung der Mitläufer, verliert dafür aber jeglichen Respekt der Leistungsträger – auf die es häufig ja ankommt.

Wer sich tief im Inneren nicht für ausreichend qualifiziert und leistungsfähig hält, wird dauernd Angst davor haben, ausgemustert zu werden. Nicht zu genügen. Nicht gut genug zu sein. Mit dieser geistigen Limitierung hatte ich viele Jahre zu kämpfen. Der alltäglichen Diskriminierung als Schwerstbehinderter war ich am Anfang nicht gewachsen.

Der durch andere – meist unbewusst – vermittelte Minderwert kroch jeden Tag ein bisschen tiefer in mich rein. Natürlich auch unbewusst. Und er nagte an meinem Selbstwert. Mit Wut lehnte ich mich dagegen auf. Schließlich wollte ich es allen zeigen: »Ihr werdet es schon noch sehen! Ich bin noch nicht weg vom Fenster!« Ich kompensierte den inneren Minderwert mit übermäßiger Leistungsbereitschaft. Aus heutiger Sicht kommt mir das Ganze etwas merkwürdig vor. Doch damals fiel mir nichts Besseres ein. Deswegen konnte ich auch Mitarbeitende früher gar nicht erst in Verantwortung bringen, sondern habe lieber alles selbst gemacht.

STRESS ALS STATUSSYMBOL

»Streng dich an!«, »Reiß dich zusammen!« oder »Ohne Fleiß kein Preis!« – alles Sätze, die gewiss jeder schon mal gehört hat. Bis heute sind sehr viele von uns tief davon überzeugt, dass Anstrengung einfach zum Leben gehört. Wir glauben, dass wir eine Aufgabe nur dann gut erledigt haben, wenn wir uns richtig abgerackert haben. Was wir gerne tun, mit Leichtigkeit und aus einem inneren Fluss heraus, kann nicht wertvoll sein.

Als ich klein war, sagte meine Mutter: »Geh in dein Zimmer und mach deine Hausaufgaben.« Als sie mich kurz darauf an meinem Schreibtisch lachen hörte, ermahnte sie mich: »Ich habe gesagt, du sollst deine Hausaufgaben machen!« Natürlich, bei Sachkunde und Co. kann es nichts zu lachen geben.

Durch diese Überzeugung wird Anstrengung zum immateriellen Statussymbol. Wir hoffen, andere durch ständige Beschäftigung zu beeindrucken. Indem wir permanent beteuern, unter Dampf zu stehen, wünschen wir uns Anerkennung. Der Markenkern dieses Zustands ist das Empfinden von Stress. In Gesprächen wird sehr oft betont, wie strapaziös das Leben sei. Alles ist beschwerlich: die Arbeit, die

Ehe, die Kinder, aufstehen, anziehen, einkaufen, ja sogar der Urlaub. Eine Krise jagt die nächste. Wer sich nicht aufregt, erscheint herzlos. Das sorgt erneut für Stress. Was für ein Teufelskreis! Was tun wir uns da an? Gehen uns Dinge hingegen leicht von der Hand, kann mit uns in den Augen vieler etwas nicht stimmen.

Als Student der Sportwissenschaften habe ich eine weitere Erfahrung gemacht. Ich durfte die Vorlesungen des legendären Wildor Hollmann besuchen. Er erforschte Ausdauertraining und erklärte, dass wir für eine optimale Regeneration langsamer laufen müssten. Sein Motto: »Je frischer du dich nach dem Laufen fühlst, desto besser hast du regeneriert.« Was habe ich nach diesen Vorlesungen mit dieser paradox erscheinenden Erkenntnis gemacht? Ich bin in den Stadtwald gegangen und habe viel zu schnell meine Runden gedreht. Es hat ewig gedauert, bis ich verstanden habe, was er meinte: Leichtigkeit zeigt einen höheren Wirkungsgrad an.

Worauf es ankommt, ist: Ergebnisorientierung statt Aktivismus. Lieber erfolgreich sein als sich erfolgreich fühlen. Denn Leistung misst sich nicht an der Anstrengung, sondern am Ergebnis. Das Problem: Solange wir noch tief in uns denken, dass wir für Anstrengung belohnt werden, laufen wir in eine mentale Falle. Deswegen ist Ergebnisorientierung eine so wichtige mentale Transformation für jeden Menschen und in jedem Unternehmen. Wir wissen heute: Ergebnisorientierung heilt Firmenkulturen.

DISZIPLIN

Es mag dich erstaunen, dass diese preußische Kerntugend im Kapitel über Widerstände auftaucht. Was wäre unsere Wirtschaft denn ohne die berühmte deutsche Disziplin? Disziplin wird als Allheilmittel jeglicher Veränderungsprozesse gepriesen. Mit Disziplin geht alles. Und ohne eben nichts. Ob

Abnehmen, berufliche Karriere oder Fremdsprachen: Es sei wichtig, dranzubleiben, Dinge durchzuziehen und zu Ende zu bringen, heißt es. Die Tugend der Disziplin wird sehr gehypt. Worte wie »eiserne Disziplin« oder der Zwillingsbruder »eiserner Wille« unterstreichen dieses Konzept. Und was ist daran nun auszusetzen?

Zugegeben: Wir sind hier schon in einem der oberen Regale. Disziplin, das bedeutet: Du tust, was du eben tun musst. Das ist immerhin die Stufe 5 im 6-Stufen-Modell der Verantwortung. Wenn du diszipliniert deinen Job machst, verdrängst du immerhin nicht. Du klagst auch weder die Umstände noch jemand anderen oder dich selbst an. Doch Disziplin ist kein Allheilmittel. Denn sie bedeutet: Eigentlich willst du nicht. Du machst es, weil du eben musst und weil du das einsiehst. Das ist auf Dauer keine Basis für besondere Ergebnisse. Disziplin brauchen Menschen nur, solange sie noch nicht wirklich *wollen*, solange sie noch nicht überzeugt sind, sondern überzeugt werden müssen. Der Antrieb kommt dann noch zu sehr von außen. Wir sind noch nicht bei uns im Innen angekommen. Das Problem: Disziplin ist wie ein Muskel. Sie ist erschöpfbar. Wenn wir zu viel mit Disziplin machen, werden wir müde. Brennen aus. Und das wird unterschätzt.

Deshalb ist Disziplin eine großartige Startenergie. Sie erleichtert den Anfang – danach geht es um etwas anderes. Wer aus innerer Überzeugung »Ich will das tun« und nicht »Ich muss das tun« sagt, den treibt eine andere Kraftquelle. Wer sich selbst überzeugt hat, dessen Motivation ist »intrinsisch«. Sie kommt aus ihm selbst. Sie gehört zum Schatz, den man in sich trägt. Man muss sie nicht mehr von anderen beziehen. Wer intrinsisch motiviert ist, braucht keine Disziplin mehr. Er muss nichts mehr »durchziehen« oder beweisen, sondern kann sich hingeben und alles fließen lassen.

Ein Beispiel: Eine Kollegin übernimmt ein anstrengendes und unattraktiv scheinendes Projekt. Dazu gehört sicher

Disziplin. Aber nur mit Disziplin erkennt sie nicht, dass sich da eine wunderbare Zukunftschance für das Unternehmen auftut. Dazu gehören Begeisterungsfähigkeit und die Bereitschaft, die Chance mit Dankbarkeit zu ergreifen. Oder: Wenn ich anfange, ein neues Buch zu schreiben, braucht es Disziplin, um das Projekt aufs Gleis zu setzen, mir den Aufbau zu überlegen, zu recherchieren und mir die ersten Sätze abzuringen. Aber je weiter ich komme, desto mehr lenkt mich tiefe Inspiration. Ganz vieles startet mit einem Muss. Doch wenn wir ein Thema geistig in Besitz nehmen, verwandelt sich Disziplin in Konsequenz.

Beobachte dich mal genau. Du hast das sicherlich schon oft gemacht. Ab jetzt kannst du es aber bewusst tun. **Konsequenz heißt: Ich will es tun.** Sie bringt uns geistig in die völlige Gegenwart. In die reine Präsenz. Sie lässt die Vergangenheit hinter sich und lässt uns jede Sekunde, jeden Moment frisch und wach neu anfangen. Ganz da sein. Erst jetzt wird der Weg zum Ziel. Sonst werden »Ziele zum Weg«. So leben die meisten Menschen und bleiben deswegen weit unter ihren Möglichkeiten. Denn »Ziele als Weg« ermüden dich mit der Zeit. **Disziplin heißt: Ich muss etwas zu Ende bringen. Konsequenz heißt: Ich darf anfangen, jetzt.**

Geistige Inbesitznahme beginnt also mit Disziplin und wird hoffentlich zur Konsequenz der ganzen mentalen Präsenz – ein Geheimnis, das viele nicht kennen und noch weniger können. Das gilt auch für den Satz: **Der Weg ist das Ziel.** Wer das anwendet, für den werden überwundene Widerstände zum Weg, der sich unter die Füße schiebt.

WUNSCH NACH BESTÄTIGUNG

Ich habe dieses Thema schon ein paarmal angetippt: Suchst du Bestätigung und damit Stabilität und Sicherheit? Oder willst du geistig wirklich wachsen, indem du neue Herausforderungen annimmst und meisterst? Der Drang nach Bestätigung ist ein großes Hindernis für verantwortliches Handeln. Nehmen wir mal an, jemand sitzt in einem Meeting und es geht ihm vor allem darum, recht zu haben und seine Idee durchzusetzen. Er hat kein Interesse an der besten Lösung für eine Situation, sondern dass seine Lösung gewählt wird. Damit er anschließend sich und anderen signalisieren kann: »Sieh her. Das bin ich. Ich habe recht. Ich bin richtig. Ich habe mich durchgesetzt. Ich habe mein Ding gemacht.«

Dieser Mensch geht also in das Meeting mit der mentalen Haltung: Ich möchte mich primär bestätigen. Und das beeinflusst seine Wahrnehmung. Im Gespräch sucht er nach Möglichkeiten, um die Position der anderen anzugreifen oder sie ins Unrecht zu setzen. Und das ist die Schwierigkeit. Ein Mensch denkt, er möchte wachsen. Doch sein Handeln zeigt genau das Gegenteil. Und das ist ihm eben nicht bewusst. Wenn so ein Mensch eins unserer Seminare besucht, möchte er auch dort primär Bestätigung erfahren. Er sagt dann Dinge wie: »Kenne ich schon. Habe ich da und da schon mal gelesen. Ein anderer Autor sagt aber, es gehe anders, als Sie es sagen.« Oder: »Im Ordner sind zu wenig Bilder. Und auf Seite 24 des Skripts ist in der zweiten Zeile ein Rechtschreibfehler.« Oder: »Der Referent ist nicht überzeugend genug.«

Menschen mit dem Wunsch nach Selbstbestätigung suchen nach Gründen, sich überlegen zu fühlen, und blicken mit dieser Haltung auf Situationen: »Kann ich jemand anderem einen Fehler nachweisen? Dann fühle ich mich ihm überlegen. Wenn ich angreife, kann ich nicht angegriffen werden. Und ich weiß ja auch wirklich enorm viel, das muss hier auch mal gesehen werden.«

Wer so denkt, kann weder etwas Neues lernen noch über seinen Tellerrand hinausblicken, geschweige denn über sich hinauswachsen. Bestätigung heißt: Besitzstandswahrung. Das, was ich jetzt habe, verteidige ich. So eine mentale Haltung löst Stagnation aus.

Die Alternative dazu heißt: **geistiges Wachstum**. Das bedeutet: Du suchst etwas, das du neu in dich aufnehmen kannst, um zu wachsen, um stärker zu werden und dein Selbst weiter auszubauen. Wie ein Radar suchst du die Welt ab – um beispielsweise aus einem Seminar das mitzunehmen, was dich wachsen lässt. Die meisten sagen von sich, dass sie diese wachstumsorientierte Haltung einnehmen – auch die, die primär mit dem Wunsch nach Bestätigung kommen. Ich versuche dann, ihre Aufmerksamkeit auf ihre Wahrnehmung zu lenken. Denn die zeigt, welche mentale Haltung sie wirklich haben.

Ein Beispiel: Zwei Paare treffen sich zum Kaffeetrinken. Anschließend gehen sie auseinander. Über wen reden sie? Über das jeweils andere Paar natürlich. Und in welcher Art und Weise? Fragen sie sich jeweils, was sie vom anderen Paar lernen können? Was es gut macht? Was es besser macht als man selbst? Ist ihre Wahrnehmung also darauf ausgerichtet, zu lernen und zu wachsen? Oder unterhält sich jedes Pärchen nach dem Treffen darüber, wo das Verbesserungspotenzial beim anderen Pärchen liegt? Was die anderen besser machen könnten? Wahrscheinlich hast du jetzt geschmunzelt und gemerkt, wie schnell wir Menschen im Bestätigungsmodus sind. Denn natürlich wird meistens gelästert, was das Zeug hält. Es ist sogar so: Je »bedrohlicher« die gute Paardynamik der anderen für das eigene Partnerschaftsmodell war, desto lustvoller ist das Lästern.

Selbstverständlich ist es wichtig, dass wir unser Selbst bestätigen. Doch muss das nicht durch Abwertung anderer geschehen. Merke: Wer sich in deiner Gegenwart durch die Abwertung anderer selbst erhöhen will, der wird dich in deiner Abwesenheit ebenfalls vor anderen abwerten, um sich selbst zu erhöhen. Es ist eine Gewohnheit. Werde dir dessen bitte bewusst. Denn wenn Menschen bessere Ergebnisse wollen, wenn sie wachsen und der beste Mensch werden wollen, der sie sein können, dann brauchen sie eine gute Balance zwischen Bestätigung und Wachstum.

EINE KLEINE GEGENÜBERSTELLUNG DER POLE »BESTÄTIGUNGSMODUS« UND »WACHSTUMSMODUS«.

Wer Bestätigung sucht, will kurzfristige Freude erleben und erntet mittelfristig Schmerz.
Wer Wachstum sucht, wählt kurzfristigen Schmerz und erntet mittelfristig Freude.

Bestätigung will sich jetzt gut fühlen und keinen Preis im Voraus zahlen.
Wachstum will sich nachhaltig gut fühlen und ist bereit, den Preis im Voraus zu zahlen.

Wer Bestätigung sucht, schaut nach außen.
Wer Wachstum sucht, schaut nach innen.

Wer Bestätigung sucht, will kurzfristig erfolgreich sein und bevorzugt Abkürzungen.
Wer Wachstum sucht, möchte langfristig erfüllt sein und geht den langen Weg.

Wer Bestätigung sucht, fordert Respekt ein und ist als »Wertschätzungseinklageterrorkommando« unterwegs.
Wer Wachstum sucht, gibt den Respekt in die Welt, den er selbst erfahren will.

Wer Bestätigung sucht, stellt andere infrage, sieht das Trennende und wertet andere moralisch ab.
Wer Wachstum sucht, stellt sich selbst klug infrage, hat moralische Ansprüche an sich selbst und sucht Selbsterkenntnis.

Wer Bestätigung sucht, will Werkzeuge und Waffen.
Wer Wachstum sucht, will Erkenntnisse und Einsicht.

Wer Bestätigung sucht, will sich gegen andere durchsetzen.
Wer Wachstum sucht, will sich und andere entwickeln.

Wer Bestätigung sucht, will Macht über andere.
Wer Wachstum sucht, will Macht über sich selbst.

Nehmen wir mal an, du nimmst den Fehler eines anderen wahr und ertappst dich dabei, dass dir das ein Bestätigungsgefühl gibt, dir also guttut. Dann könntest du einen Schritt zurücktreten und sagen: »Ich lasse jetzt die Interpretation meiner Wahrnehmung los. Ich nehme den Fehler wahr. Und wenn ich möchte, kann ich vielleicht sogar daraus oder davon lernen. Doch das Gefühl der Freude gestatte ich mir nicht. Ich bringe mich stattdessen in eine andere mentale Haltung, nämlich in die des Wachstums. Ich stelle nicht andere infrage, sondern mich selbst.«

In der Bestätigung schützen Menschen ihren Selbstwert, weil er noch nicht stark genug ist. Deswegen suchen sie permanent nach einer Daseinsberechtigung. So zementieren sie das, was sie bis jetzt gedacht haben – und ziehen andere in Zweifel. Wachstum hingegen zielt darauf ab, den eigenen Selbstwert auf den Prüfstand zu stellen – eine Kehrtwende um 180 Grad. Das Problem: Wachstum ist geistig anstrengend, wenn man nicht trainiert. Es ist wie bei einem untrainierten Muskel. Sich selbst zu hinterfragen, verlangt großen Mut. Und deswegen passiert das meist nur, wenn eine schmerzhafte Krise daherkommt. Dann ist die Kraft für die mentale Anstrengung da. Sonst weniger. Aber ich möchte dich genau dazu einladen: dass du dich aus dir selbst heraus ständig neu erfindest – anstatt zu warten, bis das Leben noch härter zuschlägt.

Diese Entwicklung kannst du von dir aus anschieben, indem du dir Ziele setzt, die weit größer sind als das, was du bisher denken kannst. Denn wenn du beim Vornehmen schon weißt, dass du es erreichen wirst, bewegst du dich ja nicht im Wachstumsbereich. Daran kannst du deinen Wunsch nach Wachstum erkennen: Du nimmst dir etwas vor, von dem du nicht weißt, wie du das hinbekommen sollst. Und da haben sehr viele Probleme. Aus Angst – zum Beispiel vor der Kritik und der Häme, wenn wir scheitern. Aus Angst, nicht gut genug zu sein. Und aus Angst, sich der mentalen Anstrengung zu stellen.

Wer sich realistische Ziele setzt, der möchte nicht wachsen. Und umgekehrt. Wie oft habe ich es in einem Vierteljahrhundert als Coach erlebt, dass es die unrealistischen Visionäre waren, die im Laufe ihres Lebens Großes erreicht haben. Auch wenn sie zuerst einmal kräftig gescheitert sind und zu Beginn belächelt wurden. Auch bei mir war es so. Ich war noch in Bad Oeynhausen angestellt und habe mir damals vorgenommen, dass ich irgendwann mal selbst bestimmen will, wo ich arbeite. Damals war ich Marketing- und Vertriebsdirektor. Es gab keinerlei Grund anzunehmen, dass ich darüber würde hinauswachsen können. Mein heutiger Lebensstil war damals buchstäblich außerhalb jeglicher Reichweite. Dass aus einem schwerstbehinderten Sozialhilfeempfänger einer der gefragtesten Führungsexperten im deutschsprachigen Raum wird, ist sicher kein realistisches Drehbuch. Ich habe mir Ziele gesetzt, die utopisch klangen. Ich lade dich ein, das auch zu tun.

Dabei gilt es zu verstehen, dass Ziele Diener deiner Entwicklung sind. Sie dürfen nicht zu deinem Herrn werden. Diese Einsicht ist entscheidend! Sind sie Diener deiner Entwicklung, fördern sie dein Wachstum. Werden sie zu deinem Herrn, leidest du, wenn du scheiterst. Werde Treiber, aber nicht Getriebener. Also träume und setz dir große Ziele. Wähle die Haltung »entspannte Hartnäckigkeit«, bei der du gleichzeitig zupackst und loslässt. Suche auf dem Weg nach dieser Einstellung. Du wirst sie finden. Und dann geschieht es: Du wechselst in den Wachstumsmodus und wirst immer mehr.

Ich halte es noch heute so: Egal, wo ich bin, ich picke mir die Rosinen raus. In jedem Gespräch. Auf jeder Seminarreise. Egal, wen ich kennenlerne. Das zeigt sich auch darin, dass ich lieber lerne als lehre. Wenn ich die Wahl habe, ein tolles Seminar zu besuchen oder selbst eins zu geben, weißt du jetzt, wie ich mich entscheide. Ich suche ständig, was ich adaptieren, was ich annehmen und von anderen lernen kann, um noch schneller zu wachsen. Wer in diesem Stadium ist, wächst natürlich schnell. Trotzdem müssen Menschen sich zwischendurch immer wieder bestätigen. Das habe ich teilweise zu sehr vernachlässigt und mich dabei überfordert. Sei du bitte klüger. Wir können nicht nur wachsen. Aber wer ausschließlich im Bestätigungsmodus festhängt, verschenkt sehr viel von seinem Potenzial.

Stell dir einmal vor, du hättest die mentale Fähigkeit, alle Entwicklungen im Leben sofort anzuerkennen. Egal, ob gut oder schlecht. Ohne zu urteilen oder zu hadern, also ohne innere Widerstände, schaust du auf die Lage, so, wie sie ist. Was würde das mit dir machen? Ganz einfach: Du wärst ganz präsent. Voll da. Ganz am Leben. Du würdest vom Gedanken ablassen, dass irgendwelche Umstände anders sein müssten. Du würdest aufhören, gegen das Leben zu kämpfen.

Um diesen Zustand der Weisheit zu erreichen, müssen wir uns unsere Widerstände erst einmal bewusst machen. Seien es moralische Vorwürfe oder der Streit darüber, wie man Menschen führen müsste, oder die (Schuld-)Frage danach, warum jemand etwas getan oder gelassen hat. Sobald wir die eigenen Blockaden erkennen, entdecken wir auch unsere verborgenen Beschwerden an die Realität. Und je klarer wir diese sehen, desto leichter können wir sie loslassen. Warum wir loslassen sollten? Weil wir im Fluss sein wollen. Das heißt nicht, dass wir uns alles gefallen lassen sollen. Überhaupt nicht! Es ist unsere Fähigkeit, zu verstehen. Tief zu verstehen. Und dafür müssen wir überhaupt nicht einverstanden sein. Es bedeutet, dass wir flexibel auf Veränderungen reagieren können. Denn diese Fähigkeit, diese unglaubliche Flexibilität, steckt als Möglichkeit in uns. Wir müssen sie nur freilegen.

Wenn wir die mentale Fähigkeit erlangen, nicht darunter zu leiden, dass die aktuelle Realität, dass das Jetzt oder noch allgemeiner: dass das Leben von unseren Vorstellungen abweicht – dann löst sich der ganze Ärger, der uns Tag und Nacht begleitet, in Luft auf. Würden wir die Gegenwart immer wieder als Startpunkt, als den Status quo akzeptieren, könnten wir uns dem Leben einfach hingeben. Einfach alles geben, was wir können, und beobachten, wie weit wir kommen. Was für eine Befreiung! Erkennen wir den neuen Zustand wieder und wieder an, haben wir es geschafft: Wir bewegen uns in der Realität und in der Machbarkeit – und empfinden keinen Stress mehr. Das wünsche ich dir von Herzen.

Zum Schluss dieses Abschnitts komme ich noch einmal auf die »Schöpfersätze« zurück, in die du typische »Opfersätze« transformieren kannst. Diese Möglichkeit ist deswegen so bedeutsam, weil Sprache eine enorme Wirkung auf unser Bewusstsein hat. Für das, was wir uns selbst sagen, suchen wir danach unbewusst Bestätigung im Leben. Das gilt im Positiven wie im Negativen. Wer sich vor einer sportlichen Herausforderung mit hängendem Kopf sagt: »Das schaffe ich sowieso nicht«, hat signifikant schlechtere Chancen, seine Höchstleistung abzurufen, als der, der sich aufbaut mit: »Ich hab's drauf und bin voll fokussiert. Ich packe das!«

Sicherlich kennst du das. Du sagst dir zwar: »Ich schaffe das.« Doch ganz tief in dir weißt du, dass du nicht daran glaubst. Es dauert eben, bis aus unserem Unterbewusstsein ein unerschütterlicher Glaube erwächst – bis aus der »unbewussten Inkompetenz« eine »unbewusste Kompetenz« wird. Es braucht seine Zeit, bis dieser Keller aufgeräumt ist.

Doch es gibt nichts Lohnenderes im Leben als dieses Reinigen. Dessen kannst du dir sicher sein.

Deshalb lohnt es sich, wenn du regelmäßig übst, Opfersätze geistig in Schöpfersätze umzuformulieren. Weil du so auch immer mehr vom Opfer*denken* ins Schöpfer*denken* kommst.

Hier eines der Beispiele vom Anfang noch einmal – mit den dazu passenden Schöpfersätzen:

Wenn ich mehr Zeit hätte, dann …

Weiter oben haben wir bereits eine erste Variante kennengelernt: **»Wie kann ich die vorhandene Zeit besser nutzen?«** Aber das ist noch lange nicht der Endpunkt.

Wir gehen einmal in Stufen voran. Die nächste Transformation könnte lauten:

Wie muss ich mich ändern, damit Ressourcen und Prioritäten reichen und ich in der vorhandenen Zeit gut schaffe, was nötig ist?

Der Satz schafft schon eine sehr starke mentale Änderung. Er lenkt den Fokus auf dich selbst und weg vom unbeeinflussbaren Umstand, dass der Tag nur 24 Stunden hat. Aber mit dem »muss« sind wir noch im Pflichtmodus. Und was genau bedeutet das »gut«? Auch hier solltest du mehr auf deinen mentalen Zustand schauen als auf die Qualität der Erledigung. Wie wäre es also hiermit:

Wie *will* ich mich ändern, damit Ressourcen und Prioritäten reichen und ich in der vorhandenen Zeit *entspannt* schaffe, was nötig ist?

»Ich will« statt »ich muss«, das ist ein gewaltiger Unterschied. Noch stärker wirkt der Satz aber, wenn du mehr ans Tun denkst, anstatt an den Plan:

Wie *werde* ich mich ändern, damit Ressourcen und Prioritäten reichen und ich in der vorhandenen Zeit entspannt schaffe, was nötig ist, und meine Ziele mit Freude erreiche?

Wenn du dich das fragst, aktivierst du deine eigenen Ressourcen, um diese Frage zu beantworten, und du gehst direkt in deinen Einflussbereich. Das geht dann wie eine Kaskade:

Ich werde meine Wirkung pro Stunde erhöhen. Also meine Prioritäten ändern und meine Intensität erhöhen. Ich werde Dinge weglassen. Ich werde mich künftig auf das konzentrieren, was die größte Bedeutung für zukünftige Ergebnisse hat. Und ich werde immer öfter nur das tun, was ich am besten kann – und andere das tun lassen, was die am besten können. Ich werde mich morgens nicht mehr fragen: »Was gibt es zu tun?« Oder: »Worauf habe ich heute am meisten Lust?« Sondern: »Was wünsche ich mir, heute Abend getan zu haben?« Dafür brauche ich nicht mehr Stunden, sondern intensivere. Ich werde bewusst an der optimalen Nutzung meiner Zeit arbeiten. Ich werde mich reduzieren. Ich werde nicht nur neue Dinge lernen – sondern auch unnütze Gewohnheiten verlernen. Ich werde mich nicht für unentbehrlich halten und nicht glauben, dass es in der Firma am besten liefe, wenn ich alles selbst machen würde. Ich lerne jetzt, loszulassen und andere zu entwickeln. Ich denke über mich selbst hinaus.

Mein Rat an dich: Plappere nicht nach, was alle sagen. Und sage deinem Leben nicht: »Ich habe zu wenig Zeit.« Denn das Leben wird versuchen, dich darin zu bestätigen. Weil du dir den Satz sagst, wirkt er. Und zwar so, wie du es nicht willst – nicht wollen kannst.

Hier noch ein zweites Beispiel in Kurzfassung:

Ich habe so viel Stress!

Wieder drückt etwas von außen – unbeeinflussbar. Das Ergebnis der Transformation könnte etwa lauten:

Was werde ich an mir ändern, damit ich mit meinen Ressourcen und Zielen in eine emotionale Balance von Belastung und Erholung komme?

Wenn dir Opfersätze begegnen – sei es aus deinem Mund oder aus dem von Kolleginnen und Kollegen, Mitarbeitenden, Vorgesetzten oder Partnern: Notiere sie dir und mach ein Spiel daraus, sie zu transformieren. Das macht Spaß und gibt dir Kraft: Kraft, Widerstände zu überwinden und Verantwortung anzunehmen.

DEN SINN ERKENNEN

»Geistig in Besitz nehmen« – diese Formulierung habe ich in diesem Buch schon häufiger verwendet. Aber was genau soll das eigentlich heißen?

Ein Thema in geistigen Besitz zu nehmen, ist ein bisschen wie eine funktionierende Patchworkfamilie. Da kommt es vor, dass man auf einmal die Kinder eines anderen Mannes oder einer anderen Frau um sich hat. Und wie nimmt man sie an? Ja, wie lernt man sie lieben? Wie macht man sie geistig vielleicht sogar zu eigenen Kindern? Indem man sich intensiv mit ihnen beschäftigt. So werden fremde Kinder zu eigenen. Fremde Ziele zu eigenen. Unangenehmes zu Angenehmem. Widerstand zu Hingabe. Last zu Lust. Einfach, indem man sich intensiv damit beschäftigt. Auch Adoptiveltern wissen, wie beglückend es sich anfühlt, ein Baby anzunehmen, das man nicht selbst gezeugt oder geboren hat, und es zu seinem zu machen. Irgendwann ist es so selbstverständlich das eigene Kind, dass man gar nicht mehr darüber nachdenkt.

Die entscheidende Fähigkeit, auf die es ankommt, wenn wir etwas wirklich geistig in Besitz nehmen, also ergreifen wollen, ist: die innere Bereitschaft zur Auseinandersetzung. Diese führt zur Fokussierung. Und diese erzeugt Präsenz. Wenn die geistige Inbesitznahme fehlt, also die volle Präsenz, dann werden wir unbewusst von Anfang an nach Ausreden suchen – um zu erklären, warum wir das Ziel nicht erreichen.

Sinn lädt uns mit Energie auf. Ist der Schritt, den ich plane, wirklich sinn-voll? Also voller Sinn? Ein klares Bewusstsein für den Sinn der eigenen Verantwortung führt zur Möglichkeit, sein Leben selbstbestimmt zu lenken. Manchmal muss man sich dafür ganz schön strecken. Du nimmst dir etwas vor und weißt noch nicht, wie du das hinbekommen sollst. Weil die Sache größer ist, als du bisher dachtest. Wer etwas Größeres sein will, als er bis jetzt ist, der muss sich selbst zerlegen und wieder zusammensetzen, damit er in den größeren Rahmen gut reinpasst.

Den Sinn zu erkennen, erweitert den Handlungsspielraum sowohl für dich selbst als auch gegenüber anderen. Apropos andere: Menschen leben und arbeiten fast immer in Gemeinschaften und Teams und selten allein. Nicht nur du hast ein Warum, einen Sinn, sondern auch deine Mitmenschen. Klingt banal, wird aber oft ausgeblendet. Menschen aus Firmen, die unsere Seminare besuchen, löchere ich gerne mit Fragen zu diesem Thema: Wie bewusst ist dir das Warum der anderen Mitglieder deines Teams? Hast du danach gefragt und gebohrt? Könntest du es für jedes Teammitglied benennen? Und wenn du dieses Warum der anderen kennst: Hast du auch Respekt davor?

Wer Respekt vor seinem eigenen Warum hat, sollte auch Respekt vor dem Warum der anderen haben. Beim Nachdenken darüber spielt Kommunikation eine große Rolle. Hast du den anderen dein Warum mitgeteilt? Was du möchtest und dir wünschst? Hast du es ehrlich, klar und nicht durch die Blume gesagt? Viele denken, sie könnten oder »dürften« andere nicht mit dem eigenen Warum konfrontieren. Weil sie das schlecht aussehen lasse. Dann sagen Leute zum Beispiel: »Es geht mir nicht ums Geld« – auch wenn es gerade sehr ums Geld geht. Kannst du ehrlich und offen sagen, worum es dir geht – egal, was es ist? Auch wenn es um deine Interessen geht und nicht um eine höhere Moral? Es ehrlich herausfinden und es dann auch sagen – das hört sich leicht an, ist es jedoch nicht. Aber nur, wenn du die Dinge klar sagst, können andere auch darauf eingehen.

Und plötzlich sind wir bei den ganz großen Fragen: **Wer bin ich eigentlich wirklich, jenseits der Prägungen aus der**

Kindheit und der sozialen Erwünschtheit? Jenseits meines Images, also dessen, der ich sein will? Wofür bin ich gemeint worden? Warum bin ich geboren worden? Was haben andere Menschen davon, dass es mich gibt?

Dazu eine kleine Anekdote: Der Sohn eines Freundes arbeitete als Musikproduzent. Er liebte die Musik leidenschaftlich. So leidenschaftlich, dass er oft selbst gute Ideen hatte, wie ein Song am besten klingen sollte. Und auch an den Texten der Künstler verbesserte er oft noch etwas. Er verbrachte immer mehr Zeit allein im Studio und probierte sich künstlerisch aus. Leider vernachlässigte er dabei immer mehr seine Tätigkeit als Produzent: Akquise, Vernetzung, Kontaktpflege, Kalkulation … Dafür fehlte ihm immer irgendwie die Zeit. Und irgendwann war seine Firma pleite. Weil er eigentlich kein Produzent war, sondern Künstler. Das Happy End: Heute ist er ein erfolgreicher Musiker und kann gut davon leben. Die Stunden im Studio kann er nun bewusst genießen. Weil er Beruf und Berufung in Einklang gebracht hat.

Auch ich wusste lange nicht, was meine Talente waren. Früher war ich vor allem damit beschäftigt, erfolgreich sein zu wollen. Ich wollte irgendwie Anerkennung bekommen, egal, wie. Zum Beispiel habe ich als Redner viel zu oft rein intellektuell geredet. Viel vom Kopf, jedoch weniger vom Herzen. Herz war mir zu billig. Ich war das scharfe Schwert im schwachen Arm, um in der schon erwähnten Analogie zu bleiben – weil ich besonders klug daherkommen wollte. Das hat sogar funktioniert. Doch ich verlor darüber die Lust am Reden. Ich verhielt mich so, wie andere mich sehen wollten – weil ich noch nicht genügend Selbstvertrauen hatte und wusste, worauf es wirklich ankommt. Es war eine Mischung aus sozialer Erwünschtheit und Image. Jetzt, in Balance, ist es wieder die reine Freude.

Aber wie kommt ein Mensch überhaupt dazu, das Reden über ein bestimmtes Thema als Beruf zu ergreifen?

Mein Schlüsselerlebnis hierfür hatte ich 1997, beim Bernd-Best-Turnier in Köln, dem größten Rollstuhl-Rugby-

Turnier der Welt. Ich war mit meiner Kölner Mannschaft – als Titelverteidiger – im Halbfinale ausgeschieden. Deswegen konnte ich im Finale, statt zu spielen, als Hallensprecher das Spiel moderieren und kommentieren, was auch im SWR-Fernsehen zu sehen war. Danach sagte der Trainer der US-Nationalmannschaft zu mir: »*You are born to speak. Because when you talk, people listen.*« (»Du bist zum Reden geboren. Denn wenn du sprichst, hören die Menschen zu.«)

Diese Worte waren zunächst sehr befremdlich für mich, weil ich dadurch mit meinen eigenen Limitierungen konfrontiert wurde. Ich bin Schwabe. Da wird nicht »geschwätzt«, da wird »geschafft«. Und Schwätzer, also Redner, werden im Schwabenland belächelt. Dass das ein ernsthafter, sehr anerkannter Beruf sein kann, war mir überhaupt nicht bewusst. Also brauchte es etwas Zeit, bis mir klar wurde, wie wichtig die Worte des Nationaltrainers für mich waren. Denn dass mir Leute zuhörten, wenn ich redete, war für mich normal. Und das ist das Problem bei Talenten: Sie fallen uns nicht auf, weil uns etwas leichtfällt. Uns fällt viel mehr auf, was wir nicht hinkriegen. Und deswegen ist Stärkenorientierung auch gar nicht so leicht. Deshalb kommen wir nicht auf die Idee, dass das, was uns leichtfällt, was uns zufällt, genau der Weg ist, den wir gehen sollten.

Schließlich wurde aus den Worten des Nationaltrainers die Initialzündung zu meiner Laufbahn als Führungsexperte und Redner. Ich dachte: »Aha, dieses Talent könnte ich zu Stärken ausbauen und damit anderen Menschen dienen.« Ich begann, mich systematischer mit dem Thema »Reden« zu beschäftigen. Es hat viele Jahre gedauert, bis ich auf dem heutigen Level der unbewussten Kompetenz angekommen war. Heute kann ich mehrere Wochen nacheinander an vier Tagen jeweils 90 Minuten lang referieren, ohne mich zu wiederholen, und das inhaltlich mit Substanz. Und ohne übermäßigen Stress. Weil ich verstanden habe, wofür ich gemeint worden bin. Was mir auf dem Weg dahin geholfen hat, ist die mentale Differenzierung von Erwartungen in Bedürfnisse, Ansprüche und Wünsche.

ERWARTUNGEN

Beim Erkennen und Annehmen von Verantwortung kann uns auch im Weg stehen, was wir erwarten. Vor allem unsere unbewussten Erwartungen setzen uns selbst und andere unnötig unter Druck. **Unerfüllte Erwartungen sind Unglücksgaranten. Erfüllte Erwartungen werden zur Selbstverständlichkeit.** Deswegen ist es wichtig, aus dieser unbewussten Inkompetenz erst einmal eine bewusste Inkompetenz zu machen, indem man die eigenen Erwartungen sichtbar macht. Erwartungen können unterschiedliche Gestalt annehmen und werden entsprechend verschieden kommuniziert. Dementsprechend wirken sie auch unterschiedlich. Es gibt im Wesentlichen drei mögliche Haltungen, aus denen heraus wir etwas erwarten oder einfordern: Bedürfnis, Anspruch und Wunsch.

Die erste Haltung sind **Bedürfnisse**. Bei einem Baby, das nicht selbstständig agieren kann, sind die Bedürfnisse sehr klar: schlafen, Essen bekommen, sauber gehalten werden und so weiter, aber auch ein freundliches und liebevolles Umfeld. Babys artikulieren sie durch Weinen und Schreien, Erwachsene durch das Verb »brauchen«, wie in: »Ich brauche einen Arzt!«

Wird ein Grundbedürfnis nicht erfüllt, erzeugt das ein Gefühl der Enge. Und unsere Sprache hat das Wort »Enge« nur leicht umgeformt, um das damit verbundene Gefühl zu benennen: Angst. Allerdings beschränkt sich das angstvolle »Ich brauche!« keineswegs auf Situationen, die objektiv existenziell bedrohlich sind. Viele Menschen nehmen auch Wünsche, die aus mangelndem Verantwortungsbewusstsein kommen, als drängende Bedürfnisse wahr, deren Erfüllung sie dann von anderen einfordern. Sie fühlen sich bedroht, weil sie das Gewünschte vielleicht nicht bekommen werden, und suchen nach Sicherheit in Form von Vorwürfen an andere.

Wer sich in psychologischer Unsicherheit befindet, kommuniziert auf eine bestimmte Weise. Der empfundene Mangel und die Angst, das Begehrte nicht zu bekommen, diktieren die Wahrnehmung. Es entsteht eine Opferhaltung. Und damit geht oft eine »passive Aggressivität« einher: »Wenn du mir nicht hilfst, mache ich dich verantwortlich.« Die eigene Verantwortung wird somit als Last und als Pflicht empfunden, die man nur auf sich nimmt, wenn die Bedürfnisse befriedigt werden. »Damit ich meine Ziele erreichen kann, brauche ich erst mal dieses und jenes. Ohne diese notwendigen Voraussetzungen geht gar nichts.« In diesem Zustand kommen Menschen nicht vorwärts und übernehmen auch keine Verantwortung. Sie sehen nicht, was da ist, sondern was fehlt. Und darauf richten sie den Scheinwerfer ihres Bewusstseins.

Auch Rollstuhlfahrer könnten sagen: »Ich brauche erst einmal mehr Mobilitätsangebote. Rampen, Niederflurbahnen, kommunale Transportdienste und so weiter.« Alles berechtigte politische Forderungen. Aber wenn darauf der Satz folgt: »Ohne das kann ich nichts tun«, dann bringen Menschen sich durch ihr Denken selbst in eine Enge, in der sie ein Bedürfnis haben: »Ich brauche.« Dann nehmen sie auch andere in Haft und sagen: »Wenn du mir das nicht gibst, dann kann ich nicht.« Oder »Weil du das gesagt oder nicht gesagt hast, bin ich jetzt nicht mehr motiviert.« Das sind dann Sätze von der Art, die wir alle kennen – als Absender und als Adressat: »Nie bist du da, wenn ich dich brauche!« oder »Keiner versteht mich!« oder »Immer muss ich alles allein machen!«.

Es ist wichtig zu wissen, dass aus dieser Enge heraus der Lastcharakter entsteht, den viele mit Verantwortung verbinden: »Ich muss, will aber eigentlich gar nicht.« Dass dieser Fall vorliegt, erkennst du an geringer Umsetzungsenergie und dem wiederkehrenden Wunsch, dass jemand anderes »es« für dich richten soll.

Die zweite Haltung ist der **Anspruch**. Versuchen wir erst einmal, Ansprüche zu definieren. Das klingt so: »Ich verlange von dir, von meinem Chef, meinen Mitarbeitern, meinem Partner, vom Leben …« Verlangen, verlangen, verlangen. Man meint, ein Recht auf etwas zu haben. Ein einklagbares Recht, oft verpackt in Vorwürfe. Das zeigt sich auch im Wort »muss«. »Du musst, die müssten, alle sollten, das darf nicht sein, das geht ja gar nicht, was fällt dir ein …« Man muss nur genug klagen, dann bekommt man es. Ansprüche an andere verhindern die Anerkennung von deren Tun. Egal, wie gut jemand abliefert – der Anspruch an ihn war mindestens genauso hoch.

Oft stellen Menschen auch an sich selbst hohe Ansprüche. Das kann positiv sein, enthält aber dieselbe Gefahr. Denn wenn sie etwas hinbekommen, das ihren hohen Ansprüchen gerecht wird, sagen sie meistens: »Ja, im Grunde ist das ja normal, also gar nicht erwähnenswert.« Und wenn sie sich zehn Sachen vornehmen und neun davon gelingen, sehen viele als Ergebnis nur das eine, das sie nicht hinbekommen haben. Die anderen neun sehen sie nicht. So etwas laugt aus und kann irgendwann endgültig kippen in Selbstsabotage.

Überhöhte Ansprüche an sich selbst führen zu Scham und Schuldgefühlen statt zu Erfolgserlebnissen. Warum? Wenn du etwas erwartest und es sich dann erfüllt – warum solltest du dich freuen? Das ist wie ein vorher vereinbartes Geburtstagsgeschenk. Es ist ja eine Erwartung, es ist ja normal. Wenn du mit der Erwartung in den Urlaub fliegst, zehn Tage Sonne zu genießen, und es gibt an zwei Tagen einen kurzen Schauer, dann erzählst du zu Hause möglicherweise von zwei verregneten Tagen. Wenn aber tatsächlich zehn Tage lang nur die Sonne scheint, sagst du allenfalls, das Wetter sei »normal« gewesen – und nicht, dass du großes Glück mit dem Wetter hattest.

Wie schon weiter vorne beschrieben, wird hier ein Mensch wieder Sklave seines Perfektionismus. Gelingt es ihm, seinen Perfektionismus zu führen und nicht von diesem geführt zu werden, wird er davon frei. Dieses Bewusstwerden ist von entscheidender Bedeutung. Perfektionismus an sich ist weder gut noch schlecht. Es geht um die mentale Haltung. Unbewusst benutzt werden oder bewusst benutzen.

Gesellschaftlich beobachte ich, dass viele Menschen sehr hohe Ansprüche und Erwartungen an andere haben – an die Mitmenschen, an die Politik, an den Staat und so weiter. Aber sind sie eigentlich auch bereit, selbst auf einem Niveau zu liefern, das ihren Ansprüchen an andere entspricht? Eher nicht. Der Grund ist dir jetzt bekannt. Es handelt sich um die Überlegenheitsillusion: »Mir steht mehr zu als anderen, ohne dass ich mehr geben muss.« Eine Traumpartnerin *haben* wollen: ja. Ein Traumpartner *sein* wollen: eher nicht. Traumjob *haben* wollen: ja. Traummitarbeitender *sein* wollen: eher nicht.

Diese Menschen kommen schnell in einen Beschwerdemodus. Menschen, die sich gern, viel und häufig beschweren, haben meist Ansprüche an andere. Du erkennst sie daran, dass ihnen eigentlich nichts genug ist und alles noch besser sein könnte. Dass sie immer mehr haben wollen. Egal, wie. Und dass sie denken, es werde ihnen besser gehen, sobald sie mehr haben. Dass das eine Illusion ist, dürfte dir inzwischen klar sein.

Deswegen: Sei vorsichtig mit deinen Ansprüchen. Bitte werde dir deiner unbewussten Ansprüche ans Leben bewusst. Und lerne dabei, bewusst eine Erwartung loszulassen. Dann sieht die Welt gleich ganz anders aus. Dann freust du dich über die acht sonnigen Tage – und über den erfrischenden Regenschauer zwischendurch.

Nachdem wir so kritisch auf die beiden Haltungen »Bedürfnis« und »Anspruch« geschaut haben: Gibt es auch eine, die uns wirklich weiterbringt? Ja, die gibt es. Es sind die **Wünsche**. Genauer: Wünsche, die frei von jeglicher Erwartungshaltung an andere sind. Überrascht? Manche werden jetzt sagen: »Wünschen, das ist doch nicht konkret. Mit Wünschen hat noch nie jemand das Notwendige erzwungen. Das ist doch wachsweich.« Wirklich, ist dem so? Lass uns etwas tiefer blicken.

Stell dir vor, dein Partner bittet dich um ein Gespräch. Er hat etwas auf dem Herzen. Wie reagierst du, wenn er beginnt mit: »Ich will, dass du …!«, »Ich brauche von dir …!«? oder »Ich verlange, dass du …!«? Wenn er also panisch ein Bedürfnis anmeldet wie ein ängstliches Kind, oder einen Anspruch anmeldet wie ein Beschwerdeführer? Wie viele Türen öffnet es dagegen, wenn er beginnt mit: »Ich würde mir wünschen, dass wir …« oder auch: »Kannst du dir vorstellen, dass …«?

Sich etwas zu wünschen, frei von Erwartungen, lässt dem Gegenüber Raum – eine Form von Freiheit. Und man selbst kommt in den Zustand der Vorfreude – ohne dass daraus ein Anspruch wird. Was man vor dem Geburtstag oder vor Weihnachten notiert, ist schließlich kein Anspruchszettel und kein Bedürfniszettel, sondern ein Wunschzettel.

Es gibt Menschen, die postulieren: »Mit dreißig will ich Millionär sein und nie mehr arbeiten.« Verbissen verfolgen sie dieses Ziel – und wenn sie es tatsächlich erreichen, ist von Freude nichts zu sehen. Stattdessen erwarten sie (Anspruchshaltung) Anerkennung für die Statussymbole, die sie sich geleistet haben. Aber wenn jemand sagt: »Ich wünsche mir, nicht mehr arbeiten gehen zu müssen, sondern nur noch die Freiheit der Wahl zu haben«, dann haben wir nicht sofort das Bild von »Es muss klappen!« vor Augen, sondern ein entspanntes »Es kann klappen – oder auch nicht«.

Allerdings schaffen es nur wenige, in dieser Haltung des Wünschens auf dem Weg zu bleiben und nicht verbissen zu werden. Manchen gelingt es tatsächlich, in großer innerer Ruhe immer konsequenter zu handeln und immer mehr in dieses Denken hineinzugehen. Da ist sie dann wieder: die entspannte Hartnäckigkeit. Der Lohn ist eine wunderbare

Umsetzungsenergie. Doch von diesem Weg biegen Menschen und Unternehmen immer wieder ab und fallen in den Anspruch oder in das Bedürfnis. Dann wundern sie sich, dass ihnen Inspiration, Energie und Kreativität abgehen. Sie ziehen am Gras, auf dass es schneller wachse. Und manchmal kann man den Erfolg ja auch tatsächlich erzwingen. Doch bitte nur ab und zu. Denn **nach jedem künstlichen Hoch kommt ein echtes Tief**.

Unser Institut hat schon oft erlebt, dass Leute im Laufe einer Transformationsbegleitung ungeduldig wurden: »Jetzt wird's aber Zeit!« – »Jetzt muss es doch mal losgehen« – »Wann kommen denn mal konkrete Maßnahmen auf den Tisch?« Dadurch wurde ihr Geist eng. Sie haben sich mit anderen verkracht, weil sie in die Bedürfnishaltung gegangen sind: »Ich brauche das jetzt!« Oder in die Anspruchshaltung: »Ich verlange jetzt das von Ihnen!« Letztendlich sind sie so in eine Opferhaltung gekommen. Im Gegensatz dazu ist die Schöpferhaltung der Bereich der konkreten Wünsche. Genauer gehe ich darauf in Kapitel 5 ein.

Jeder von uns verfügt über alle drei Haltungen. Die Frage ist: Wie kommen wir möglichst oft in den Zustand der Wünsche? Wie kriegen wir es hin, dass wir weniger von anderen fordern? Sondern dass wir wünschen, liefern und aus dieser Umsetzungsenergie heraus Dinge entstehen lassen, bei denen wir uns beglückt fragen: »Wo kam das denn jetzt her?« Wenn ich im Wunschmodus bin, fühle ich, dass die Welt Fülle bietet und nicht Enge. In der Enge müssen die Ellenbogen raus – es gibt nicht genug für alle. Im Wünschen hast du keine Erwartungen. Wenn das Gewünschte eintritt, kannst du dich freuen wie ein kleines Kind.

Die Rolling Stones singen: *»You can't always get what you want. But if you try … you get what you need.«*

Diese Differenzierung gibt dir die Möglichkeit, darüber nachzudenken: Wann habe ich wo welche Haltung? Aus welchem Winkel schaue ich gerade auf das Thema Verantwortung? Das Wünschen ohne Erwartungshaltung ist eine unglaublich inspirierende Energie, mit der du aufgeladen wirst. Mein großer Wunsch war früher, dort zu leben, wo ich leben möchte, unabhängig vom Arbeitsplatz. In zwei Ländern, zwei Kulturen. Und zu arbeiten, was ich möchte, wann ich möchte, mit wem ich möchte. Ohne Geldsorgen. All das ist jetzt da – ohne dass ich es eingefordert habe. Natürlich sind auch viele Wünsche in mir, die nicht oder noch nicht erfüllt sind. Und für mich ist das völlig in Ordnung. Ich weiß, dass ich nicht glücklicher werde, wenn sie sich erfüllen.

Die Aufgabe für dich wird sein, dich immer wieder beim Denken zu beobachten: In welchem Zustand bist du? Und wenn du im Modus der Bedürfnisse oder der Ansprüche bist, besteht die Kunst darin, diese innerlich in Wünsche umzuformulieren. Wenn du das hinbekommst, gibst du dem Leben die Gelegenheit, mit seiner Fülle auf dich zuzukommen.

Schauen wir es uns ganz konkret am Beispiel Gehaltsverhandlung an. Wer erreicht wohl mehr? Der, der sagt: »Ich erwarte jetzt Folgendes. Und wenn dies und das nicht erfüllt wird, ziehe ich jene Konsequenz.« Was für eine Stimmung ist dann wohl gesetzt – und welchen Spielraum hat der Vorgesetzte noch? Er wird seine Autorität wahren und nur die allernötigsten Zugeständnisse machen. Wie anders dagegen wirkt die Kollegin, die zuerst Ergebnisse geliefert hat, immer wieder, und dann sagt: »Es freut mich, dass Sie zufrieden sind mit meinen Ergebnissen. Für die Zukunft würde ich mir Folgendes wünschen ...« Oder: »Für diese Ergebnisse könnte ich mir folgenden finanziellen Ausgleich vorstellen.«

Ich bin sicher, dass du lieber mit Leuten zu tun hast, die im Wünschen sind, als mit denen, die ständig etwas verlangen und brauchen. Und zwar nicht, weil die »Wünscher« preiswerter sind – sondern weil sie besser sind. (Wer sie als preiswerte Weicheier betrachtet, wird schnell merken, welche Freiheit ihnen die Haltung des Wünschens gibt – nämlich die, sich auch einen anderen Arbeitgeber vorstellen zu können.)

Ich kann gar nicht zählen, wie oft dieses Wünschen in meinem Leben schon funktioniert hat – ob Kinderwunsch, Partnerwunsch oder Berufswunsch, und wie oft umgekehrt Ansprüche in die Hose gegangen sind. Es ist unglaublich! Schau dir doch mal deine Vergangenheit an. Wo werden dir deine Bedürfnisse, Ansprüche und Wünsche durch Reflexion bewusst? Und was ist daraus entstanden?

ERFOLG – ERFÜLLUNG

Worum geht es dir am meisten im Leben, liebe Leserin, lieber Leser? Wenn du dich nur für eine Sache im Leben entscheiden müsstest – was wäre es? Seit über zwanzig Jahren habe ich diese Frage gestellt, in über tausend Coachinggesprächen. Die häufigsten Antworten: bessere Gesundheit, höheres Einkommen, eine intime Beziehung, eine zusammenhaltende Familie, bessere Arbeitssituation, gar nicht mehr arbeiten müssen.

Frage ich dann weiter, was die Coachees sich davon versprechen, kommen wir auf die Ebene der Emotionen, die sich hinter den Antworten verstecken. Aus »Gesundheit« wird dann »niemals Angst vor Schmerzen« und aus »Geld« wird »Freiheit von Sorgen« oder einfach nur »Freiheit«. Frage ich noch weiter, was sie sich von den Emotionen versprechen, kann man die Antworten auf zwei verdichten: »Seelenfrieden« oder »Glück«. Wir sehnen uns nach Frieden und Glück. Darum geht es. Oder noch kürzer: Wie sehnen uns nach einem erfüllten Leben.

Darüber, wie wir dahin kommen, gehen die Meinungen weit auseinander. Eine weit verbreitete Annahme lautet: Je erfolgreicher ich bin, desto erfüllter ist mein Leben. Und obwohl jeder viele Beispiele kennt, bei denen das überhaupt nicht zutrifft, denkt nach wie vor eine große Mehrheit: »Wenn ich meine Ziele erreiche und erfolgreich bin, dann werde ich glücklich sein. Jetzt muss ich noch im Hamsterrad strampeln, aber der Lohn werden Zufriedenheit und Erfüllung sein.« Im Institut nennen wir das gern die »Hannibal-Lüge«, in Anspielung an den karthagischen Feldherrn, der seinem Heer mit einer Alpenüberquerung ungeheure Anstrengungen zumutete, um gegenüber dem Erzfeind Rom einen Vorteil zu erlangen. Die Hannibal-Lüge lautet ins Allgemeine gewendet: **Wenn du erst einmal irgendwo angekommen bist und etwas erreicht hast, wird es dir besser gehen.**

Du kennst das sicher. Denn wir sind kollektiv von Jugend an so geprägt worden: »Wenn ich einen guten Schulabschluss habe, dann …«; »Wenn ich erst mit der Ausbildung fertig bin, dann …«; »Wenn ich einen Job habe, dann …«. So geht die Prägung, die Suche nach Erfüllung in der Zukunft immer weiter. »Wenn ich meine Traumpartnerin oder meinen Traumpartner habe, dann …«; »Wenn ich Kinder habe, dann …«; »Wenn ich mein Haus abbezahlt habe, dann …«. Und schließlich: »Wenn ich in Rente bin, dann …«. Du erkennst das Muster. Es wirkt auch in Unternehmen: »Wenn wir die Software eingeführt haben, dann …«; »Wenn wir diesen Kunden gewonnen haben, dann …«; »Wenn wir dieses Produkt eingeführt haben, dann …«; »Wenn diese Stelle erst besetzt ist, dann …«. Setze die Liste einfach im Kopf fort oder finde Beispiele aus deinem eigenen Leben. Das Muster durchzieht sogar den Alltag. »Wenn ich aufgestanden bin, dann …«; »Wenn ich mich angezogen habe, dann …«; »Wenn ich im Büro bin, dann …«; »Wenn ich einen Kaffee habe, dann …«; »Wenn das Meeting zu Ende ist, dann …«; »Wenn endlich Wochenende ist, dann …«.

Erkennst du das Muster des Getriebenwerdens bei anderen? Oder vielleicht sogar bei dir selbst? Glückwunsch! Gerade ist aus einer unbewussten Inkompetenz eine bewusste Inkompetenz geworden. Denn eine unbewusste Denkweise macht selten etwas besser. Sie schafft Unruhe und erzeugt Unzufriedenheit mit dem Bestehenden. Natürlich kann es mal sein, dass jemand sich zu früh zufriedengeben will mit dem Erreichten, und der Hinweis nützlich ist, dass man nur noch ein kleines Stück weitergehen muss, um viel Besseres zu erreichen – aber als Grundeinstellung ist diese Haltung eher destruktiv. Sie ist das Gegenstück zur Redeweise von den »sauren Trauben«. Beide machen etwas schlecht. Wer von sauren Trauben spricht, redet ein Ziel herunter, das er nicht erreichen zu können glaubt oder dessen Erreichung ihm schlicht zu anstrengend ist. Und der »Hannibal-Lügner« redet das schon Erreichte schlecht.

Die »Hannibals« sind ständig in Unruhe und auf der Jagd – zum Beispiel nach neuen Sinnesempfindungen. Das können mehr und größere erreichte Ziele sein, mehr gutes Essen, mehr tolle Urlaube, tolle Kinder, mehr und größere Anerkennung, mehr finanzieller Reichtum, größere Häuser oder gleich mehrere Wohnsitze oder mehr sexuelle Erlebnisse. Es muss auf jeden Fall *mehr* sein. Es muss am besten noch besser als gut sein. Denn sonst ist die Sinneserfahrung ja schon bekannt, und es droht Langeweile. Die Hannibals sind die Jünger des »Höher, schneller, weiter« und der Selbstoptimierung. Sie wollen immer ein bisschen mehr von allem. Sie sind getrieben von der Angst vor Stillstand und wollen die Dinge erzwingen. Und sie signalisieren sich und anderen permanent: »Du bist noch nicht gut genug. Die Gegenwart ist ein Feind. Das Ziel liegt immer hinter der nächsten Kurve.« Bei diesen Leuten muss immer alles erneuert werden. Selbst mitten im Change-Prozess wollen sie möglichst täglich die Methoden ändern. Anstatt einmal in die Tiefe zu gehen, springen sie hektisch von einer Sensation zur nächsten. Das Ergebnis ist Oberflächlichkeit. Denn mal bei einem Thema zu bleiben und es zu vertiefen, wäre eine mentale Anstrengung. Das »Andere« ist letztlich nur Ablenkung, meist in Form von Unterhaltung.

Und jetzt mal Hand aufs Herz: Hast du jemals erlebt, dass sich nach einem Erfolg tatsächlich dauerhaft Erfüllung einstellte? Nach meiner Erfahrung ist das gute Gefühl nach einer Zielerreichung schnell wieder weg – wenn es überhaupt kommt. Denn Ziele sind leer. Und das Gefühl nach dem Erreichen oft fad. Warum ist das so? Weil wir uns mehr Erfüllung vom Ziel erhofft haben. Unsere Erwartung war also unangemessen. Kommt dir das bekannt vor?

Ich bin überzeugt, dass das Streben nach immer neuen Erfolgen das Pferd von hinten aufzäumt. Nicht »Vom Erfolg zur Erfüllung« ist das Motto, sondern »Über Erfüllung zum Erfolg«. Die Zeit des »Höher, schneller, weiter« ist vorbei. Deshalb: Lass es. Du bekommst dadurch kein besseres Gefühl. Stattdessen solltest du streben nach: »Flexibler, klarer, tiefer«. Und du solltest wertschätzen, was da ist. Wenn dich die innere Unruhe packt, dann hetz nicht weiter, sondern frag dich: Woher kommt die Unruhe? Wohin will sie mich zerren? **Was ist meine Beziehung zu diesem Moment?** Erst wenn dir in diesem Moment nichts fehlt, bist du ganz präsent. Wollen wir wetten, dass du auf einmal Erfüllung spürst? Liest sich das zu einfach? Oder sagt eine Stimme in dir, dass es so einfach nicht sein kann? Dann probiere es doch gleich jetzt einmal aus.

Deine Wahrheit (statt der Hannibal-Lüge) kann so heißen: **Hier und jetzt ist alles genau so, wie ich es haben möchte. Hier und jetzt tue ich das, was getan werden sollte. Und ich werde bei dem ankommen, wofür ich gemeint worden bin.**

Doch Vorsicht: Es gilt, sich diese Haltung nicht *einzureden*. Es gilt, sie zu *sein*. Nicht so zu tun. Das können viele! Sondern von allem loszulassen und das tatsächlich tief zu spüren. Übe das. Immer wieder. Wenn du willst, von morgens bis abends. Du kannst immer wieder damit anfangen. Es gibt nichts zu erreichen. Keine Anstrengung. Kein Wollen. Sondern loslassen. Geschehen lassen. Denn wenn du es schaffst, die Gegenwart anzuerkennen, statt dich mit Zwang in die Zukunft zu zerren, dann erreichst du tiefe Präsenz in diesem Moment, in dem du gerade bist. Und das ist reine Erfüllung.

Bitte glaube mir das nicht einfach. Sondern probiere es aus und erlebe es. Es geht hier nicht ums Überzeugen. Das kann man falsch verstehen. Es geht um ein Ausprobieren und Erleben. Alles andere ist substanzlos. Also: Steh auf, gib einfach jeden Tag alles, gib dich dem Leben hin und sieh, wie weit du kommst. So, wie du bist, bist du vollkommen in Ordnung. **Weder Erfolg noch Misserfolg können dich übermäßig beeindrucken.** Die Gegenwart ist dein Freund. Sie ist alles, was du hast. Lerne sie zu schätzen. Du musst nirgends hin, wo es dir besser geht. Keine Sorge, du wirst trotzdem, oder gerade deswegen, große Ziele entspannt entstehen lassen. Denn du bist schon angekommen. Und du siehst, dass es nirgends schöner ist als im Hier und Jetzt. Dass das Gras nirgends grüner ist als dort, wo du gerade bist. Dann verstehst du die Worte von Laotse aus dem *Tao Te King*: »Im Nichtstun bleibt nichts ungetan.«

MENTALE TRANSFORMATION

> *»Gestern war ich klug und wollte die Welt verändern.*
> *Heute bin ich weise und möchte mich verändern.«*
> (Rumi)

Vorbemerkung: In diesem Kapitel greife ich viele Gedanken noch einmal auf, die du im Lauf des Buchs bereits einmal kennengelernt hast. Das hilft dir, sie besser einzuordnen und fester in deinem Bewusstsein zu verankern.

Kommen wir also zur »Königsetappe« unserer inneren Reise. Wenn du häufig in der höchsten Stufe des Verantwortungsbewusstseins lebst, bedeutet das, dass sich dein Bewusstsein verändert hat. **Du erreichst dann Dinge aufgrund deines Seins. Dadurch wird dein Tun wesentlich wirkungsvoller.** Du ziehst nicht mehr am Gras, damit es schneller wachse. Weder bei dir noch bei anderen. Und du erreichst dennoch Großes.

Wozu brauchst du diese Transformation deines Bewusstseins? Und wie erreichst du sie? Der übliche Weg, Ziele zu erreichen, verläuft so: Du bist hier und willst dorthin. Also sammelst du Informationen und handelst auf deren Basis, wobei du die Erfahrungen, die du dabei machst, ständig einbeziehst. Du machst einen Plan und eine To-do-Liste. Und die arbeitest du dann ab. Dein Bewusstsein bleibt dabei in der Regel unverändert. Diese Vorgehensweise kann man mit dem Begriff »Lernen« zusammenfassen. Die Frage ist, ob das genügt. Ob es *dir* genügt – und ob es für eine sich rasend schnell verändernde Welt genügt.

Du erinnerst dich an das Vier-Phasen-Modell von der unbewussten Inkompetenz bis zur unbewussten Kompetenz? Lernen entspricht der Phase drei, der »bewussten Kompetenz«. Dem Kennen. Und das ist das Problem. In unserer Wissensgesellschaft hört es hier für viele schon auf. Wissen genügt. Kennen ist wichtig. Der letzte entscheidende Schritt vom Kennen zum Können wird unterschätzt und auch nicht richtig sichtbar gemacht. Menschen kommen aus einem Studium oder einer Promotion und denken, sie können etwas. Dabei kennen sie es erst. Denn erst das Anwenden von Wissen und dessen Transfer in Ergebnisse macht jede Ausbildung wertvoll. Erst dann entsteht die Wertschöpfung. Kennen ist ein notwendiger Zwischenschritt auf dem Weg zum Können und nicht das Ende. Das verstehen zu wenige.

Als mein Sohn nach dem Abitur mit ein paar Freunden bei uns am Tisch saß, ging es natürlich um die verbrachte Schulzeit. Und irgendwann ging es auch darum, was sie während der Schulzeit geleistet haben. In diesem Moment fühlte ich mich berufen zu einem kleinen Training ihres Verantwortungsbewusstseins. Ich sagte: »Ihr habt nichts geleistet.« Darauf gab es erwartungsgemäß erhebliche Widerstände: »Doch, natürlich! Das anstrengende Lernen. Die Noten. Und so weiter.« Ich blieb beharrlich: »Nein, ihr habt in euch investiert. Aber ihr habt keinem anderen Menschen irgendeinen Dienst geleistet.« Ich erntete fassungslose Blicke mit aufgerissenen Augen und gleichzeitig nachdenkliches Schweigen. Es begann eine fruchtbare Diskussion mit dem

Ergebnis: Das stimmt eigentlich. Und weil ich es nicht lassen kann, ergänzte ich: »Und wenn ihr jetzt eine Ausbildung macht, studiert oder promoviert, ist das eine weitere Investition. Bitte seid euch dessen bewusst. Auch da leistet ihr noch nichts für andere. Und ihr könnt noch nichts. Wenn ihr anfangt zu arbeiten, dann startet ihr lediglich mit einem Kompetenzverdacht. Können wird sich erst im Laufe der Zeit entwickeln. Ihr werdet mit Kompetenzverdacht eingestellt und könnt das dann durch konstantes Liefern von Ergebnissen beweisen und ausbauen. Und je mehr ihr eure Fähigkeiten in eine unbewusste Kompetenz bringt und damit anderen Menschen dient, desto wertvoller werdet ihr. Darum geht es im Kern. Nicht darum, was ihr gelernt habt. Sondern wie ihr das Gelernte in Ergebnisse für andere transformiert. Indem ihr durch die Entwicklung eurer Talente zu Stärken anderen Menschen in irgendeiner Art und Weise dient.«

Das Wort »dienen« löste bei den jungen Leuten zunächst ebenfalls gewisse Widerstände aus. Sie verstanden es als Tätigkeit eines Dieners, also eines Untergebenen, dem andere sagen, was er tun und lassen soll. Dass wir in einer Wertschöpfungskette immer in irgendeiner Art und Weise anderen dienen, war ihnen nicht bewusst. Ebenso wenig klar war ihnen, wie schön diese innere Haltung des »selbstbestimmten Dienens« sein kann. Interessanterweise verstanden sie es nach meiner Erläuterung aber schnell und diskutierten intensiv darüber. Es zeigte sich, dass es nicht darum geht, ob wir intellektuell Veränderung verstehen, sondern darum, wie schnell wir uns emotional an die sich rasend schnell veränderte Welt anpassen können. Deswegen wird mentale Transformation so wichtig für die Zukunft.

Lernen liefert Daten, also eine Art Rohstoff. Das ist ohne Zweifel eine gute Voraussetzung für bessere Ergebnisse im Leben. Erst die mentale Transformation aber wendet das Gelernte an und bringt es zu einer Wirkung, erweckt es zum Leben. Du lernst viel über Wein? Transformation lässt dich zu einem hervorragenden Winzer werden. Du studierst BWL?

Transformation lässt dich ein kreativer Unternehmer werden. Du lernst richtig und gut schreiben? Transformation lässt dich zu einem Schriftsteller werden. Du lernst viel über Führung? Transformation lässt die Menschen um dich herum jedes Jahr mehr Verantwortung übernehmen und das durch Ergebnisse sichtbar machen. Du liest ein Buch über *Lust auf Verantwortung*? Die ersten drei Kapitel sind Information (Lernen), und erst ab Kapitel vier geht es um Transformation.

Erst durch mentale Transformation entstehen ein tieferes Bewusstsein und eine neue Art, die Welt und ihre Daten zu interpretieren. Ein transformiertes Bewusstsein in einem bestimmten Bereich bedeutet: Du schaust dort anders auf dich und die Welt als vorher. Mentale Transformation ist eine Lebensaufgabe. Entweder unbewusst durch schmerzhafte Lektionen oder bewusst, indem Menschen tief reflektieren und ihre Erlebnisse und Erfahrungen mit diesen Erkenntnissen abgleichen. Und schließlich erreichst du mehr Glück und Erfolg in allen Bereichen des Lebens – indem du Verantwortung klug wahrnimmst.

Das führt zur entscheidenden Frage: Wie geht das mit der Transformation? Wodurch entsteht sie? Die Mehrzahl der Experten ist der Auffassung, dass Transformation im Kern auf zwei Arten ausgelöst wird:

1. durch eine »nicht zu lösende Zwickmühle« (Krise) oder

2. durch eine »länger andauernde Sinnerfahrung« (tiefe Einsicht).

Beides ist allerdings geistig sehr fordernd. Google kommunizierte vor einiger Zeit offen, dass seine besten Mitarbeiter nicht die Absolventen der Topuniversitäten sind, sondern Menschen, **die einen großen persönlichen Verlust in geistiges Wachstum verwandeln konnten** – die sich also durch eine Krise transformiert haben. Hier erhält der Begriff des Bewusstseins eine ganz neue Daseinsberechtigung jenseits des Missbrauchs durch zweifelhafte Lifestyle-Bewegungen. Nach einer Transformation ist der Blick auf die Welt ein anderer.

Einen zweiten Punkt belegt die Forschungsarbeit unseres Instituts: **Das Verantwortungsbewusstsein steigt mit dem Alter.** Je älter, desto höher die Verantwortungsqualität. Gerade in den jüngeren Altersgruppen hat der Großteil der Befragten sehr niedrige Werte im Verantwortungsbewusstsein.

Dass wir uns durch angenommene Probleme oder Krisen transformieren können, haben wir schon mehrfach in diesem Buch besprochen. Deswegen konzentrieren wir uns jetzt darauf, wie wir uns freiwillig, also durch »länger andauernde Sinnerfahrung«, mental transformieren können. Dafür blicken wir zuerst einmal auf unterschiedliche Sinnebenen. Danach geht es um eine Methodik und Didaktik, wie durch mentales Differenzierungsvermögen und ohne existenzielle Verlusterfahrungen und Schmerzen eine Transformation ausgelöst werden kann.

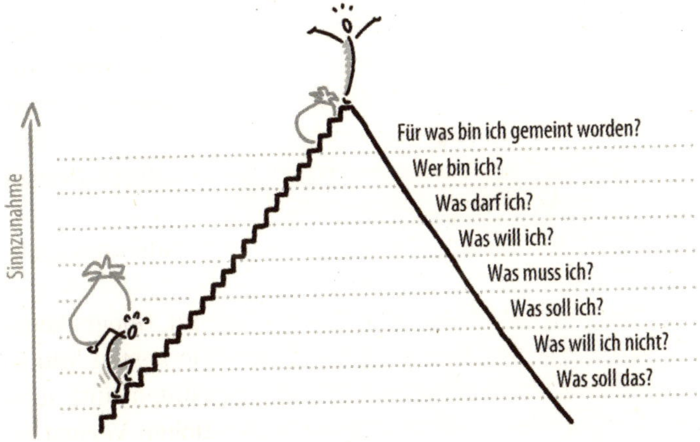

Die Pyramide der Fragen nach dem Sinn

Schauen wir uns die Pyramide genauer an, und zwar unten beginnend. Spüre beim Lesen mal in die Fragen hinein. In den Fragen »Was soll das?« und »Was will ich nicht?« drückt sich eine Art Beschwerdemodus aus. Dein Bewusstsein nimmt ein Opferempfinden an. Durch die Fragen »Was soll ich?« und »Was muss ich?« sind wir in der »sozialen Erwünschtheit« angelangt: *Was gilt es zu tun, um euch zu gefallen?* »Was will ich?« hat schon Kraft und gibt Orientierung. Aber oft funkt hier noch das Image hinein: So und nicht anders möchte ich von euch gesehen werden!

Richtig stark wird es ab der Frage: »Was darf ich?« Ein ganz anderer Tenor zieht dann in unser Leben ein. Es wird substanzieller. Jetzt ist der Boden für die zwei Meisterfragen bereitet: »Wer bin ich?« und ganz an der Spitze der Pyramide die Frage für Champions: »Für was bin ich gemeint worden?« Also: Warum bin ich auf der Welt und was kann ich ihr geben? Betrachte jetzt einmal dein Leben und spiegele es an der Pyramide. Mit welcher Frage ist dein Bewusstsein gerade am meisten beschäftigt? Wir haben jede dieser Fragen in uns. Ständig. Doch auf einer Ebene halten wir uns am häufigsten auf. Diese gilt es herauszufinden. Dann kennst du den nächsten Schritt deiner Entwicklung. Es geht nicht darum, ob du jemals nur ganz da oben leben kannst. Sondern es geht darum, dass du auf dem Weg nach ganz oben bist. Auf dem Weg sein ist wichtig, nicht das Ankommen!

Den meisten sind solche Fragen viel zu anstrengend. Sie wollen sich einfach nur gut fühlen, wollen schnelle Bestätigung von außen, hoch getaktete emotionale Kicks und kurzfristige Ergebnisse. Alles schnell. Alles jetzt. Lieber kurzfristig Freude, obwohl klar ist, dass mittelfristig mehr Schmerzen entstehen werden. Anstatt kurzfristige Schmerzen, um viel mehr mittelfristige Freude zu erleben. Dadurch entsteht viel Oberfläche, wenig Tiefgang. Doch diese Höher-schneller-weiter-Mentalität führt in Abhängigkeiten statt zu uns selbst. Weil das gute Gefühl von außen kommt und daher ständig nachgeschoben werden muss, um zu wirken. Wie eine Droge. Das sind toxische Ablenkungen, die uns von uns selbst wegführen. Gerade Menschen, die sich selbst als Leistungsträger, als High-Performer verstehen, finden tiefe Reflexion anstrengender, als einen Halbmarathon zu laufen. Sie treibt immer die Jagd nach einem besseren Gefühl in der Zukunft an.

Nur wer bei sich selbst anfängt, kann die Welt verändern und verbessern. Ob als Person, als Familie oder als Firma: Warte nicht, bis Krisen oder die Zeit dich zur Transformation zwingen.

DAS TRAINING – DICH BEIM DENKEN BEOBACHTEN

Doch wie kannst du freiwillig deine mentalen Haltungen trainieren? Wie kommst du von der Bestätigung ins Wachstum, von der Last zur Lust?

Wir empfehlen: **das mentale Fitnessstudio** – gratis, wenn auch nicht anstrengungsfrei. Im mentalen Fitnessstudio bist du jeden Tag, in jeder Sekunde. Man nennt es nämlich auch: Leben. Normale Fitnessstudios kennst du: hingehen, aufwärmen, pumpen, Übungen machen. Und bezahlen. Aber welche Übungen stärken deine mentale Fitness? Wie kannst du dein Leben intensivieren? Und zwar immer und überall – sogar beim Warten an der roten Ampel?

Für die Arbeit an der mentalen Haltung gibt es eine Übung. Das **»Beobachten – Erwischen – Freuen – Verzeihen«-Spiel**. Die passende Grafik dazu findest du hinter der rechten Umschlagseite. Ein Spiel? »Das Leben ist doch so ernst. Und das Thema Verantwortung erst recht«, höre ich manchmal als Einwand. Ja, natürlich behandeln wir hier ein ernsthaftes Thema. Aber warum soll man nicht auch ein ernsthaftes Thema einfach mal spielerisch angehen? Kinder machen es uns ständig vor – und sie lernen dabei ununterbrochen. Ernst sind wir mehr als genug.

Am Anfang des Buchs habe ich von meinem Gespräch mit einem Zuhörer nach einem meiner Vorträge erzählt. Er brachte tatsächlich die Geduld auf, mir länger zuzuhören – auch, als ich anfing, von Erfolg und Erfüllung zu sprechen statt von Verantwortung. Am Ende bedankte er sich und fragte, ob ich ihm eine Übung mit auf den Weg geben könne, die ihn bewusster werden lasse. »Ich kenne da eine sehr gute Übung«, sagte ich ihm. »Sie wird sich zuerst etwas merkwürdig anfühlen, doch die Wirkung ist verblüffend. Eigentlich ist es eher ein Spiel, das man mit sich selbst spielt. Und es besteht darin, etwas *nicht* zu tun.« Er sah mich etwas unsicher, aber vor allem gespannt an. Ich fuhr fort: »Versuchen Sie bei Begegnungen mit Menschen möglichst oft, *kein* Urteil zu fällen. Keinerlei mentales Etikett. Keinen Zusatz. Keinen Kommentar. Nichts. Sie werden am Anfang merken, wie schwer das ist. Denn wir urteilen permanent und völlig automatisch: jung, alt, dick, dünn, attraktiv, hässlich, sympathisch, arrogant ... Am besten üben können Sie das, indem Sie sich dabei beobachten, wie Sie Menschen beobachten. Zum Beispiel beim Warten am Flughafen oder im Zug. Oder in Besprechungen. Oder in persönlichen Gesprächen. Lernen Sie, sich beim ›Wahrnehmen‹ zu beobachten – und damit beobachten Sie sich auch beim Denken. Werden Sie sich darüber bewusst, welche mentalen Zustände Ihre Wahrnehmung beeinflussen und welche Urteile über andere das auslöst. Denn unsere geistige Haltung funkt uns permanent dazwischen, wenn wir etwas wahrnehmen. Dennoch behauptet unser Gehirn, es handle sich um eine objektive Beobachtung, die unabhängig sei vom mentalen Zustand des Betrachters. So als funktioniere unsere Wahrnehmung wie ein Messgerät unter klinisch reinen Laborbedingungen. Wir sind aber eher wie ein empfindlicher Sensor, dessen Messergebnisse je nach Temperatur, Luftfeuchtigkeit, Wind, Druck und so weiter stark schwanken. Unsere mentalen Zustände entsprechen diesen veränderlichen äußeren Bedingungen. Das sollten wir uns bewusst machen, um den Einfluss unseres Bewusstseins auf unsere Wahrnehmung zu erkennen und allmählich führen zu können.

Je vorurteilsfreier unsere Wahrnehmung der anderen wird, desto vorurteilsfreier wird auch die Wahrnehmung bezüglich unserer selbst. Wir verlieren die Angst, uns selbst anzusehen und auszuhalten. Unsere Sehschärfe nach innen nimmt zu. Nach über tausend psychometrischen Messverfahren der Wertediagnostik in unserem Institut fällt auf, wie klar die Sehschärfe von innen nach außen ist. Also wie klar wir andere erkennen können. Aber wie schwach ist dagegen bei den meisten die Sehschärfe von außen nach innen, also die Selbsterkenntnis! Darum geht es. Dass unsere Sehschärfe *nach innen* besser und klarer wird. Mit anderen Worten: Wir laufen nicht mehr vor uns selbst davon. Sie werden Ihre mentalen Zustände immer besser kennen und steuern lernen. Ihre Präsenz wird zunehmen und damit Ihr Grad an Erfüllung. Die Vergangenheit und die Zukunft werden immer weniger Einfluss auf Ihre Gegenwärtigkeit haben. Sie werden immer präsenter und damit immer erfüllter werden. Und dabei werden sich Ihr Mut und Ihre Zielstrebigkeit vervielfältigen.«

Was der Mann mit meinem Wortschwall gemacht hat – ich weiß es nicht. Ich habe ihn seither nicht wiedergetroffen. Inzwischen wissen wir allerdings aus vielen Erfahrungsberichten von Seminarteilnehmern und Kunden unseres Instituts, wie wirkungsvoll das Spiel »Beobachte dich selbst beim Denken« ist. Was du dabei erfahren wirst, ist die Distanzierung von dir selbst. Du lernst, nicht sofort einem ersten emotionalen Impuls zu folgen. Dadurch entstehen in dir Raum und Ruhe. Du wirst dann nicht mehr deine Wahrnehmung für ein naturgetreues Abbild der Realität halten. Du nimmst deine Gedanken nicht mehr so ernst und folgst ihnen nicht automatisch. Und da du dabei auch den Umgang mit ungewünschten mentalen Zuständen erlebst und bewusst wahrnimmst, schulst du dein Differenzierungsvermögen in Sachen Unterscheidungen. Seien es die »6 Stufen des Verantwortungsbewusstseins« oder der »Einfluss- und Interessenbereich«, sei es »Verstehen-Wollen oder Verstanden-werden-Wollen« oder »Verbindendes und Trennendes«. Dabei lernst du, mental loszulassen. Und wenn es mit der Zeit immer tiefer geht, lernst du sogar, dir selbst zu vergeben. Das sind zwei elementar wichtige Fähigkeiten.

Dich beim Denken zu **beobachten**, ist die Voraussetzung des Spiels. Ohne sie passiert gar nichts. So wie man ohne Brett und Figuren nicht Schach spielen kann. So wie es ohne Sauerstoff kein Leben gibt. Stellst du das Gelesene gerade infrage? Weil es dich anstrengt? Oder bist du mit wachem Kopf dabei und stellst dich selbst infrage? Bist du gerade im Zustand des Wachstums oder willst du beim Lesen bestätigt werden? Dauernd sind wir in Zuständen. Die entscheidende Frage ist, ob wir sie wahrnehmen, ohne darüber zu urteilen. Auch bei uns selbst! Nur dann können wir sie aus der unbewussten Inkompetenz hochholen und sichtbar machen.

Wenn du dich beim Denken beobachtest, nimmst du nach einiger Zeit sehr gut deine unterschiedlichen mentalen Zustände wahr. Dir werden die Unterscheidungen immer bewusster. Dabei ist es nicht wichtig, wie viele Unterscheidungen du erlernst, sondern der Grad, in dem dir diese Unterscheidungen immer bewusster werden.

Beschwerst du dich gerade verstärkt, weil du geistig im Interessenbereich verweilst? Ärgerst du dich über jemanden, der dir im Weg steht, weil dir nicht bewusst ist, dass du hängen geblieben bist in der zweiten Stufe des Verantwortungsbewusstseins, also bei der Frage, wer schuld ist? Oder kommst du gerade von der Stufe 5 nicht in die Stufe 6 und alles strengt dich übermäßig an (Verantwortung als Pflicht und Last)? Bist du von anderen genervt, weil du mental im Trennenden bist? Bist du unproduktiv, weil du zu sehr in der Aufgabenorientierung statt in der Ergebnisorientierung steckst? Oder bist du schlecht drauf, weil du unter dem Frust von unklugem Vergleichen leidest? Destruktiv, weil du anderen beweisen willst, wie ungerecht mit dir verfahren wird (Beschwerdemodus)? Müde, weil dir deine unbewussten inneren Widerstände ständig Kraft abzapfen, also wie Vampire die Lebensenergie aussaugen? Leidest du unter Kontrollwahn, weil dir deine unverarbeiteten Verletzungen aus dem Unterbewusstsein einen Ring durch die Nase gezogen haben?

Diese Zustände gilt es, intellektuell zu erkennen und emotional anzuerkennen. Du musst dich also sozusagen dabei **erwischen**, was gerade deine Wahrnehmung und Empfindung, deine Interpretation auslöst. Denn freiwillig wird dein Bewusstsein kaum je zugeben, dass es sich gerade als destruktiv wahrnimmt, als neidisch (der andere kriegt mehr), als eifersüchtig (meine Partnerin verhält sich falsch), als wütend (der beachtet mich nicht!) oder als ängstlich (der macht mich klein). Daran erkennst du Unbewusstheit: Der Auslöser wird als Ursache empfunden, nicht der innere mentale Zustand.

Merke: Der Bote ist nicht die Botschaft. Der andere löst etwas in dir aus. Die Ursache ist in dir. Es ist ja auch unsinnig, den Arzt für eine ungewünschte Diagnose zu beschimpfen. Wenn du das verstehst, steigst du mental in eine andere Liga auf. Das verspreche ich dir! Beobachte genau, wodurch du Gedanken entwickelst, die dich von dir selbst wegführen. Lerne durch gute Selbstbeobachtung dein Denken zu erwischen.

Über diesen Coup sollst du dich dann **freuen** – obwohl der beobachtete Zustand ja unerwünscht ist und du ihn lieber verdrängt hättest. Worüber du dich freust? Darüber, dass dir Unbewusstes bewusst wird. Das ist der Sieg. Darum geht es. Es geht nicht darum, *was* du siehst, sondern *dass* du überhaupt siehst.

Und nach der Freude darüber, dass du dich erwischt hast? Was machst du jetzt mit dir und dem unerwünschten mentalen Zustand? Du wirst dir **verzeihen**. Verzeihen, dass du ein Mensch bist und schwache Zustände hast. Verzeihen, dass du fehlbar bist. Dass du Licht und Schatten bist. Denn wir können lernen, auch mit dem Destruktiven und Dunklen in uns umzugehen. Immer mit dem Wissen: Wir *sind* nicht dieses Dunkle, sondern wir blicken darauf. Du bist nicht destruktiv, du blickst auf die Destruktivität. Du bist nicht eifersüchtig, du blickst auf deine Eifersucht. Du bist nicht Angst, sondern du blickst auf deine Angst.

Und wenn du dir dann den Zustand, in dem du dich erwischt hast, verziehen hast – dann kannst du ihn mental **loslassen** und einen neuen Zustand einnehmen. Der ist dann bewusst gewählt und gewünscht.

Ein viel beschäftigter Manager fragte in einem unserer Kurse einmal spitzzüngig: »Geht es bei diesem Spiel um Seelenfrieden oder um Spitzenergebnisse?« Meine Antwort: beides! Es geht um die Antwort auf die Frage: **Wie bleibe ich mental gesund, während ich lebenslang Spitzenergebnisse liefere?** Vielleicht verwirrt dich dieses Spiel etwas. Probiere es aus, und schau dir dann die Wirkung an. Wenn es für dich funktioniert, ist es ein Meilenstein. Denn wer seine mentalen Zustände entdeckt und führen lernt, der kann sich mental enorm schnell an Veränderungsprozesse anpassen, leidet nicht an inneren Widerstanden und verbiegt sich auch nicht dabei.

Natürlich kann und soll das Spiel am Anfang kein Dauerzustand sein. Es ist wichtig, ab und zu hineinzufinden – aber genauso wichtig, wieder herauszukommen. Du wirst schließlich sehr klar auf dich zurückgeworfen, wenn du dich beobachtest und erwischst. Alltagsaufgaben kannst du im Spielmodus schwer bewältigen, und das »Fallenlassen« in Beziehungen geht damit auch nicht. Je öfter du dieses Spiel spielst, umso normaler wird es für dich. Du wirst erkennen, wo bestimmte Emotionen herkommen. Wo Prägungen sind. Welche Sinn haben und welche nicht. Wo Gedanken entstehen. Wann du gedacht wirst und wann du selbst denkst. Wo du dich mit deinem Denken limitierst oder unterstützt. Das alles wird Schritt für Schritt sichtbar. Du wirst deiner selbst immer bewusster. Du wirst selbst-bewusst. Du siehst klarer, viel klarer. In dir herrschen dann Ruhe und Stille.

Wie liest sich das für dich? Bist du bereit, den Preis zu bezahlen, um immer öfter in diesem Zustand zu leben? Es liegt an dir. Du weißt jetzt, wie es geht. Und die Worte Senecas wirst du tief verstehen: »Glücklich ist nicht, wer anderen so vorkommt, sondern wer sich selbst dafür hält.« So gehst du in die Stufe 6 und kommst mental in eine andere Liga. Es liegt auf der Hand, dass das nicht über Nacht gelingt, sondern eine Lebensorientierung ist: immer bewusster werden. Immer verantwortungsbewusster werden.

Wenn du dich beim Denken beobachtet, dich erwischt, dich gefreut und dir verziehen hast – dann konfrontiere dich mit dem, was du da entdeckt hast: wie du denkst, was du meinst, was du glaubst, was du wie beurteilst, welche Zustände du hast. Lerne, dich selbst auszuhalten, so wie du wirklich bist, und verdränge nichts. Wie oft geben Menschen zum Beispiel vor, kritikfähig zu sein – aber sobald dann jemand etwas Negatives sagt, zieht es ihnen die Beine weg. Oder sie geben in der Öffentlichkeit vor, wie toll und glücklich ihre Beziehung ist, obwohl sie nur noch nebeneinanderher leben. Also schau dir zu und schau dich selbst an, gerade in solch heiklen Situationen. Hast du genug Distanz, dich zu beobachten und wirklich anzuerkennen, was du siehst? Konfrontiere dich mit deinen mentalen Zuständen, wenn du sie beobachtest.

Lade auch dein Team dazu ein. Macht euch die sechs Stufen des Verantwortungsbewusstseins untereinander sichtbar. Erwischt euch gegenseitig (und freudig) beim Verdrängen und denkt gemeinsam darüber nach. Es ergeben sich spannende Gespräche. Aber führt keine Gespräche darüber, was andere machen oder tun sollten. Bleibt in eurem Einflussbereich. Rutscht nicht in den Interessenbereich ab. Keine Beschwerden darüber, was die da draußen machen (Stufe 2, wer ist schuld?) und was sich ändern müsste, damit es besser läuft (Stufe 3, die Umstände). Das ist nicht die Zukunft der mentalen Entwicklung. Die anderen machen, was sie machen. Es ermüdet, zu hören, wie intensiv die

Motive der anderen erforscht werden: »Das macht der doch nur, weil …« Wer sich so viele Gedanken über fremde Motive macht, ist zu viel mit anderen und zu wenig mit sich selbst beschäftigt. Mit dem Interessenbereich statt mit dem Einflussbereich. Was du anderen in die Schuhe schiebst, hat in der Tiefe mehr mit dir zu tun als mit den anderen. Also lass davon los! Befreie dich von deiner eigenen inneren Sklaverei! Es bringt nichts. Wenn du es tust, willst du dich moralisch überlegen fühlen. Dein niedriger Selbstwert führt zu einem Dominanzstreben, mit dem du andere abwertest, um dich selbst besser zu fühlen. Hat das jetzt kurz geschmerzt? Hoffentlich. Es kam von Herzen.

Rekapitulieren wir noch einmal die vier Stufen. Bei der Selbstbeobachtung wird aus unbewusster Inkompetenz im ersten Schritt bewusste Inkompetenz. Das beginnt mit der Frage: Was ist mein Teil der Verantwortung an einem bestimmten Ergebnis? Das erfordert eine Menge Mut, wie du jetzt weißt. Dann folgt die Transformation zur bewussten Kompetenz – dem Kennen: Was muss ich lernen und wissen, um meinem Teil der Verantwortung am Ergebnis besser gerecht zu werden? Wie du jetzt weißt, bleiben die meisten hier stehen. Kennen genügt ihnen. Doch wenn du Ergebnisse und Wirkung lieben lernst, wird es dich automatisch in die vierte Stufe ziehen. Weil du bereit bist, den Preis zu bezahlen. Irgendwann produzierst du genau die Ergebnisse, die du haben möchtest, ohne allzu viel nachzudenken. Du lieferst permanent, ohne allzu große Anstrengung. Das ist dann unbewusste Kompetenz – das Ergebnis des Trainierens von mentaler Haltung.

Das Modell von der (un)bewussten (In-)Kompetenz beschreibt die vier Phasen der mentalen Transformation. Das »Sich-beim-Denken-beobachten-erwischen-freuen-verzeihen-Spiel« ist das Üben dieser Transformation: das mentale Fitnessstudio. Und die Unterscheidungen sind die mentalen Fitnessgeräte. Wie bereits beschrieben, schaffen deren

Meister es irgendwann sogar, die Polarität zweier gegensätzlicher mentaler Zustände aufzulösen – und zwar ganz bewusst. Sokrates nannte das den Weg der »goldenen Mitte«. Das ist manchmal fast schon unlogisch und rational nicht erfassbar. Solche »Meister« können zum Beispiel gleichzeitig zupacken und loslassen. Weil sie erkannt haben, dass bloßes Zupacken Verkrampfung und Gewaltsamkeit bedeutet und man mit reinem Loslassen nichts auf die Reihe bekommt. Ich stelle mir immer einen guten Kletterer vor, der sich gleichzeitig mit einer Hand festhält und mit der anderen Hand loslässt, um den nächsten Halt zu finden. Das führt zu einer »entspannten Hartnäckigkeit«. Solche Meister können auch »distanzierte Nähe« praktizieren, also Menschen verstehen, ohne in diesem Verständnis aufzugehen. Oder sie verfolgen große Ideen mit »zweifelnder Sicherheit«. Für sie steht außer Frage, dass sie ihre Ziele erreichen, die Frage ist nur, wann und wie. Aber vor allem besticht ihr Bewusstsein durch Präsenz. Sie sind meistens ganz bei sich, und in ihrem Inneren herrschen Ruhe und Klarheit. Sie sehen ihre inneren Widerstände, Beschwerden und Limitierungen und lösen sie immer mehr auf. Dadurch nimmt ihre Gegenwärtigkeit ständig zu. Sie praktizieren Verantwortung mit geradezu traumwandlerischer Leichtigkeit und Sicherheit. Verantwortung ist jetzt keine Last mehr, sondern reine Lust. Die Lust am Leben. Die Lust zu wirken. Damit jeder Mensch der Beste wird, der er sein kann.

Ich selbst spiele das Spiel jetzt übrigens schon seit über 30 Jahren. Und ja, ein entscheidendes Erlebnis war mein Unfall, oder genauer: die Bewusstseinszustände, die ich nach dem Unfall immer tiefer verstanden habe. Seitdem nimmt meine Sehschärfe nach innen anhaltend zu. Auch wenn ich mich immer mal wieder im Außen verlaufe. Und es sind erstaunliche Entwicklungen dabei. Ein Beispiel: Meine Deutschlehrerin würde sich schlapplachen, wenn sie wüsste, wie viele Bücher und Kolumnen ich inzwischen geschrieben habe. Boris und Schreiben – das war früher nicht unbedingt ein »Match«. Meine Limitierung war, dass ich glaubte, Schreiben hat etwas mit *richtig* schreiben zu tun, also mit Orthografie – und nicht primär mit den Geschichten, die durch das Schreiben transportiert werden. Das konnte ich erst mit meinem ersten Buch ablegen. Übrigens: Ich tue mich mit *richtig* schreiben immer noch etwas schwer.

Oder ein Schwerstbehinderter meint, er müsse auf die Bühne gehen und anderen etwas über Leadership erzählen. Oder ein Krüppel macht sich auf die Suche nach seiner Traumfrau. Oder, oder, oder. Ständig gab es eine Entwicklung. Eine mentale Transformation nach der anderen. Eine könnte auch heißen: Ehemaliger Sozialhilfeempfänger muss heute nicht mehr arbeiten.

Sei einer dieser Menschen, die immer wacher werden. Immer wacher werden wollen. Du hast jetzt hoffentlich bemerkt, wie wichtig es ist, dich selbst und andere zur Verantwortung zu befähigen, und wie anstrengend diese Entwicklung am Anfang sein kann. Es ist nur die Anstrengung des Schritts von der Unbewusstheit zur Bewusstheit. Das ist das Leadership, das wir in Zukunft brauchen. Bitte zahle den Preis dafür und stell deinen Wunsch nach Bestätigung hinten an. Früher oder später wirst du und werden andere es dir danken. Nicht in dem Moment, in dem du zupackst, aber dann, wenn andere ihr eigenes Wachstum bemerken und erkennen, wo und durch wen es ausgelöst wurde.

Was mentale Transformation praktisch bedeuten kann, lässt sich ganz kurz erklären: Was ist dir in deinem Leben passiert, das du keinesfalls wolltest? Und dann? Hast du es irgendwann (hoffentlich) angenommen. Und transformiert hast du das Ganze, wenn du fühlst: Ich möchte diese Erfahrung nicht mehr missen. Ich bin dankbar dafür. Das gilt sogar für so krasse Dinge wie eine schmerzhafte Trennung, eine schwere Erkrankung, eine Querschnittslähmung oder einen Todesfall. Denn was du einmal in der Tiefe angenommen hast, gehört danach untrennbar zu dir.

In meinen Diskussionen über das Thema Verantwortung lande ich früher oder später immer beim Begriff der Freiheit. **Freiheit heißt, zu wollen, was du tust – und nicht zu tun, was du willst.** Solange du das, was du tust, als »Müssen« oder »Last« oder gar als »Zumutung« empfindest, bist du nicht frei. Stell dir einen Busfahrer vor. Wenn ein Rollstuhlfahrer ein- oder aussteigen will, ist es die Aufgabe des Fahrers, ihm dabei zu helfen. Zum Beispiel durch das Hinlegen einer metallenen Rampe. Ist ziemlich schwer und sperrig, das Ding. Wie schön, wenn der Fahrer trotzdem nicht denkt: »Mist! Rollifahrer! Als hätte ich nicht schon genug Stress! Jetzt muss ich mich aus meinem Sitz erheben und die Rampe da hinschleppen. Und wenn er aussteigen will, noch mal. Der hält hier ganz schön den Betrieb auf. Und die anderen Fahrgäste sind genervt.« Sondern wenn er denkt und fühlt: »Wie schön, dass ich einen Beruf habe, in dem ich Menschen helfen kann, die es nicht leicht haben in unserem Alltag! Und wie toll, dass er sich trotz der Erschwernisse auf den Weg gemacht hat. Ich darf Teil der Infrastruktur sein, die ihm das ermöglicht. Ein toller Beruf!« Kann ja sein, dass ich befangen bin – aber ist das nicht eine schöne Vorstellung? Diese Geschichte ist nichts anderes als ein Symbol. Ein Symbol für die Konfrontation mit den Ereignissen, die uns jeden Tag begegnen, von morgens bis abends. Sie ist ein Symbol für die inneren Widerstände, die nun mal da sind – und dafür, wie wir sie überwinden. Der indische Philosoph Rabindranath Tagore sagte: »Ich schlief und träumte, das Leben sei Freude. Ich erwachte und sah, das Leben ist Pflicht. Ich handelte und siehe, die Pflicht ward zur Freude!«

Wenn du dich in mentaler Transformation übst und dir unsicher bist, wie gut deine bisherigen Fortschritte sind, dann fahr einfach mal eine Woche lang mit deinen Eltern in den Urlaub. Falls sie schon gestorben sind: mit deinen Geschwistern. Falls das auch nicht geht, mit deinem Ex-Partner oder deiner Ex-Partnerin. Danach weißt du, wie weit du bist.

5

DAS BEWUSSTE UNTERNEHMEN

»Das Wesentliche ist für die Augen unsichtbar!«
Antoine de Saint-Exupéry

FIRMENKULTUREN UND WIE SIE TICKEN

»Herr Grundl, Dankbarkeit ist das, was zählt. Als Unternehmerin muss ich immer wieder feststellen, wie wenig Respekt und Dankbarkeit bei meinen Mitarbeitenden vorhanden sind. Und genau dasselbe gilt für Verantwortung.«

42 Augen schauen mich an. Mich, den Seminarleiter. Wir sitzen in einem luxuriösen Münchener Stadthotel. 21 Unternehmerinnen und Unternehmer fixieren mich herausfordernd. Sie haben sich einen Tag Zeit genommen, um von einem Führungsexperten zu erfahren, wie die Führungskultur der Zukunft aussieht. Dafür haben sie mich gebucht. Jetzt sind wir an einem Punkt, der in fast jedem Transformationsprozess von Menschen oder Unternehmen zum entscheidenden Wendepunkt werden kann. Und ich bin innerlich genau auf diesen Moment vorbereitet.

Den Zeitpunkt kann man nie genau planen. Aber erfahrungsgemäß kommt irgendwann der Moment, in dem die Gruppe so weit ist. Ich bin nur wach und warte. Wie eine Katze vor dem Mauseloch. Jetzt kommt es darauf an, dass ich maximal präsent bin. Denn jetzt entscheidet sich, ob die Teilnehmenden tiefe Erkenntnisse über sich selbst bekommen oder ob sie sich weiter über Dinge beschweren, die sie nicht beeinflussen können. Du kennst das schon: Das ist der Unterschied zwischen Einflussbereich und Interessenbereich.

Ich fahre meine Präsenz hoch. Das ist ungefähr mit dem mentalen Zustand vergleichbar, den jeder Mensch hat, wenn er gerade wegen zu schnellen Fahrens geblitzt wurde. Meine Antwort kommt für alle Anwesenden überraschend: »Ich verstehe, dass Ihnen Respekt und Dankbarkeit sehr wichtig sind. Doch ich möchte jetzt nicht mit Ihnen darüber diskutieren.« Die Worte wirken wie ein Treffer beim Boxen. Enttäuscht schüttelt die Unternehmerin den Kopf. Ohne über meine Antwort kurz zu reflektieren, schießt sie wie aus der Pistole: »Was für eine Frechheit! Ich nehme mir heute die Zeit, investiere gutes Geld, und Sie sagen mir, Sie möchten mit mir nicht über etwas reden, das eine so große Bedeutung hat.« Es ist offensichtlich: Sie kocht innerlich. Doch auf einer bestimmten Ebene ist sie gleichzeitig offen und interessiert, weil sie zuvor im Seminar schon einige neue Einsichten gewonnen hat – neue Blickwinkel, die sie zuerst intuitiv bekämpfte. Irgendetwas in ihr sagt ihr, dass es auch jetzt so sein könnte. Ein großer Teil von ihr ist also voller Beschwerde. Ein kleiner Teil ist voller Fragezeichen und sucht nach Antworten.

Ich schweige und werde sehr ruhig. In solchen Momenten darf ein Seminarleiter den mentalen Zustand der anderen Person, der »Angreiferin«, auf keinen Fall annehmen. Ich konzentriere mich darauf, ein paar Mal tief ein- und auszuatmen und in mir eine ruhige, klare Antwort entstehen zu lassen. Keine vorgefertigte Replik aus der Schablone. Sondern etwas, das jetzt, in diesem Moment, für Klarheit sorgt. Ich warte noch ein wenig. Die Intensität im Raum steigt. Die anwesenden CEOs fordern mit ihren Blicken eine Auflösung der Spannung. Der Zeitpunkt ist gekommen. Ich stelle eine einfache Frage: »Sind Sie jetzt gerade, in diesem Moment, dankbar und voller Respekt? Wie sehr sind Sie einverstanden mit Ihrem Leben, da, wo Sie genau jetzt stehen? Und wie klar sehen Sie den Weg vor sich, den Sie in Zukunft gehen wollen, eben genau auch mit Dankbarkeit und Respekt?«

Sie erstarrt, als stünde sie auf einer Kellertreppe und ein Monster aus früheren Kindheitsträumen käme ihr zähnefletschend entgegen. Sie wird still, sehr still, und starrt mich an. Sie antwortet nicht mit Worten. Ihr verbissenes Gesicht entspannt sich, und Ruhe strahlt aus ihren Augen. Die Kraft ihrer Erkenntnis ist für alle im Raum spürbar. Ich lasse die Stille noch einige Sekunden wirken und ergänze: »Genau deshalb mochte ich bis gerade eben nicht mit Ihnen über Dankbarkeit und Respekt reden. Jetzt: sehr gerne.«

Warum gibt es so viele Widerstände gegen Veränderungsprozesse im Rahmen von kulturellen Transformationen? Weil wir nicht gelernt haben, unsere Interpretationen bewusst wahrzunehmen. Also unsere Wahrnehmung bewusst »wahr zu nehmen«. Im Ergebnis projizieren wir unsere Wünsche auf andere. Noch einmal zur Erinnerung: Wir wollen einen Traumpartner (Bestätigung), wollen jedoch kein Traumpartner sein (Wachstum). Wir wollen Respekt erleben (Bestätigung), jedoch nicht zuerst respektieren (Wachstum). Wir wollen verstanden werden (Bestätigung) und weniger verstehen (Wachstum). Wir wollen erst geliebt werden (Bestätigung), bevor wir »Liebe einfach so verschenken« (Wachstum). Wir wollen zuerst die Gehaltserhöhung (Bestätigung), bevor wir unsere Wirkung für das Unternehmen erhöhen (Wachstum). In Summe ist es die Überlegenheitsillusion: Wir wollen ein Fünf-Sterne-Leben haben, jedoch nur einen Stern einsetzen.

Aus diesem Wunsch ist ein Bedarf entstanden – an Weiterbildungen, die suggerieren, hier bekommst du mit wenig Einsatz ein maximales Ergebnis. Das sind die *»Nice to have«*-Fortbildungen – eine Art Wellness-Belobigung für Mitarbeitende. Das wird so lange genehmigt, wie genügend Geld vorhanden ist. Und es wird als Erstes gestrichen, wenn das Geld knapp wird. Daran erkennt man *»nice to have«* – ganz im Gegensatz zu *»Need to have«*-Weiterbildungen. Hier gibt es eine Notwendigkeit – damit die Not gewendet wird. Hier ist allen klar: Ohne eine positive Ernsthaftigkeit, ohne Einsatz und intensives Training gibt es keine Verbesserung. Niemand würde in ein Fitnessstudio gehen und erwarten, ohne Anstrengung ein Muskelwachstum zu erreichen. Jeder weiß, welcher Anstrengung es bei der Nutzung von Fitnessgeräten bedarf. Es gibt eine Trainingslehre und Geräte. Also eine Methodik, Didaktik und Werkzeuge. Doch gibt es diese Klarheit auch für die Entwicklung im Bereich »mentale Haltung« bzw. Bewusstsein? Und würde es helfen, wenn es eine glasklare Methodik, Didaktik und Werkzeuge dafür gäbe?

Genau hier setzt dieses Buch an. Wenn sich das Bewusstsein möglichst vieler (es sind nie alle) bei Transformationsprozessen mitentwickelt, gelingt die Transformation. Und wenn es eine saubere Methodik und Didaktik zur Erlernbarkeit der kulturellen Einflussfaktoren gibt, nehmen die meisten Teilnehmenden das dankbar an. Irgendwann ist jedem klar: So funktioniert es. So funktionieren Unterscheidungen. So trainiere ich deren Anwendung. So entstehen durch die Anwendung gewünschte Ergebnisse.

Nun bedeutet das keineswegs, dass es leicht ist. Henry Ford drückte es so aus: »Denken ist die schwerste Arbeit, die es gibt. Das ist wahrscheinlich auch der Grund, warum sich so wenige Leute damit beschäftigen.« Das ist der Preis, der zu zahlen ist. Wie im Fitnessstudio – nur eben mental statt muskulär.

»Mentale Transformation« in Form von Bewusstsein für Verantwortung funktioniert nicht bei allen. Mir ist sehr bewusst, dass dieser Ansatz nicht zu allen Menschen und Unternehmen passt. Weil er sie geistig überfordert. Dann wird weiter nach schnellen Lösungen gesucht – ohne den Wunsch nach tiefem Durchdringen und kraftvoller Nachhaltigkeit. Das hat übrigens nichts mit dem Grad intellektueller Bildung zu tun. Dieser Irrtum begegnet mir oft: »Das ist nur etwas für Menschen, die eine höhere Schulbildung haben oder ein abgeschlossenes Studium.« Aber das stimmt nicht! Wir haben schon viele Mitarbeitende trainiert, die nicht mit einem überragenden Schulabschluss geglänzt hatten und trotzdem intuitiv sofort verstanden haben, worum es geht. Oft hatten sie interessante Brüche in ihrem Lebenslauf. Die hatten sie schon wachsen lassen.

Inzwischen ist meine Überzeugung: Weder Menschen noch Organisationen kommen auf Dauer um diese geistige Anstrengung des mentalen Wachsens herum. Irgendwann hören sie auf, sich mit Aktionismus abzulenken. Und zwar nicht erst, wenn der äußere Druck so zunimmt, dass er Menschen oder Unternehmen zum Reflektieren nötigt. Künftig wird es zur Grundausstattung eines gelungenen Lebens gehören. Es wird normal. So wie der Airbag früher etwas Besonderes war und heute Standard ist.

Was macht so eine Transformation mit einer Firmenkultur? Wie gehen die Leute damit um? Die praktische Erfahrung zeigt hier eine Drittel-Verteilung. Ein Drittel der Belegschaft stürzt sich auf die Inhalte und geht mit Begeisterung ans Werk.

Das mittlere Drittel wägt ab, denkt nach und arbeitet sich langsam rein. Das sind diejenigen, die später die interne Führung bei der Transformation übernehmen. Hier erleben wir immer wieder Überraschungen. Es treten Menschen zutage, von denen es niemand gedacht hätte. Und die Poser, also die scheinbaren Superhelden, verschwinden im Nirvana. Der Schein verblasst. Oder mit Rudi Assauers Worten: »Wenn der Schnee schmilzt, sieht man, wo die Kacke liegt.« Hier hilft eine provokative Unterscheidung. Poser sind Darsteller von Wichtigkeit. Viel Schein, schwache Ergebnisse. Mit ihrem Instinkt nisten sie sich in der Nähe mächtiger Menschen ein. Durch wirkliche Transformation jedoch werden die echten Performer sichtbar. Sie wurden vorher oft durch politische Spielchen ins Abseits gestellt. Dafür haben die Poser zuverlässig gesorgt. Die neue Klarheit darüber, auf wen man sich wirklich verlassen kann, tut Unternehmen unglaublich gut. Du glaubst gar nicht, wie viele zunächst unheimlich wichtig, ja unersetzbar erscheinen und im Laufe der aufkommenden Transparenz im Nebel der Wirkungsschwachen verschwinden.

Ein weiteres Drittel schließlich wartet ab, ob das Ganze einfach an ihnen vorübergeht oder ob sie wirklich mitmachen müssen. Schließlich haben sie solche Veränderungsversuche schon zigmal erlebt und haben ein zynisches Verhältnis zu jedem Bemühen um grundsätzliche Kulturveränderungen. Wenn sie dann merken, dass es wirklich ernst wird, macht ein Teil zuerst notgedrungen mit. Diejenigen, die die aufkommende Klarheit und Transparenz hassen wie der Teufel das Weihwasser, werden das Unternehmen verlassen. Weil sie spüren, dass es zu zugig wird in ihrer Nische des Wegduckens und der Verantwortungsverweigerung. Bitte hab keine Angst vor der Trennung von Menschen. Und erlaube niemals, dass zu viele Menschen zu viel reale (oft informelle) Macht in deinem Unternehmen besitzen. Transformation ist eben kein Pflaster, mit dem man tiefer sitzende Stillstände auf die Schnelle behebt. Wenn sich Fehler innerhalb von mehreren Jahren eingeschlichen und festgefressen haben, ist die Vorstellung unlogisch, man könne das in ein bis zwei Monaten beheben. Ein halbes oder ein Dreivierteljahr muss man schon einplanen.

Erinnerst du dich an die Essenz des Buches, die ich an den Anfang gestellt hatte? Und an den Hinweis, dass es das ganze Buch brauchen werde, um diese Aussage zu verstehen? Das ist der Kern:

1. **Wir sollten zuerst lernen, wie wir Verantwortung für die unterschiedlichen Zustände unseres Bewusstseins übernehmen. Und damit automatisch dafür, worauf wir unsere Wahrnehmung richten – also womit wir uns im Geiste beschäftigen.**

2. **Im zweiten Schritt geht es darum, dass wir Verantwortung dafür übernehmen, wie wir das Wahrgenommene interpretieren – also welche Geschichte wir damit verknüpfen und was diese Geschichte mit uns macht.**

Jetzt geht es um das Einlösen dieser Aussage. Inzwischen wird dir bewusster sein, warum das dort genau so steht. Vielleicht werden dir an diesem Punkt Motive und Sinn der beiden zentralen Aussagen dieses Buches klar; warum sie genau so lauten müssen und nicht anders.

Je mehr Teilnehmende an einem Transformationsprozess das tief verstehen und annehmen, um ernsthaft damit zu arbeiten, desto sicherer gelingt die Veränderung. Die Firmenkultur, die dann neu entsteht, hat eine solche Kraft, dass sich jeder Einsatz und jede Anstrengung dafür lohnt – nicht nur für das Unternehmen, sondern auch für jeden einzelnen Menschen darin.

PRAGMATISCHER ÜBERGANG IN DIE PRAXIS

Wie also geht Firmenkulturentwicklung? Sie funktioniert nur, wenn die unbewussten Kräfte, die auf die Firmenkultur wirken, bewusst gemacht werden können. Es ist wie bei einer Computertomografie: Unsichtbares wird sichtbar – und damit behandelbar. Ohne saubere Diagnose keine erfolgreiche Behandlung.

Damit sind wir wieder beim ersten Schritt: von der unbewussten zur bewussten Inkompetenz – doch dieses Mal nicht bei dir individuell, als Leser, sondern in deinem Team. Wir gehen ihn nun als Gruppe aller Verantwortlichen für die kulturelle Transformation. Das Ziel ist ein Erkenntnisprozess im Team – mit gegenseitiger Unterstützung und Erlaubnis zum Sichtbarmachen unbewusster Themen. Das bedeutet im ersten Schritt das klare Erkennen und Verstehen, welche

Kräfte gerade im Unternehmen wirken – also eine glasklare Analyse des Status quo. Warum ist es jetzt so, wie es ist? Und zwar ganz genau. Nicht ungefähr. Kein Drum-herum-Gerede. Glasklar! Dazu bedarf es einer sehr genauen Methodik und Didaktik, die dabei hilft.

Dieser erste Schritt – die Analyse der gruppendynamischen Kräfte – ist entscheidend. Und er bringt ganz viele Aha-Momente. Parallel dazu gilt es für jedes Individuum im Prozess, auf dieselbe Weise zu erfahren, welche Kräfte aus seinem Noch-nicht-bewusst-Sein heraus wirken. Also auch hier: aus einer unbewussten eine bewusste Inkompetenz machen. Wo wirkt die Kultur auf die Menschen in der Organisation ein (unbewusst wird bewusst)? Und wo wirkst du mit deiner Wahrnehmung und Interpretation auf dich und damit auf die Kultur ein (unbewusst wird bewusst)? Gesucht wird die Erkenntnis, wo du oder eine Kultur unbewusst Ursachen für bestimmte Ergebnisse setzen. Je höher du in der Hierarchie stehst, desto mehr Gesamtverantwortung hast du für die Wirkung der Kultur, die dich umgibt.

Auch in großen Organisationen sollen Menschen befähigt werden, ihren Teil der Verantwortung am Gesamtergebnis präzise zu erkennen und zu erfüllen.

Unternehmen wachsen, wenn die Menschen darin wachsen. Dann gilt: starke Menschen, starke Ergebnisse, starke Unternehmen. Doch bevor diese Einsicht und Erkenntnis entsteht, gilt es, einige Hindernisse zu überwinden. Es gilt zu erkennen, wo lähmender Stillstand herrscht. Denn der ist immer ein Warnschild für mangelndes Wachstum in diesem Bereich.

WODURCH ZEIGT SICH HANDLUNGSBEDARF IN EINER FIRMENKULTUR?

Wenn Wachstum das Ziel ist: Woran erkennen wir, wenn wir nicht oder in eine falsche Richtung wachsen? Wir erkennen es an jeglicher Form von Stillstand. Das bedeutet nicht, dass wir sofort und hektisch handeln müssen. Aber wir sollten *wissen*, wo gerade bei uns als Mensch oder im Unternehmen Stillstand herrscht. Denn wenn plötzlich eine Krise eintritt, wird der Stillstand in Sekundenschnelle sichtbar. Wenn man weiß, dass ein Tal anfällig für Überschwemmungen ist und sich nicht darauf vorbereitet, wird mit dem nächsten Starkregen alles anders. Wenn wir als Unternehmen von ganz wenigen Kunden abhängig sind und einer oder mehrere Kunden auf einmal wegfallen, wird sehr schnell sichtbar, was vorher nur im Unterbewussten waberte. Trifft uns eine Krise hingegen vorbereitet, haben wir also zum Beispiel Geld zur Seite gelegt und unser Kundenportfolio breiter gefächert, zeigt das, dass wir einen Faktor erkannt haben, durch den Stillstand entstehen kann.

Auch wenn das recht simple Beispiele sind: Es ist gar nicht so leicht, Stillstand im Alltag zu erkennen. Er versteckt sich. Besonders gerne entsteht er nach euphorisch gefeierten Erfolgen. Dann nistet er sich ein, auf unterschiedlichsten Ebenen. Zunächst wird er nicht erkannt. Doch schließlich offenbart er sein hässliches Gesicht. Er lähmt. Er frustriert. Er macht müde.

Ich habe bereits geschildert, wie der Weg von der Euphorie zur Ernüchterung aussieht – ob in der Liebe oder im Job. Und genau wenn die Schmetterlinge verfliegen, wäre es an der Zeit, die Beziehung auf ein anderes Level zu führen. Zu transformieren. In die Tiefe zu gehen. Was bei der Beziehung zu einem anderen Menschen, einem Job, einem Projekt so klar und deutlich vor Augen tritt, gilt auch für die Beziehung zu uns selbst. Auch hier kommen wir geistig immer wieder zum Stillstand. Irgendwann sind wir gelangweilt – und suchen dann gern Ablenkung im Äußeren. Das ist der Weg des geringsten Widerstands. **Wir kompensieren Überdruss, indem wir mehr haben wollen.** Egal, was. Menschen suchen dann Abenteuer, Abwechslung, Gründe für Beschwerden, Affären, Streit und Gerichtsverfahren, Geld, Macht, Sex. Unternehmen kompensieren durch strategisch unvernünftige Produktentwicklungen falsche Firmenzukäufe oder Orientierungslosigkeit durch Zickzackstrategien. Oder sie geraten in einen Aktionismus, indem sie Brände austreten statt Brandursachen bekämpfen. Das sind nur einige Beispiele. Die Listen ließen sich beliebig fortsetzen. Doch diese Ablenkungen richten den Scheinwerfer unseres Bewusstseins einfach irgendwo anders hin. Aber egal, welche Ablenkung ich wähle: Mit der Zeit tritt der geistige Stillstand eben auf einer anderen Ebene und in einer anderen Form hervor.

Beschäftigen wir uns einmal mit den verschiedenen Formen von Stillstand. Woran erkennen wir sie – möglichst bevor sie bedrohliche Schmerzen auslösen? Wir erinnern uns an die erste Hälfte des Buches und die Beschreibung von Lebensergebnissen. Schauen wir uns Ergebnisse genauer an, können wir klarer erkennen, wo wir selbst Ursachen für diese Ergebnisse setzen, ob als Mensch oder als Unternehmen.

Hier ein Beispiel aus dem Coaching: Zwei kluge, wissenschaftlich arbeitende Menschen beschäftigen sich mit der Forschung und Entwicklung von Lasern. Dank ihres Forschergeists gelingt es ihnen, marktreife Laser mit besonderen Fähigkeiten zu entwickeln. Aus dem Forscherdrang wird Unternehmergeist. Ein Unternehmen entsteht und wächst sehr schnell. Die Innovationskraft lässt ein großartiges mittelständisches Unternehmen entstehen. Doch irgendwann kommen keine neuen Innovationen nach. Aus dem Wettbewerbsvorteil Innovationskraft wird der Versuch, immer günstiger zu produzieren. Aus Innovationsführerschaft soll also Produktionsführerschaft werden.

Dieser zugrunde liegende Prozess, der dem Stillstand vorausgeht, ist den meisten jedoch nicht wirklich bewusst. Es wird einfach weitergerannt und zu wenig nachgedacht. Dieser Mangel an Reflexion hat nichts mit Unfähigkeit zu tun. Er hat mit fehlender Reflexion über die Ursachen zu tun. Ich selbst habe als Unternehmer auch Zeiten erlebt, in denen ich eigentlich seit Jahren wusste, dass in einem Bereich etwas massiv falsch lief. Es stank und moderte sozusagen im Keller. Jedes Mal, wenn ich an diesem »Keller« vorbeikam, nahm ich es eigentlich wahr. Doch ich verdrängte es. Ich verdrängte es so lange, bis der Dreck aus dem Keller hochkroch und das ganze Unternehmen zu verschmutzen drohte. Erst als der Schmerz groß genug war, wurde ich auf einmal wach.

In unserem Unternehmensbeispiel wird schnell klar: Produktionsführerschaft können andere besser. Wenn das Unternehmen so weitermacht, wird es ernst. Denn es funktioniert nicht. Andere können besser, schneller und günstiger produzieren. Was wir hier sehen, ist ein klares Beispiel für Stillstand. Die Daseinsberechtigung des Unternehmens war Innovation – aber darauf hat man sich irgendwann nicht mehr ausreichend konzentriert.

Die folgende Aufzählung hilft dabei zu erkennen, dass ein Unternehmen unter Stillstand leidet. Und dieser Stillstand tritt lange vor dem Moment ein, in dem er zu einer echten finanziellen Bedrohung wird. Dann ist es entscheidend, zu handeln. Vielleicht magst du anhand der Liste eine kleine Inventur machen, was auf dich und auf dein Unternehmen zutrifft.

Symptome des Stillstands in Unternehmen:

- Fehlende Innovationen in der Produktentwicklung
- Schwierigkeiten beim Anpassen an notwendige Veränderungen
- Schwache Umsetzung von verabschiedeten Plänen
- Unklare Verantwortungsbereiche
- Wegducken bei der Verantwortungsverteilung

- »*Cover your ass*«-Mentalität
- Zu viele »Poser«, zu wenige »Performer« im Team
- Niedrige bis gänzlich fehlende Identifikation mit der Organisation
- Veränderungsmüdigkeit (»Hannibal-Lüge«)
- Mangelnde Identifikation mit den definierten Zielen
- Weiterbildungsmaßnahmen verlaufen im Sand
- Schwächelnde Liquidität
- Mentalität des »Motivier mich!«
- Sinkende Erträge
- Stagnierender Umsatz
- Verzetteln in Ausreden und Missständen
- Auffällig hohe Beschwerdekultur
- Endlose Diskussionen mit schwachen Entscheidungen
- Fehlendes Kostenbewusstsein
- Zu wenig »Ergebnishunger«, zu viele sind satt
- Hohes Problembewusstsein, wenig Lösungsorientierung
- Zeitfressende, unproduktive Meetings
- Hohe Fluktuation bei Leistungsträgern
- Geringe Auswahl und schwaches Onboarding neuer Mitarbeiter
- Kein Mut, groß zu denken und ehrgeizige Ziele zu definieren
- Viel »Müssen«, wenig »Wollen«
- Missverständnisse durch schlechte Kommunikation
- Starke Abhängigkeit von Einzelpersonen
- Mangelnde Skalierbarkeit der Produkte
- Verdrängen bekannter Missstände
- Suche nach Schuldigen außerhalb der eigenen Reihen
- »Sich gut fühlen« ist wichtiger als »Ergebnisse liefern«

Diese Liste ist lang – und erhebt doch keinen Anspruch auf Vollständigkeit. Sicherlich erkennst du dennoch das Muster und kannst die Liste im Kopf beliebig ergänzen – vor allem, wenn du dich und dein Unternehmen »ertappt« fühlst.

Durch die Analyse des Stillstandes können wir also – hoffentlich rechtzeitig – eine schwache Firmenkultur erkennen. Betrifft der Stillstand nämlich eine grundlegende Daseinsberechtigung einer Unternehmung oder eines Produkts, kann es schnell ernst werden. Wenn die Daseinsberechtigung schwankt und schließlich verschwindet, verschwindet auch ein Unternehmen. Oder es wird von Unternehmen geschluckt, die die besseren Antworten haben.

Woraus besteht ein Unternehmen? Natürlich aus Menschen. Lass uns deshalb einmal schauen, woran sich Stillstand im Leben eines Menschen zeigen kann. Vielleicht magst du wieder eine kleine Inventur machen – diesmal mit der Frage, was auf dich als Person zutrifft:

Symptome des Stillstands bei Menschen:

- Fehlender innerer Antrieb
- Empfundene Sinnlosigkeit, innere Leere, Langeweile
- Übermäßiger Wunsch nach Kontrolle
- Lähmender Perfektionismus, der sich als Entscheidungsschwäche zeigt
- Durch Idealvorstellungen den Sinn für die Realität, für das Machbare verlieren
- Fünf-Sterne-Lebensergebnisse haben wollen, jedoch nur einen Stern Einsatz zeigen
- Blinder Aktionismus statt Lust auf Ergebnisse
- Sich selbst erheben, indem man andere unnötig herabkritisiert
- Sich als besser einschätzen, als es die eigenen Lebensergebnisse beweisen
- Mehr Fokus auf die Fehler anderer (Bestätigung) als auf das eigene Wachstum
- Weniger »Lust auf Verantwortung« als empfundene »Last an Verantwortung«.
- Angst, den eigenen Teil der Verantwortung durch schwache Ergebnisse vor Augen geführt zu bekommen

- Positive Aufmerksamkeit und Anerkennung ist wichtiger, als Verantwortung zu übernehmen
- Veränderungen als Bedrohung empfinden
- Quälende Unruhe im Kopf – mehr Sklave (gedacht werden) als Herr (selbst denken)
- Orientierung am Durchschnitt
- Suche nach Ausreden schon vor Projektbeginn
- Schlechte Regeneration
- Diffuser Wunsch nach »mehr«, ohne das Wie, das Was und das Warum zu kennen
- Orientierungslosigkeit durch unklare Ziele
- Zu wenig Hunger nach Spitzenergebnissen
- Verzetteln in Unwichtigem und Zeitfressern
- Wunsch nach moralischer Überlegenheit – bei gleichzeitig schwachen Ergebnissen
- Abhängigkeit von der Bestätigung anderer
- Freude an Gerüchten und daran, sie mit anderen zu teilen
- Jammern und Beschweren
- Angst vor Ausgrenzung
- Angst, Beziehungen durch Fordern zu gefährden
- Befürchtung, sich selbst und andere zu über-/unterfordern
- Sorge, kein Top-Performer zu sein bzw. nicht gut genug zu sein
- Angst, dem hohen Ergebnisdruck nicht gerecht zu werden
- Angst, sich den eigenen Ängsten zu stellen
- »Kennen« und »Können« nicht unterscheiden können
- Wunsch nach Über- oder Unterlegenheit
- Mangelndes Bewusstsein für die eigene Entwicklung
- Mangelnde Klarheit über den nächsten Wachstumsschritt

Diese Bestandsaufnahme deiner »inneren Empfindungen« kann erst einmal sehr heftig ausfallen. Es gibt einen Grund dafür, dass wir Menschen ungern tief in die Selbsterkenntnis gehen: Es ist meistens erst einmal schmerzhaft. Doch instinktiv wissen wir, dass das die einzige Chance für Wachstum ist. Durch diese Bestandsaufnahme wird klar, woran du arbeiten kannst, wenn du es willst. Genau dabei soll dir dieses Buch helfen.

Zusammenfassend lässt sich sagen: **Eine reife Persönlichkeit beschwert sich über so gut wie nichts mehr im Leben.** Sie versteht, ohne einverstanden zu sein – und wird dadurch maximal präsent und handlungsfähig. Ohne diese Fähigkeiten wäre mein Leben als schwerstbehinderter Unternehmer nicht denkbar. Ich bin mir sicher, dass du das jetzt verstehst.

Nachdem wir nun wissen, woran wir den Stillstand erkennen, geht es jetzt natürlich darum, wie wir ihn überwinden können. Welche mentalen Transformationen können uns dabei helfen, uns selbst und die Kultur unserer Organisation auf das nächste Level zu bringen? Darum geht es im folgenden Kapitel.

DIE VIER ANTRIEBSKRÄFTE FÜR ERFOLGREICHE VERÄNDERUNG

Warum scheitern so viele gut gemeinte Weiterbildungsmaßnahmen in Unternehmen? Warum werden mit bestem Gewissen zig Millionen ausgegeben, wenn dann fast nichts in die Praxis transferiert wird? Hier will ich auf eine weitere kraftvolle Unterscheidung hinaus, nämlich »Wollen« und »Können«. Manche wollen nicht wachsen, weil sie innerlich merken, dass ihnen die Kompetenz dafür fehlt – und weil sie nicht glauben, dass sie erlernbar ist: »Ich bin halt so. Es ist halt so« (Stufe 3 des Verantwortungsbewusstseins).

Die meisten freuen sich wie kleine Kinder, wenn sie Wachstum bei anderen wahrnehmen. Wenn sie andere beobachten, die ringen, kämpfen, hinfallen, wieder aufstehen und schließlich weiterkommen. Die gesamte Kunst und insbesondere das Theater, aber auch der Sport beruhen auf dieser Freude am Miterleben persönlicher Dramen und Entwicklungen. Aber wenn Menschen aus der Zuschauerrolle in die eigene Performance wechseln sollen, sie selbst aufs Spielfeld gehen sollen, um zu wachsen vor den Augen anderer, winken viele ängstlich ab. Wie im Fußballstadion. Von der Tribüne miterleben, mitfiebern und urteilen: gerne. Aber selbst trainieren, um mitzuspielen? Lieber nicht. Auch Literatur kann Ersatz für ein nicht gelebtes Leben sein. Oder Fernsehen. Oder ständige Dramen, die man im eigenen Beziehungs- und Familienleben erschafft. Wichtig ist hier der Hinweis: Es ist nicht das Medium, das ablenkt. Sondern die mentale Haltung, mit der wir das Medium nutzen. Mal wieder lautet die Frage: Wollen wir dadurch bestätigt werden, oder wollen wir wachsen? Das habe ich sowohl im Coaching als auch in meinem Leben oft erfahren.

Nach meinem Unfall haben Menschen sich sehr ehrlich und euphorisch über das Tempo meiner Entwicklung gefreut. Auch für meine erste Frau waren meine Fort»schritte« nach dem Klinikaufenthalt Anlass für ständige Freudentänze. Ich war Sozialhilfeempfänger. Ganz unten. Und musste jede einzelne Verrichtung im Leben neu lernen. Ich tat das mit einer sehr großen Freude und mit hohem Tempo – und bin dann einfach nicht mehr vom Gas gegangen. Voller Freude über die Möglichkeiten, die sich ergeben, wenn ein scheinbar schwieriges Ereignis mental transformiert wurde. Das war jedes Mal so. Meine Suche nach geistigem Wachstum und nach Erkenntnis nahm immer mehr Fahrt auf. Und so ist es auch heute noch. Du kannst dir vorstellen, dass es nicht leicht ist, mit einem solchen »Transformationsmonster« zusammen zu sein. Irgendwann kam meine Ex-Frau unter Druck. Jetzt wäre sie mit ihrer Entwicklung dran gewesen. Sie hätte die Rolle der Unterstützerin und der »sich Freuenden« verlassen und sich selbst in den Blick nehmen müssen.

Aber so viel Freude sie an meinem Wachstum hatte, so schwer tat sie sich bei sich selbst. Das war für uns beide sehr schade und traurig. Mir war klar: Ich möchte weiterreisen. Ohne sie.

Es gibt vier Antriebe, aus denen heraus Menschen und Unternehmen (vertreten durch die Hauptverantwortlichen) sich verändern wollen. Meine Einladung an dich lautet wieder, dir zu überlegen, welcher diese Antriebe am ehesten auf dich zutrifft – oder welchen du für die Zukunft nutzen könntest. Es hilft, wenn du dabei zuerst an dich denkst und erst dann an die Menschen in deinem Umfeld. Wann also bist du bereit, dich mental zu transformieren?

1. Wenn du genügend *gelitten* hast – dann *musst* du. Der Schmerz treibt dich an.
2. Wenn du genügend *gesehen* hast – dann bist du *inspiriert*. Das Vorgelebte zieht mit.
3. Wenn du genügend *gelernt* hast – dann *willst* du. Kompetenz gibt Selbstvertrauen.
4. Wenn du genügend *erlebt* hast – dann bist du *befähigt*. Weisheit zeigt den Weg.

Nummer 1 ist eine klare »Weg von«-Motivation. Das kennt jeder, der sich schon mal mit Motivation beschäftigt hat. Wahrscheinlich wirst du es auch kennen. (Aber kannst du es auch?) Auf jeden Fall ist es ein sehr starker Antrieb. Eine starke Kraft. Aber »Schmerz als Antrieb« ist sozial unerwünscht. Er gilt als schlecht. Als negativ. Als böse. Deswegen wollen wir nichts damit zu tun haben. Und deshalb können wir diesen Antrieb auch nicht sauber wahrnehmen, ohne darüber zu urteilen – weil nicht sein kann, was nicht sein darf.

Im ersten Schritt eines Transformationsprozesses geht es immer auch darum, dass die Gruppe erkennt und wahrnimmt, wo eine »Hin zu-« und wo eine »Weg von«-Motivation herrscht. Ohne Tabus. Das ist gar nicht so einfach. Denn wenn wir von Idealvorstellungen und von Verurteilungslust getrieben sind, vernebelt das die Sinne. Wird eine Firmenkultur maßgeblich durch »Weg von« geprägt, und das auch noch unbewusst, können wir von einer Angst-Orientierung sprechen. Sie erzeugt viele Muster, Systeme und Routinen, die Menschen durch irgendeine Form von Druck dazu bringen, vor der Angst und dem Schmerz in Deckung zu gehen und aus dieser Angst heraus zu funktionieren. Das ist weder gut noch schlecht, weder richtig noch falsch. Jegliches moralische Verurteilen vernebelt auch hier die eigene Wahrnehmung. Versuche mal bei dir und bei anderen einfach zu sehen, wie es ist. Ungeschminkt. Ohne Filter. Mut zur Wahrheit.

Das einfachste Beispiel hierfür ist Kontrolle. Wird Kontrolle in einer Organisation wirklich als Hilfe zur Zielerreichung definiert und angewendet und von den Mitarbeitenden auch mehrheitlich so verstanden? Oder kommt Kontrolle mit einem Macht- und Dominanzanspruch daher? Frage dich doch einmal selbst: **Wie oft weichst du eigentlich irgendetwas aus? Wie oft gehst du wirklich von dir aus auf etwas zu?** Am Ende kommt meistens Folgendes heraus: Zu 60 Prozent motivieren Menschen sich »weg von« und zu 40 Prozent »hin zu«. Doch vom »Weg von«-Antrieb durch Schmerz will niemand etwas hören. Deswegen dominiert diese Antriebsform in vielen Firmenkulturen noch – oft versteckt, im Untergrund. Die Dinge werden nicht immer laut ausgesprochen. Bei der Arbeit wird durchaus auch Klartext geredet.

So weiß etwa jeder Arbeitnehmer, ohne dass es gesagt werden muss: Wenn ich das und das nicht bis dann und dann erledige, hat das Konsequenzen für mich. Sonst bräuchte es keine Zeiterfassung, keine Arbeitsverträge und keine Deadlines. Auch in Beziehungen und Familien gibt es diese im Raum stehenden Drohungen: Wenn du das oder das nicht so und so tust oder denkst, entziehe ich dir meine Zuneigung (kleine Nebenfrage: Was hat das eigentlich mit

Liebe zu tun?). Jeglicher Druck, der aufgebaut werden muss, damit geliefert wird, entspringt diesem Ansatz. Im Coaching gilt das auch. Viele strecken sich und reißen sich zusammen, weil sie das Gesicht vor ihrem Coach nicht verlieren wollen. Oder weil die Firma so viel Geld in sie investiert hat und sie die Entscheider nicht enttäuschen wollen. Das ist auch ein »Weg von«.

Wichtig: Das ist weder gut noch schlecht. Weder richtig noch falsch. Es ist so. Wenn du darüber urteilst, nimmst du es schon nicht mehr so klar wahr.

Kommen wir zu den drei anderen Antriebskräften: Sehen, Lernen, Erleben. Hier geht es um die sozial erwünschte »Hin zu«-Motivation. Verrückt: Diese drei unserer vier Kräfte lösen zusammen nur 40 Prozent der Transformationen aus. Zumindest bei denen, die diese vier Punkte noch nicht bewusst erkannt, anerkannt und transformiert haben. Die Differenzierung zeigt bereits, dass das gar nicht so einfach ist. Habe ich genügend Kompetenz, aber wenig Lebenserfahrung, kann es schon schwierig werden. Werde ich durch ein Vorbild inspiriert, und das Vorbild enttäuscht mich, stelle ich auf einmal vieles infrage. Hat das Vorbild ganz andere Talente als ich, wird es auch schwierig. Habe ich als zentrale Erfahrung eine unverarbeitete Enttäuschung im Bewusstsein, hilft diese Erfahrung wenig und wirkt eher bremsend. Die mangelnde Transformationskraft aus der Vergangenheit zieht dich wie ein Gummiband immer wieder in diese Situation (in die Vergangenheit) – so lange, bis du sie bewusst wahrgenommen, bearbeitet und überwunden hast. Deswegen gilt für viele Situationen: »**Pass genau auf, wo du eine Wiederholung aus der Vergangenheit erkennst. Dort bist du mental stehen geblieben.**«

Das sind nur ein paar Anregungen, um zu verstehen, wie tief diese vier Punkte gehen. Und wie sehr sie ineinander übergehen. An dieser Stelle ist es erst einmal nur wichtig, dass du dir diese vier Kräfte bewusst machst. Vielleicht wird durch diese Beschäftigung aus einer unbewussten Inkompetenz eine bewusste Inkompetenz. Das wäre schon eine große Leistung. Als Nächstes lernst du, die vier Kräfte für dich zu nutzen, ohne zu urteilen. So wie sie sich gerade jetzt in deinem Leben zeigen. Du erwirbst die bewusste Kompetenz. Die Transformation danach wird automatisch passieren. Deine Intuition (nicht dein Wille!) wird irgendwann das Ruder übernehmen. Eine Intuition, die dann mit diesen vier Kräften spielt wie ein Virtuose auf der Geige. Das ist der Weg zur unbewussten Kompetenz.

Natürlich gilt das auch für eine Firmenkultur. Wenn die wichtigsten Menschen im Unternehmen hier eine unbewusste Kompetenz aufgebaut haben, wird sich dieses Potenzial über das ganze Unternehmen ausbreiten und alle, die es zulassen, kraftvoll inspirieren. Die Widerstände gegenüber Veränderungsprozessen werden immer geringer, bis sie zuletzt ganz verschwinden.

WAS DIE QUALITÄT DER FIRMENKULTUR AUSMACHT

Nachdem uns die grundsätzlichen Antriebe für eine Transformation bewusster geworden sind, stellt sich jetzt die Frage, warum so viele gut gemeinte Veränderungsprozesse gnadenlos versanden – bis es relevante Teile der Belegschaft irgendwann sogar komplett ablehnen, sich mit diesem »mentalen Kram« überhaupt noch zu beschäftigen. Weil er allen nur noch auf die Nerven geht.

Stichwort: Buzzwords. Ein Beispiel: »Agilität« war einmal angeblich die Antwort auf alle Fragen. Aber irgendwann ging der Begriff den meisten nur noch auf die Nerven. Warum? Weil die Selbstfunktionalität aller an den Prozessen Teilnehmenden nicht beachtet wurde. Agilität funktioniert nur mit dieser Fähigkeit, sich selbst zu führen. Menschen müssen in der Lage sein, sich selbst Ziele zu setzen und diese dann konsequent zu verfolgen. Sobald ein Teammitglied in einem Projekt eine geringe Selbstfunktionalität hat, blockiert seine mangelnde Kompetenz die anderen, und die werden automatisch genötigt, für ihn die Verantwortung mitzuübernehmen. Das ist Realität. Das ist Praxis. Und es nervt einfach. Deswegen geriet dieser Begriff ins Abseits. Weil die mentale Haltung hinter dem Begriff nicht trainiert und umgesetzt wurde. Es war ein weiteres System, das verordnet wurde, wie schon so viele: »Führen durch Visionen«, »werteorientierte Führung« oder »New Work«. Obwohl der Kern jeweils sehr wertvoll ist.

Seit der Managementtrainer-Legende Peter Drucker war das Ziel von Leadership schon immer die Selbstfunktionalität von Mitarbeitenden. Damit es keine Leadership mehr braucht. Es ging also beim Führen schon immer darum, sich selbst überflüssig zu machen. **Leadership ist die Antwort auf die Frage: Wie mache ich mich überflüssig, während die Ergebnisse immer besser werden?**

Die Beschäftigung mit Leadership führt unweigerlich immer zur Frage nach der Qualität der Firmenkultur. Irgendetwas in uns sagt uns oft, dass es eigentlich wichtig wäre, dass wir uns intensiv der Arbeit an der Firmenkultur widmen. Doch eine andere Stimme ist genervt und blockiert deshalb alles. Für welche Stimme in dir dieses Buch geschrieben wurde, dürfte inzwischen klar sein. Und je mehr du dich beim Denken beobachten lernst, desto besser wirst du wissen, wann die andere Stimme das Ruder zu übernehmen droht. Nach und nach wird sie immer weniger Macht über dich haben.

WANN GELINGT ODER MISSLINGT DIE TRANSFORMATION DER FIRMENKULTUR?

Es gibt sieben Faktoren, die einen Transformationsprozess ermöglichen oder blockieren können. Aber bedenke bitte: Nicht alle sieben Voraussetzungen müssen erfüllt sein, damit es funktioniert. Es geht dabei insgesamt um die Kräfteverhältnisse in der Organisation – und wie sie auf den Prozess einwirken. Das ist einfach interessant. Das Differenzierungsvermögen hilft uns bei der Wahrnehmung. Ohne Urteil. Einfach erkennen. Sauber wahrnehmen. Mit Klarheit. Was steckt hinter dem, was Menschen vorgeben und sagen und mit Image oder sozialer Erwünschtheit zu tun hat? Das wollen wir erkennen und respektieren. Warum? Weil wir alle Menschen sind.

Schauen wir uns die sieben Punkte an.

1. Es herrscht wenig Klarheit (falsche Erwartungen) darüber, wer genau was im Prozess zu verantworten hat.
2. Es herrscht mangelnde Klarheit darüber, was der Prozess wirklich bewirken kann und was nicht.
3. Schwankende Entschlossenheit der Hauptentscheider für den Transformationsprozess hemmt die Durchführung.
4. Die Überzeugung, Werkzeuge seien wichtiger als Kultur, also mentale Zustände. Damit einher geht der Wunsch: Bring uns Werkzeuge (besser gesagt: Waffen). Eine andere Form desselben Musters: Wie setze ich anderen meine Ideen in den Kopf, ohne dass sie es mitkriegen? In Summe: Wie bringe ich die anderen durch Manipulation besser zum Funktionieren? Es ist ein Weiterleben der Angst-Orientierung, nur mit clevereren Werkzeugen.
5. Die Protagonisten tun nur so, als wäre wirkliches Interesse an Veränderung vorhanden. In Wirklichkeit

soll nur ein nächstes Unterhaltungsprogramm gebucht werden, um die Leute abzulenken: *»nice to have«* im Mantel von *»need to have«*.

6. Häufig glauben Entscheider auch, sie wüssten selbst besser Bescheid als der beauftragte Dienstleister. Nach dem Motto: Ich suche einen Facharzt auf, der mein Knie operieren soll, und sage ihm dann, wie er das tun soll. Oder ich sage dem Bäcker, wie er backen soll. Oder dem Rechtsanwalt, wie er argumentieren soll.
7. Die Beteiligten verfügen über zu wenig Bewusstsein im Einflussbereich (was kann ich selbst zum Gelingen der Transformation beisteuern?) und zu viel Bewusstsein im Interessenbereich (was müssen andere ändern, damit es funktioniert?).

Hast du dich beim Lesen mehrheitlich selbst »erwischt« oder mehrheitlich die anderen in deinem Umfeld? Ich stelle hier lediglich Hinweisschilder auf. Als Bote. Als Einladung. Zur Selbsterkenntnis. Die Schilder deuten irgendwo hin. Folgen musst du ihnen selbst, wenn du willst. Die Schilder können am Ende gar nicht genau beschreiben, worum es für dich in deiner Selbsterkenntnis geht. Schilder können dir den Weg nach Paris deuten, vielleicht sogar noch mit Empfehlungen für Besuchenswertes. Dorthin fahren und erleben kannst du es nur selbst. Ob du ein guter Imker sein willst, ein guter Unternehmer, ein guter Unterhalter oder Führungsexperte: Du musst dir die Mühe machen, selbst dorthin zu gehen, wo du hinwillst – und nicht von dort aus zu urteilen, wo du gerade stehst.

PERMANENT ERNEUERUNGSFÄHIG BLEIBEN DURCH KRAFTVOLLE UNTERSCHEIDUNGEN

Es sollte deutlich geworden sein, dass billige Kalendersprüche nicht meine Sache sind. Ich speise niemanden ab mit: »Du musst eben das Glas halb voll sehen«, sondern ich will verstehen, warum dasselbe Glas auf manche halb voll und auf manche halb leer wirkt – und ich will vermitteln, wie du diese Wahrnehmung nach deinen Wünschen trainieren kannst.

In den ersten vier Kapiteln dieses Buches ging es vor allem um das Individualtraining. Um einen Vergleich heranzuziehen: Beim Fußball gehören dazu unter anderem körperliche Fitness, Umgang mit dem Ball, beidfüßige Schusstechnik und Spielverständnis. Jetzt geht es darum, wie wir aus exzellenten Einzelspielern ein Team formen. Wir kommen also zu den Kernunterscheidungen einer zukunftsfähigen Firmenkultur und deren Transformation, die nötig sind, damit ein Unternehmen viele Jahre in der Champions League mitspielen kann.

Bevor es ins Training geht, brauchen wir eine Standortanalyse; eine Art Anamnese. Wir brauchen Klarheit darüber, wo du als Mensch und wo die Unternehmenskultur im Moment stehen. Lass uns zuerst eine Eingangswertmessung durchführen, wie es auch im Training für professionelle Sportler gemacht wird. Daraus ergibt sich dann dein Trainingsplan für die Umsetzung.

STANDORTBESTIMMUNG: DEINE INNEREN WERTEKONFLIKTE

Lass uns mit einer Analyse beginnen. Durch das Beantworten der Fragen bekommst du ein klares Bild davon, welche inneren Wertekonflikte bei dir im Moment am stärksten wirken.

Du siehst jeweils gegenüber zwei Beschreibungen. Bitte kreuze möglichst spontan an, welche eher auf dich zutrifft. Gehe Zeile für Zeile vor. Zieht dich dein Gefühl eher nach rechts oder eher nach links? Ganz nach rechts bzw. links (1 bis 5)? Oder nur ein bisschen (2 bis 4)? Oder in gar keine Richtung? Dann wäre es die Mitte (3).

Bitte bedenke: Dein Image und dein Wunsch nach sozialer Anerkennung (soziale Erwünschtheit) wollen sich auch bei deiner Antwort durchsetzen. Willst du das beste Ergebnis? Dann lass von ihnen los und antworte so ehrlich wie möglich. Dass dir das gelingt, erkennst du auch daran, dass du den Mut hast, in die Extreme (rechts oder links) zu gehen. Bei solchen Tests gibt es immer eine Tendenz zur Mitte. Trau dich ruhig, einen klaren Standpunkt einzunehmen – natürlich ohne dich dabei zu belügen. Niemand schaut dir über die Schulter und kontrolliert, ob du das sozial Erwünschte ankreuzt.

Mit dieser Erhebung haben wir die innere Spannung der fünf Wertekonflikte abgefragt, die in jedem Menschen und in jeder Firmenkultur von besonderer Bedeutung sind. Auf die Auswertung gehen wir nach dem Absatz zur Unterscheidung »Gießkanne versus Brennglas« ein.

Teil 1		
Mir ist wichtig, dass ich auf andere stets souverän und sicher wirke. Das gibt ihnen Orientierung	1 2 3 4 5	Die anderen kennen meine Gefühle, Ängste und Zweifel. Ich habe keine Probleme damit, diese zu äußern und mich darüber auszutauschen.
Ich bin oft sehr selbstkritisch und strebe nach Perfektion. Fehler lassen mich unsicher werden, und ich fühle mich dann verletzlich und wegen meiner Schwächen angreifbar.	1 2 3 4 5	Ich kann meine eigenen Fehler und Schwächen gut akzeptieren. Mein Umfeld weiß davon, und ich habe gelernt, damit umzugehen, ohne damit zu kokettieren.
IIch kann meine eigenen Erfolge nur schwer anerkennen. Es steht mir nicht zu, mich selbst zu loben. Auch bin ich kritisch bezüglich der Ergebnisse und Leistungen anderer.	1 2 3 4 5	Ich kann meine eigenen Erfolge gut anerkennen und vor anderen erwähnen. Das Gleiche gilt für die Ergebnisse und Leistungen anderer.
Sicherheit bekomme ich dadurch, dass ich über alle Einzelheiten in meinem Bereich genauestens Bescheid weiß. Nur so kann ich eingreifen, wenn Dinge schieflaufen. Deswegen werde ich über Wichtiges unaufgefordert informiert und kontrolliere häufig.	1 2 3 4 5	Bei E-Mails ins CC gesetzt zu werden, nervt mich ungemein. Ich muss nicht über alles informiert sein.
IAbmachungen fixiere ich immer schriftlich, und ich bewahre bestimmte E-Mails auf. Allein schon, damit ich sauber argumentieren kann, wenn es mal nicht so läuft.	1 2 3 4 5	Ich kann mich sehr gut auf Aussagen von anderen verlassen. Besprechungsprotokolle können eine Gedächtnisstütze sein, für mich sind sie lästig. Am liebsten baue ich auf meine Mitarbeitenden.

Markiere die stärksten Ausschläge. Egal, ob rechts oder links.

Teil 2		
Auseinandersetzungen belasten das Team und mich. Es ist mir unangenehm, wenn die Mitarbeiter in Konflikt miteinander geraten, es könnte am Ende jemand dadurch verletzt werden. Deshalb laufen meine Meetings sehr angenehm ab.	1 2 3 4 5	In meinen Meetings wird auch sehr kontrovers, leidenschaftlich und erhitzt diskutiert, und es geht auch manchmal hoch her. Konflikte gehören für mich zum Tagesgeschäft.
Konflikte schaden den zwischenmenschlichen Beziehungen. Bei Konflikten überlege ich umgehend, was ich tun kann, damit die Beziehung zum Mitarbeiter oder der Mitarbeiter untereinander nicht leidet bzw. schnellstmöglich wieder besser wird.	1 2 3 4 5	Wenn wir nicht einer Meinung sind, dann stört mich das nicht, im Gegenteil, ich schätze es sogar, dass meine Mitarbeiter mir widersprechen, wenn sie das Gefühl haben, ich sei im Unrecht. Es macht mich eher stutzig, wenn ich zu wenig Widerspruch erfahre.
Dank Brainstormings und anderen Techniken können Meetings harmonisch gestaltet werden. Wenn wir uns den Meinungen anderer annähern, kommen wir besser miteinander aus.	1 2 3 4 5	Konstruktive Streitgespräche führen dazu, dass die Mitarbeiter sich ehrlich und offen zu mir, zu Entscheidungen und anderen Themen äußern.
Manchmal kommt es mir vor, als ob aus jeder Mücke ein Elefant gemacht wird. Mit meiner Fähigkeit, die Dinge zu relativieren, konnte ich schon viel Druck rausnehmen. Auch habe ich gelernt, dass sich vieles von selbst erledigt.	1 2 3 4 5	Schlechte Nachrichten und Probleme gehören für mich zum Alltag, und ich setze mich sofort damit auseinander.
Mich beschäftigen Auseinandersetzungen auch noch, nachdem sie geklärt wurden und vorbei sind. Das hilft mir, Ansatzpunkte zu finden, mich beim nächsten Mal harmoniefördernder zu verhalten.	1 2 3 4 5	Wenn Dinge geklärt sind, kann ich sie auch innerlich schnell abhaken.

Markiere die stärksten Ausschläge. Egal, ob rechts oder links.

Teil 3		
Bevor ich handle, diskutiere ich die Themen genauestens mit meinem Umfeld. Dabei lege ich Wert darauf, andere nicht zu verletzen oder gar zu verlieren und halte deshalb manchmal Aussagen zurück.	1 2 3 4 5	Ich beziehe zu Themen stets eine klare Stellung und setze Dinge schnell um. Dass ich dadurch für andere auch unangenehm sein kann, nehme ich in Kauf.
Wenn ich einen Weg eingeschlagen habe, dann bringt mich so schnell nichts vom Kurs ab. Meine detaillierte Planung im Voraus, die Abklärungen und Analysen geben mir Sicherheit. Abweichungen lassen sich so auch gut erklären und begründen.	1 2 3 4 5	Meine Entscheidungen muss ich gelegentlich korrigieren. Das verwundert meine Mitarbeiter auch ab und zu, aber ich erkläre immer, weshalb wir uns neu orientieren müssen.
Wenn ich die grobe Orientierung gebe, dann reicht das. Niemand ist unfehlbar, und so lasse ich den anderen Raum, sich einzubringen. Man schätzt mich auch wegen meines diplomatischen Vorgehens. Das Einfordern von Verbindlichkeit ist nicht meine Art.	1 2 3 4 5	Meine Erwartungen anderen gegenüber formuliere ich sehr präzise, verbindlich und möglichst messbar. Die anderen wissen immer genau, welche Ziele ich verfolge – persönlich, beruflich und im Unternehmen.
Ich analysiere genau und entscheide nur bei umfassender Kenntnis der Zahlen, Daten und Fakten. Erst wenn ich sicher bin, teile ich meine Entscheidung mit.	1 2 3 4 5	Entscheidungen fälle ich auch, wenn ich nur begrenzte Informationen habe. Schließlich ist »irgendeine Entscheidung besser als keine Entscheidung«. Ich gehe auch bewusst Risiken ein.
Fehlentscheidungen kann ich mir nicht erlauben, dafür steht zu viel auf dem Spiel. Sowohl für das Unternehmen als auch auch für mich und mein Umfeld (Familie etc.).	1 2 3 4 5	Ich habe schon viele falsche Entscheidungen getroffen; dazu stehe ich. Fehler sind die Basis von Weiterentwicklung, und ich muss mit Unsicherheiten leben.

Markiere die stärksten Ausschläge. Egal, ob rechts oder links.

Teil 4		
Mir fällt auf, dass meine Mitarbeiter die Dinge in Bezug auf die eigene Leistung nicht immer realistisch sehen. Das überrascht mich ab und an, denn es ist oft ganz offensichtlich, dass es nicht rundläuft.	1 2 3 4 5	Ich äußere klar meine Erwartungen an die Mitarbeiter und erinnere sie daran. Wenn jemand diese nicht erfüllt, dann hat dies Konsequenzen – finanzieller oder anderer Art. Negatives Feedback fällt mir leicht.
Es gelingt mir jeweils gut und schnell, eine kollegiale Beziehung zu meinen Mitarbeitern aufzubauen und diese Nähe auch zu halten.	1 2 3 4 5	In meiner Position ist es nun mal so, dass man relativ einsam ist. Wenn ich klare Worte mit meinen Mitarbeitern sprechen muss, so stört mich gar nicht, dass diese anschließend distanziert auf mich reagieren.
Meine langjährigen Mitarbeiter und ich haben gemeinsam viele Herausforderungen gemeistert, und ich kann gut verstehen, wenn sie den Anforderungen nicht immer genügen. Sie sind Experten auf ihrem Gebiet, und es ist nicht meine Aufgabe, sie diesbezüglich zu kritisieren.	1 2 3 4 5	Falls die Leistungen nicht genügen, warne ich meine Mitarbeiter und mache klar, dass ich so etwas nicht dulden kann. Es kommt ab und an vor, dass ich mich dadurch unbeliebt mache.
Mir ist wichtig, dass meine Mitarbeiter bei Problemen jederzeit mit Fragen zu mir kommen und meine Hilfe beanspruchen können. Meine Mitarbeiter respektieren mich dafür, dass ich für sie da bin.	1 2 3 4 5	Es ist mir nicht wichtig, was meine Mitarbeiter von mir denken. Ich übertrage ihnen die Verantwortung und fordere damit deren Leistung.
Aufgaben zu delegieren ist nicht immer einfach. Einerseits haben meine Mitarbeiter auch sehr viel zu tun. Anderseits geht es meist schneller und ist dadurch besser für das Unternehmen, wenn ich mich selbst kümmere, als lang und breit zu erklären, was ich will.	1 2 3 4 5	Ich bin stolz darauf, kaum ins Tagesgeschäft eingebunden zu sein, und habe Freiräume.

Markiere die stärksten Ausschläge. Egal, ob rechts oder links.

Teil 5		
Es ist mir wichtig, dass mein Anteil am gesamten Ergebnis klar zum Vorschein kommt und entsprechend gewürdigt wird. Auch in schwierigen Zeiten kann es sein, dass ich beste Leistungen liefere, und nur so können diese anerkannt werden.	1 2 3 4 5	Der Unternehmenserfolg ist für mich ein sehr wichtiger Maßstab. Erst danach kommt die persönliche Anerkennung. Mir ist bewusst, dass es in Bezug auf Würdigung und Anerkennung von Leistungen nicht immer gerecht zugeht und ich den Kürzeren ziehen kann.
Ich schätze meine Geschäftspartner anhand von deren Erscheinungsbild ein und kann daraus Rückschlüsse auf ihren Erfolg und ihre Kompetenz ziehen.	1 2 3 4 5	Ich bin überzeugt, dass andere mein Wissen und meine Kompetenz erkennen, dank deren ich gute Ergebnisse erziele. Mein äußeres Erscheinungsbild ist daher eher sekundär.
Ich habe hart gearbeitet und bin stolz auf das Erreichte. Deswegen habe ich ein Anrecht, die Früchte meiner Arbeit zu genießen.	1 2 3 4 5	Meine Erfolge in der Vergangenheit rechtfertigen keine Sonderbehandlung oder besondere Privilegien im Unternehmen.
Mein Ansehen und mein Ruf sind mir wichtig. Ich bin bereit, dafür größte Anstrengungen auf mich zu nehmen und höchstmögliche Leistung zu erbringen.	1 2 3 4 5	Für mich ist klar, dass ich mein Selbstwertgefühl vom beruflichen Erfolg trenne.
Wenn es darum geht, besondere Aufgaben für das Unternehmen zu erledigen, dann überlege ich mir auch gut, ob und wie diese für meine Karriere / Position dienlich sein können.	1 2 3 4 5	Ich messe meinen persönlichen beruflichen Erfolg ausschließlich an den Ergebnissen des gesamten Unternehmens.

Markiere die stärksten Ausschläge. Egal, ob rechts oder links.

WELCHE KERNUNTERSCHEIDUNGEN SORGEN FÜR EINE ZUKUNFTSFÄHIGE FIRMENKULTUR?

Die folgenden Unterscheidungen basieren auf dem Modell von Patrick Lencioni; mithilfe unserer Praxiserfahrungen der letzten zwanzig Jahre haben wir sie weiterentwickelt. Wenn du eher rein intellektuell interessiert bist (Kennen), empfehle ich dir die Auseinandersetzung mit seinen Büchern. Wenn es dir vor allem ums praktische Umsetzen geht (Können), solltest du deine Präsenz auf den nächsten Seiten noch einmal richtig nach oben fahren. Denn für die, die Interesse an der Umsetzung haben, wird es jetzt sehr spannend. Warum? Ich habe mich jahrelang gefragt, warum die Anwendungen von Unterscheidungen in der Umsetzung vielen so schwerfällt. Obwohl sie als einleuchtend und überzeugend wahrgenommen werden, haben zu viele Führungskräfte es nicht hinbekommen, aus der intellektuellen Erkenntnis eine wirkliche geistige und mentale Transformation zu machen. Warum nur?

Nun, es könnte genau daran liegen, dass die Unterscheidungen sehr schnell einleuchten und überzeugen. So schnell, dass der Weg dahin, also die Methodik und Didaktik dahinter, im Verborgenen bleibt. Die Klarheit der Trainierbarkeit fehlt. Wenn dir jemand sagt, du müsstest über zwei Meter hoch springen, um einen Wettkampf zu gewinnen, ist das interessant. Aber erst der überzeugende Trainingsplan, der dich befähigt, diese Höhe tatsächlich zu meistern, macht das Ganze praxisrelevant.

GIESSKANNE VERSUS BRENNGLAS

Die erste Unterscheidung ist eine übergeordnete und wird deshalb bereits an dieser Stelle, vor der Auswertung der »Standortbestimmung«, vorgestellt. Warum? Weil wir ohne diese Erkenntnis die nächsten Unterscheidungen für eine zukunftsfähige Firmenkultur nicht wirklich verstehen. Denn es gibt zwei innere mentale Zustände, die sehr aufschlussreich sind: den *Wunsch*, sich erfolgreich zu *fühlen* (Gießkanne) und den *Willen*, erfolgreich zu *sein* (Brennglas).

Im ersten Fall tue ich fast alles, um bestimmte gute Gefühle zu haben. Das bringt mich dazu, tief in mir Folgendes anzunehmen: »Wenn ich beschäftigt bin, bin ich erfolgreich.« Und weil Erfolg für viele erstrebenswert ist, befinden sie sich genau in diesem Zustand. Sie arbeiten wie die Bekloppten, rennen von Meeting zu Meeting und verlieren keinen Moment, um sich klarzumachen, wie schwer beschäftigt sie sind. Sie verteilen ihre Energie wie mit der Gießkanne – überall ein bisschen.

Immer wieder werde ich gefragt: »Herr Grundl, Sie sind sicherlich schwer beschäftigt, können wir trotzdem mal einen Termin machen?« Das soll ja eine gut gemeinte Anerkennung sein. Doch ich messe die Wirkung meiner Arbeit nicht in hektisch gefüllten Stunden. Sondern an Ergebnissen. Gießkannen fühlen sich schlecht, wenn sie mal zur Ruhe kommen – etwa im Urlaub. Daran erkennt man ihr Getriebensein. Sie sind geistig gar nicht da. Sie sind immer schon dort, wo sie als Nächstes hingehen müssen. Also an einem anderen Ort. Das reduziert ihre Präsenz und ihr Gegenwartsbewusstsein enorm. In ihnen entsteht Stress. Und es schwächt ihre Wahrnehmung. Auch die anwesenden Menschen im Umfeld fühlen sich durch das »Getriebensein« des Chefs nicht wahrgenommen, verstanden und respektiert. Das sind alles Ergebnisse des Aktivitätswahns, dem viele Menschen verfallen sind.

Wer sich erfolgreich fühlen will, zieht meistens die Karte der Sympathie und will netzwerken. Sich verbinden. Sich gegenseitig feiern und gut dastehen lassen. Primär geht es immer um gute Gefühle. Vor allem um das Gefühl der Bestätigung. Es geht um das Gebraucht-werden-Wollen. Und genau darauf sind viele Weiterbildungsmaßnahmen abgestimmt.

Sie wollen nicht unbequem sein und Wachstum einfordern, sondern bequem sein und Bestätigung geben: »Du bist toll, du bist gut, du bist aktiv, du hängst dich rein, du machst und tust, du bist klasse! Tschakka!« Und so werden wir vom System ja auch erzogen: Es zählt erst einmal nur, dass wir uns einbringen, dass wir anpacken, zulangen, dass wir uns strecken. Und irgendwann verlangen wir eben Anerkennung für Anstrengung – und nicht für Ergebnisse. So wie ein Stürmer, der nach dem Spiel sagt: »Ich bin doch so viel hin- und hergerannt und habe mich ständig bemüht, ein Tor zu schießen. Bitte erkennt doch an, wie sehr ich mich angestrengt habe.« Aber ein Stürmer muss Tore schießen. Darum geht es. Bei anderen sehen wir das sehr einfach und klar. Und bei uns selbst?

Diese Frage führt uns zum gegenüberliegenden Pol, dem des Brennglases. Der Brennglas-Typ ist fokussiert. Er will sich nicht erfolgreich *fühlen*. Er will erfolgreich *sein*. Wenn ein Brennglas eine Niederlage einstecken muss, will es nicht getröstet werden. Gießkannen wollen getröstet werden und »ist doch nicht so schlimm« hören. Brenngläser wollen Ergebnisse. Treten die Ergebnisse nicht ein, leiden sie. Sie wollen den Schmerz annehmen und hindurchgehen, um ihre Ergebnisse zu verbessern. **Sie sind bereit, den Preis zu zahlen, also so lange zu lernen und sich anzupassen, bis die Ergebnisse kommen, die sie wirklich haben wollen.** (Ob sie das dann als Mensch befriedigt – Stichwort: Erfolg und Erfüllung –, steht auf einem ganz anderen Blatt.)

Brenngläser tun das, was getan werden muss, damit bestimmte Ergebnisse kommen. In der Realität gibt es natürlich einen großen Raum zwischen Gießkanne und Brennglas – aber die Polarisierung ist wichtig für die geistige Differenzierungsfähigkeit. Danach ist es einfacher zu verstehen, wie diese Pole ineinander übergehen können. Mit anderen Worten: wie sie transformiert werden können. Ein Beispiel: Du übernimmst die Verantwortung für eine neue Aufgabe. Dann ziehst du erst mal alles an dich und wirst zur Gießkanne. Danach durchdenkst du alles, systematisierst es und befähigst andere, die notwendigen Ergebnisse zu liefern. Auf dem Weg dahin wirst du zum Brennglas – und dann wirst du überflüssig, was diese Aufgabe betrifft. Damit hast du dir Raum geschaffen für neuere, qualifiziertere Aufgaben. Damit hast du deinen Wert für das Unternehmen erhöht. Und dann geht dasselbe Spiel von vorn los. Du machst dich auf einer Ebene überflüssig und wirst danach auf der nächsthöheren Ebene gebraucht.

Übrigens: So macht man Karriere. Und allen Unkenrufen zum Trotz: Weiter oben macht es viel mehr Spaß – wenn man weiß, wie es geht. Und da oben ist Platz. Viel Platz. Also: Aufgaben übernehmen, systematisieren, andere befähigen und Raum für weitere Aufgaben finden.

Das heißt im Umkehrschluss: Wenn ich zu lange immer wieder dasselbe mache, wachse ich nicht. Das kann auch eine Entscheidung sein. Kürzlich habe ich eine sehr fähige Vertrieblerin kennengelernt, die mir klar signalisiert hat: »Herr Grundl, ich wusste genau, worauf ich mich einlasse. Ich wollte nicht mehr Verantwortung als Führungskraft haben und tue jetzt genau das, was mir am besten liegt.« So eine Aussage nötigt mir jedes Mal enorm viel Respekt ab. Warum? Weil sie sehr bewusst und klar ist. Nicht jeder muss Karriere in Sachen Position und damit Mitarbeiterverantwortung machen. Manchmal ist es viel besser, einfach seinen Platz zu finden. Das ist aller Ehren wert.

Wo befindest du dich im Gießkanne-Brennglas-Rechteck? Und wo die Kultur deiner Firma? Diese Klarheit hilft als Einstiegsanalyse. Sie gibt Orientierung. Sie macht bewusst, wohin die Reise geht. Und jetzt sind wir bereit für die fünf darunterliegenden Unterscheidungen. Sie sind die Treiber, die dich – oder eine Firmenkultur – mehr zur Gießkanne oder mehr zum Brennglas werden lassen. Jetzt können wir den wirkungsvollsten Hebel finden, an dem wir dann ansetzen können. Den Ausgangspunkt für deinen Trainingsplan.

Die Ergebnisse deiner Standortanalyse spiegeln, welche Treiber bei dir am stärksten wirken – und wo in deinem Unternehmen sie am stärksten wirken. Wir richten also den Blick zuerst auf uns und dann auf das Team. Das funktioniert nur dann, wenn das jeder im Führungsteam so macht. Sonst endet es wieder damit, dass wir andere beobachten und deren Denken und Handeln beurteilen. Und dann wird das Ganze zum nächsten Rohrkrepierer.

ANALYSEHILFE ZUR STANDORTBESTIMMUNG

Was ist beim Fragebogen zu deinen inneren Wertekonflikten passiert? Du hast eine Analyse deiner Gießkannen- und Brennglas-Tendenzen gemacht. Des Weiteren hast du tiefer erfasst, welche inneren Konflikte dich mehr oder weniger massiv zu welcher Seite ziehen. Wo du mental in Richtung Brennglas oder Gießkanne geprägt worden bist.

Gießkanne	**– Brennglas:**
1. Image der Stärke	– Kluges Vertrauen
2. Sucht nach Harmonie	– Sachliche Auseinandersetzung
3. Psychologische Absicherung	– Streben nach Klarheit
4. Gebraucht-werden-/Beliebt-sein-Wollen	– Lust auf Verantwortung
5. Lust auf Bestätigung	– Lust auf Ergebnisse

Die meist unbewussten Treiber, die zur Prägung Gießkanne oder Brennglas werden

Ab jetzt empfehle ich dir, die rechte Umschlagseite aufzuschlagen. Dort siehst du die Pyramiden-Übersicht »das bewusste Unternehmen«. Dort soll es hingehen: in Richtung »Brennglas«. Die fünf Teile des Fragebogens entsprechen den fünf Gegensatzpaaren in der Grafik »Gießkanne – Brennglas« – in derselben Reihenfolge. Teil eins gehört zu 1. Teil zwei gehört zu 2. Und so weiter. Auch die Richtungen entsprechen der Grafik. Die linke Seite geht in Richtung Gießkanne und die rechte Seite in Richtung Brennglas.

Schaust du jetzt deine angekreuzten Ergebnisse an, kann es sein, dass dein Image rebelliert und sagt: »Geht das denn mit rechten Dingen zu? Ich bin doch eigentlich ganz anders!« Das geschieht, weil etwas anderes herauskommt, als du hören willst. Dein Image – das ist genau diese Stimme, die dann spricht. Woher ich das weiß? Wir machen diesen Test sehr oft und schon seit vielen Jahren. Wenn du diese Differenzierungen so vor dir siehst, kann es sein, dass du denkst, links (Gießkanne) ist schlecht und rechts (Brennglas) ist gut. Und natürlich wollen wir gut sein. Also auf der rechten Seite. Doch genau dieser Wunsch verzerrt deine Wahrnehmung. Du brauchst jetzt den Mut, einfach mal anzuerkennen, was da steht. Was soll schon passieren? Hier sind wir wieder bei der Frage: Möchtest du Bestätigung oder Wachstum? Wenn du wachsen möchtest, nimm das ernst, was du angekreuzt hast. Nimm dich ernst – und den Zeitaufwand, dieses Buch zu durchdringen. Du kannst davon ausgehen, dass dein Ergebnis zu mindestens 80 Prozent brauchbar und verlässlich ist. Und das genügt locker für das, was wir vorhaben. Also erkenne erst einmal intellektuell an, dass die Ergebnisse stimmen könnten. Und dann versuch, es emotional anzuerkennen: Was wäre, wenn es so ist?

Nun entscheide dich für einen Bereich, mit dem du anschließend anfängst zu arbeiten. Mach dir keine Sorgen, ob das denn jetzt auch der richtige ist. Nimm den, von dem du denkst: Der ist es. Und fang einfach mit diesem an. Mach dir nicht zu viele Gedanken. Die habe ich mir im Vorfeld gemacht. Zum besseren Gesamtverständnis gehen wir jetzt alle fünf Wertedimensionen durch. Denn das Durchdringen aller fünf erhöht dein Bewusstsein für diese Unterscheidungen im Zusammenhang mit einer Firmenkultur. Danach konzentrierst du dich auf den Wertekonflikt, den du durch deine Analyse schon jetzt definiert hast.

Dann nimmst du nur noch diesen einen Punkt in dein Bewusstsein. Beim Durchlesen wirst du gleich selbst feststellen: Alle haben Bedeutung, gehen tief und sind wichtig. Doch bei dir hat heute, hier und jetzt ein bestimmter innerer Konflikt gerade eine besondere Gewichtung, und um den geht es. Der ist für dich als Einstieg in das Modell gedacht. Greife im Anschluss an die Lektüre das ausgewählte Gegensatzpaar heraus und vertiefe die Inhalte. Übe damit das Beobachten-erwischen-freuen-Spiel. Das Spiel findest du ebenfalls auf dem hinteren Buchumschlag abgebildet. Du wirst sehen, es lässt sich sehr gut damit arbeiten. Wie du weißt, wirst du nicht sofort alles bewusst hinkriegen. Doch mit der Zeit wird dein aktueller innerer Konflikt immer klarer, und du merkst es daran, dass zuerst deine Wahrnehmung, dann die Interpretation deiner Wahrnehmung sowie deine Handlungen und dann deine Ergebnisse in die gewünschte Richtung gehen.

Wenn du diesen hier im Buch beschriebenen Prozess mit deinem Führungsteam gemeinsam machst, und alle anderen ziehen nicht mit (warum auch immer), wird es sich trotzdem für dich und deine persönliche Entwicklung lohnen. Garantiert!

1. Image der Stärke versus kluges Vertrauen

Der Pol »Image der Stärke«

Empathie ist die Fähigkeit, sich in andere Menschen hineinzufühlen. Das heißt nicht, dass man besonders nett ist, sondern dass man mit anderen mitfühlen kann. Das wird oft missverstanden. Es ist eine besondere Art der Verbindung mit anderen Menschen. Manche sagen sogar, dass sich diese Fähigkeit in Zukunft noch viel stärker entwickeln wird. Empathie bedeutet aber auch, dass ein Mensch eine gewisse Sensibilität hat. Manche empfinden sich sogar selbst als hochsensibel. Sie können diese Sensibilität also bewusst wahrnehmen. Andere dagegen sind in ihrer Selbstempfindung vergleichsweise stumpf und wissen gar nicht um ihre tatsächliche Sensibilität.

Wir können davon ausgehen, dass Menschen generell sehr sensible Wesen sind; das hilft hier beim Verstehen. Und ich kann es auch aus meiner jahrzehntelangen Coachingerfahrung bestätigen. Egal, wie stark und souverän ein Mensch daherkommt: Wir sind hochsensibel. Alle. Auch du, auch ich. Also ist völlig klar, dass im Laufe eines Lebens einige Enttäuschungen und Verletzungen emotionaler Art passieren. Stell dir vor, du bist in einer Beziehung und liebst einen anderen Menschen. Irgendwann verlässt dich dieser Mensch und sagt dir, dass er jemand anderen liebt. Das ist eine tiefe, schmerzhafte Verletzung. Und dann kommt auch noch heraus, dass er mit einem Menschen zusammenkommt, mit dem du eigentlich befreundet bist. Also eine zweite, tiefe Verletzung. Und jetzt stell dir vor, du lernst einen neuen Menschen kennen, und es bahnt sich eine intimere Beziehung an. Wie hoch ist die Wahrscheinlichkeit, dass du dich in dieser neuen Beziehung wirklich voll öffnen kannst? Vielleicht schaffst du das gar nicht. Oder erst dann, wenn dir dein neuer Partner gelobt, dich niemals so zu verletzen, wie du es in der Vergangenheit erfahren hast. Doch dieses erzwungene Versprechen prägt die Architektur der neuen Beziehung. Deine Verletzung aus der Vergangenheit reicht also in die Gegenwart hinein und wirkt dort.

Diese Geschichte – ein extremes Beispiel – hilft, genau zu verstehen, worum es bei dieser Wertedimension der beiden Pole geht. Wir alle haben im Laufe unseres Lebens gewisse Enttäuschungen und Verletzungen erlebt. Oft unbewusst. Und die Art, wie wir mit diesen Verletzungen umgehen, ist sehr unterschiedlich. Manches wird verdrängt und quält dann wie eine Wunde, die immer noch offen ist. Beispiele: Jemand hat etwas ausgeplaudert, das du ihm im Vertrauen auf seine Verschwiegenheit erzählt hast. Du hast in einen Menschen investiert, der die dadurch erworbenen Fähigkeiten auf einmal gegen dich verwandt hat. Du wartest seit vielen Jahren auf den versprochenen Karrieresprung. Was es auch sei: Wichtig ist, dass du dir der Verletzungen aus deiner Vergangenheit immer bewusster wirst – und zwar ohne darunter zu leiden. Denn die Angst vor dem Schmerz ist der Grund, aus dem du dich ihnen bis jetzt nicht stellen wolltest.

Manches wird mit der Zeit verarbeitet, und eine Narbe bleibt übrig. Die hilft beim Erinnern und wacher sein. Wieder andere Erfahrungen werden so tief verarbeitet, dass eine durchgestandene Verletzung zu einer enormen Weiterentwicklung der Persönlichkeit verhilft. In diesem Fall wurde aus einem Bremsklotz eine Antriebshilfe. Das nennen wir dann mentale Transformation. **Doch alles, was wir nicht wirklich verarbeitet haben, limitiert in irgendeiner Weise unsere Persönlichkeit.**

Meist werden die Verletzungen kompensiert – gern mit einem Bild der Stärke. Und so manches Mal auch mit der Rolle des Opfers. Ehrgeizige Menschen – ich gehe davon aus, dass dieses Buch vor allem ehrgeizige Menschen lesen werden – kleben die emotionalen Wunden oft mit einem Pflaster zu, auf dem »Starksein« draufsteht. Doch dieses »Starksein« wirkt auf andere nicht authentisch, sondern aufgesetzt und künstlich. Allerdings nehmen sie ihr Unbehagen selten bewusst wahr. Bei ihnen kommt eher Folgendes an: Der möchte niemanden an sich heranlassen. Aus Angst, wieder verletzt zu werden, meidet er echte Nähe. Die anderen Menschen spüren also intuitiv, dass etwas nicht stimmt. Im Kern fühlen sie sich abgelehnt, weil keine wirkliche Verbindung entsteht. Es ist keine echte Beziehung vorhanden. Man fühlt sich vom Verletzten nur benutzt, weil er bestimmte Dinge erreichen will. So entstehen aus unverarbeiteten Verletzungen Beziehungsmuster, die von Misstrauen geprägt sind. Zuerst in einer Person und dann in einer Firmenkultur. Vor allem, wenn die Person viel Einfluss hat. Je mehr Beachtung sie findet, desto größer ist ihre Wirkung auf andere. Es fängt also mit unbewusstem Misstrauen beim Sender an – und das wird vom Empfänger mit Misstrauen erwidert. Fertig ist der Teufelskreis. Man erkennt ihn oft am Kontrollwahn, mit dem manche Menschen und Organisationen andere tyrannisieren.

Es gibt einen Zustand der klugen Kontrolle, die sich dadurch auszeichnet, dass sie Hilfe zur Zielerreichung anbietet. Dagegen steht jener Kontrollwahn, der immer dann eintritt, wenn die Ergebnisse ausbleiben und das Berichtswesen verdoppelt wird. Deswegen ist dieser innere Wertekonflikt »Image der Stärke vs. kluges Vertrauen« umso bedeutsamer, je höher der Einfluss dieser Person in einer Firma ist. Doch Vorsicht: Das bei anderen zu erkennen, bringt dich nicht weiter. Und genauso wenig das Denken: »Erst müssen die anderen etwas zeigen, dann mache ich vielleicht mit.« Immer aufpassen! Immer wach bleiben!

Wenn Taktieren und politische Gruppeninteressen den Informationsfluss steuern, also eigene Interessen die Unternehmensinteressen schlagen, sollte jeder Mensch und jede Organisation höllisch aufpassen. Und der Beginn des Teufelskreises sieht dann so aus:

Der Weg in Richtung »Kluges Vertrauen«

Unverarbeitete Verletzungen führen also zu Misstrauen. Und was ist der Gegenpol von Misstrauen? Viele würden sagen: Vertrauen. Doch das trifft den Nagel nicht auf den Kopf. Ich bemühe hier die Worte »naives Vertrauen«. Denn das ist bei unbewussten Menschen weit verbreitet. Das erkennen wir an dem Satz: »Wer vertraut, muss nicht kontrollieren.« Dem liegt der Irrtum zugrunde, Kontrolle habe ausschließlich das Ziel, einen Menschen in seiner Würde anzugreifen und kleinzuhalten. Aber so etwas liegt niemals an der Kontrolle an sich, sondern immer an der Haltung, mit der ein Mensch oder ein installiertes System kontrolliert. Vertrauen wird also zu wenig differenziert betrachtet. Was ist naives Vertrauen? Es ist der mentale Zustand »Es wird schon nichts passieren«. Obwohl uns das Leben tagtäglich etwas anderes beweist. Deswegen können wir naives Vertrauen entweder mit »Dummheit« oder mit »Faulheit« beschreiben. Entweder ist da jemand zu dumm zu verstehen, wie das Leben funktioniert, und will es sich schönreden. Meist entsteht diese Haltung durch unrealistische Idealvorstellungen. Das hört sich dann so an: »Wenn ich mich ganz öffne und ganz vertraue, wird der andere mir bestimmt nie wehtun wollen.« Oder jemand ist einfach zu faul, um die nötige Wachheit zu entwickeln und zu bedenken, wie vieles jeden Tag auch einfach nur schiefgeht.

Wer sich aus Angst vor vergangenen Verletzungen in der Gegenwart zu wenig anderen öffnen kann, der sorgt für ein geringes Vertrauen in seine Person und schwächt damit die Vertrauenskultur. Wer lernt, »klug zu vertrauen«, obwohl er weiß, dass er immer wieder verletzt und enttäuscht wird, der stärkt damit eine kluge Vertrauenskultur. Wie aber kommen wir dorthin?

Die Transformation in kluges Vertrauen

Stephen Covey hat in seinem Buch *Speed of Trust* auf den Punkt gebracht, woran man kluges Vertrauen in einem Unternehmen erkennt: Alle relevanten Informationen gelangen schnell dorthin, wo sie hingehören. Ohne taktische Spielchen und ohne eigene Interessen. Im Dienst der Sache.

Was hast du damit zu tun? Die persönliche Entwicklung jedes Menschen fängt in der Regel mit naivem, kindlichem Vertrauen an. Und durch Verletzungen wird man auf einmal misstrauisch. Im Laufe der Zeit kommt dann ein Prozess in Gang, den ich hier einmal grafisch abbilde, damit du ihn nicht womöglich noch jahrelang unbewusst durchleben musst. Denn durch eine klare Methodik und Didaktik kannst du Dinge schneller lernen, für die es sonst viele Jahre braucht. So sieht der Transformationsprozess aus:

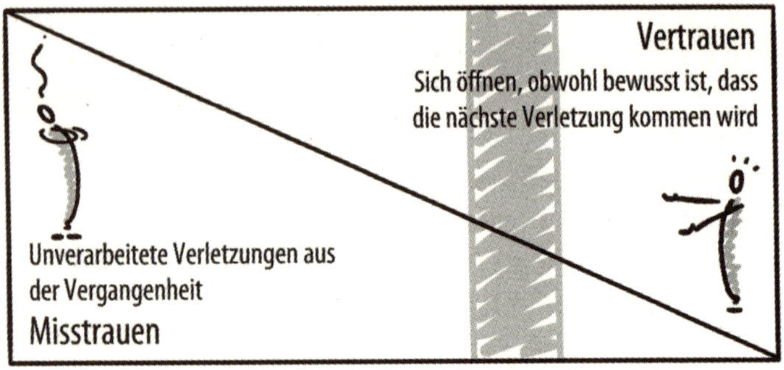

Gesund = erkennt seinen Teil der Verantwortung

Wie sieht es bei dir aus? Wo stehst du auf dem Weg zu klugem Vertrauen? Welche Verletzungen aus der Vergangenheit zerren wie ein Gummiband an deinem Gegenwartsbewusstsein und lösen bei anderen das Misstrauen aus, das eigentlich in dir ist? Kannst du überhaupt anerkennen, dass du vielleicht unbewusst eine Ursache des Misstrauens der anderen säst? Und dass das deinen Teil der Verantwortung dafür betrifft, dass in einem Unternehmen kein Misstrauen entsteht?

Kannst du gleichzeitig zu zwei Drittel vertrauen und zu einem Drittel misstrauisch sein? Wirklich gleichzeitig? Der Intellekt sagt: Das ist nicht möglich. Doch das Bewusstsein merkt: »Endlich, das ist die Klarheit eines Zustandes, nach dem ich mich gesehnt habe. Er beantwortet die Fragen der Vergangenheit und gibt mir eine klare Orientierung für die Zukunft.«

Wenn du daran arbeiten willst: Erkenne zuerst intellektuell, wo sich dein Wunsch nach Unverletzlichkeit zeigt und wie du das mit einem Image der Stärke überspielst. Mach dir dann bewusst, wo dein Wunsch nach »Starksein« stimmig ist (deinem Selbst entspricht) oder aufgesetzt ist (Image/soziale Erwünschtheit). Lerne, vom Vorspielen von Stärke loszulassen und heile dabei deine erlebten Verletzungen. Übernimm dafür die volle Verantwortung. Behalte deine Narben in der Zukunft stets als »Wachmacher« im Blick. Vergib dabei immer wieder dir selbst und anderen. Und öffne dich immer wieder schrittweise und klug: im selben Moment zu zwei Drittel voller Vertrauen und einem Drittel voller Misstrauen.

Indem du deine stimmigen Stärken lebst, wirst du respektiert. Indem du deine stimmigen Schwächen zeigst, wirst du gemocht.

2. Sucht nach Harmonie versus sachliche Auseinandersetzung

Der Pol »Harmoniesucht«

Eine der grundlegenden Unterscheidungen in diesem Buch ist »Verbindendes versus Trennendes« – zwischen Menschen oder Kulturen oder in bestimmten Situationen.

In manchen Menschen nimmt der Wunsch nach dem Verbindenden extreme Züge an. Wir können hier von einer Sucht nach Harmonie reden. Das ist der unbewusste Wunsch, dass dich so viel wie möglich mit anderen verbindet. Das ist eine Form von Gier nach guten Gefühlen. Da es uns nicht bewusst ist, sehen wir oft nur unseren Wunsch, dass es allen um uns herum einfach nur gut geht. Notfalls erreichen wir diese Harmonie, indem wir unangenehme Dinge verdrängen oder wegdrücken. Harmonie ist ein wunderbarer geistiger Zustand innerhalb einer Gruppe. Und auch innerhalb eines Menschen. Denn jeder Mensch hat seine eigene Kultur (»Ein-Mensch-Kultur«), nicht nur Gruppen wie Familien oder Firmen.

Ich finde es immer wieder interessant, wie unterschiedlich sich Menschen in bestimmten Umgebungen und Situationen verhalten – je nach der Kultur, die in ihnen und auf sie wirkt. Je mehr einem Menschen die innere Harmonie fehlt, desto mehr sucht er sie bei anderen Menschen. Das tut er so lange, bis er versteht, dass die innere Harmonie wichtiger ist als die äußere. Doch das kann dauern. Und manche begreifen es nie. Mir fällt dazu eine starke Unternehmerin ein, die in ihrer Ursprungsfamilie, gegenüber Vater und Mutter, weiterhin die Rolle des Kindes einnimmt. Man muss es erleben, sonst ist es sehr schwer zu glauben. Ich weiß sogar von einer Person, die ihren Ursprungsdialekt nur noch mit ihren Eltern reden kann. Sonst kommen starke innere Widerstände hoch. So stark können Prägungen aus der Ursprungsfamilie wirken.

Es gibt also ein sinnvolles Streben nach Harmonie und ein ungesundes Streben. Bei Letzterem geht es um eine klebrige, lähmende Harmoniesoße. (Natürlich gibt es auch Disharmonie. Das Gegenbild von »viel zu viel Nähe« ist »viel zu viel Distanz«. Und ja, auch hierfür wäre distanzierte Nähe eine mögliche Transformation.) Woran erkennen wir übermäßige Harmoniesucht? Daran, dass jemand nicht besonders gut mit Kritik umgehen kann. Weil Kritik eine Form von Distanz und Trennung ist. Deswegen leiden Harmoniesüchtige darunter. Als Vorgesetzte dressieren sie ihr Umfeld dazu, ihnen immer das zu sagen, was sie hören wollen. Und vor allem mögen sie keine negativen Nachrichten. Das kann so weit gehen, dass schmerzhafte Informationen zurückgehalten werden beziehungsweise nicht darauf reagiert wird. Ich behaupte: Hinter jeder verschleppten Insolvenz steckt entweder kriminelle Energie – oder Harmoniesucht.

Wenn neue Mitarbeiter ins Unternehmen kommen, stürzen die »Harmoniker« sich gleich auf sie. Sie wollen sie einführen, informieren, mitnehmen und zu Freunden und Vertrauten machen. Und damit auch zu Verbündeten, die in Zukunft bei Problemen unabhängig vom Sachverhalt zu ihnen halten. Diese Menschen haben ein sehr kümmerndes Wesen. Sie können schnell neue Kontakte bahnen und sind sehr gute Netzwerker. Ein Beispiel aus einem anderen Kontext: Du beziehst eine neue Wohnung – und eine Nachbarfamilie packt gleich hilfreich bei den Möbeln mit an, bringt am ersten Abend einen Auflauf, am nächsten Tag einen Kuchen, lädt euch nach zwei Tagen zum Essen ein, in der folgenden Woche zur Geburtstagsparty, gesellt sich ungefragt dazu, wenn ihr grillt ... Du erkennst das Muster: Fehlt einem Menschen die innere Harmonie, sucht er sie außerhalb.

Es gibt nicht wenige Vorgesetzte, die ihren Einflussbereich zu einer Erweiterung ihrer Familie machen. Doch die Firma ist keine Familie. Die Familie ist die Familie. Natürlich erhoffen sich solche Chefs durch den Familiengedanken vor allem mehr Identifikation und Motivation für das Unternehmen. Doch das Unternehmen darf kein Familienersatz sein. Warum? In der tatsächlichen Familie kann man sich fallen lassen und wieder aufladen. Theodor W. Adorno formulierte es so: »Geliebt wirst du einzig, wo du schwach dich zeigen darfst, ohne Stärke zu provozieren.« Und das geht eben nicht im Unternehmen, sondern nur in der Familie oder im privaten Umfeld. Ich habe zu viele Spitzenleister kennengelernt, die sozial etwas vereinsamt sind. Das macht mich jedes Mal traurig. Diese Menschen sind unglaublich erfolgreich, aber wenig erfüllt. Deswegen wünsche ich jedem Menschen von Herzen, dass er ein stabiles privates Umfeld hat, in dem er sich fallen lassen kann. Jenseits von Rollen und Images. Im Unternehmen kommen wir zusammen, um gemeinsam Spitzenergebnisse zu erzielen. So funktioniert es am besten: in der Familie aufladen, im Unternehmen liefern.

Der Weg in Richtung »Sachliche Auseinandersetzung«

Harmonie in sich und mit anderen Menschen ist ein wunderbarer Zustand. Und ja, dieser Zustand hilft. Ob in der Familie oder im Unternehmen, auf dem Fußballplatz oder im Tennisverein. Doch es gilt, einen Instinkt dafür zu entwickeln, wann die momentane Harmonie eine notwendige Auseinandersetzung verhindert.

Nehmen wir zum Beispiel das Thema »Nein sagen«. Manche haben damit ein Problem. Weil dieses Nein – ähnlich wie Kritik – die Verbindung, die Harmonie für den Moment stört. Aber es gilt zu differenzieren. Es gibt das »qualitativ minderwertige Nein« – ein Nein, das mit einem Vorwurf aufgeladen ist. Zum Beispiel: »Wie kommst du überhaupt dazu, mich das zu fragen? Dir müsste doch klar sein, dass ich so was nicht will.« Der mitschwingende Vorwurf erschwert den sachlichen Umgang mit dem Thema.

Das »qualitativ hochwertige Nein« hingegen zeichnet sich dadurch aus, dass es frei ist von unbewusst vorwurfsvoller Aufladung. Es soll dem Antwortenden kein schlechtes Gewissen machen (»Es tut mir so leid, dass ich dich im Stich lassen muss.«) und kein Vorwurf sein von der Art »Wie konntest du nur?«. Einfach nur »Nein, ich möchte nicht«. Oder »Nein, ich kann nicht«.

Die dritte Kategorie des »Nein« ist das automatische und sofortige Dagegensein. Das sieht dann so aus: Wird »linksrum« beschlossen, lautet die automatische Antwort: »Rechtsrum wäre besser«. Wäre »rechtsrum« entschieden worden, würden diese Menschen sofort »linksrum« bevorzugen. Das ist aber keine Auseinandersetzung, sondern nur der Wunsch, immer in Opposition zu sein und sich so selbst intensiver wahrzunehmen. Das gibt Bestätigung: »Ich weiß Bescheid. Die anderen haben keine Ahnung. Ich bin richtig, du bist falsch.« Aber um solches Querulantentum geht es hier nicht.

Diese genannten Beispiele machen hoffentlich klar, wie aus einem Zuviel an Harmoniestreben durch kluges Auseinandersetzen in der Sache eine gesunde Harmonie werden kann. Das lässt sich dann so darstellen:

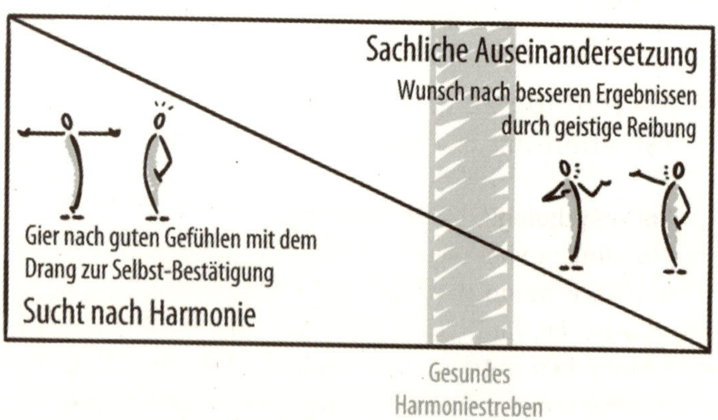

Die Transformation: durch sachliche Auseinandersetzung zu einem gesunden Harmoniestreben

Wer seinen Wunsch nach Harmonie über die Notwendigkeit der sachlichen Auseinandersetzung stellt, der unterstützt eine Kultur, in der die Angst vor Konflikten Entwicklung lähmt. Wir erkennen eine solche Kultur daran, dass die Problemorientierung stärker ist als die Lösungsorientierung.

Wem die »Auseinandersetzung in der Sache« wichtiger ist als der Wunsch nach permanenter Harmonie, der löst die Angst vor Konflikten auf. Damit entsteht eine stärkere Lösungsorientierung der Kultur. Gesunde Reibung fördert die Entwicklung aller und führt zu einer gesunden Art der Harmonie.

Wenn du daran arbeiten willst: Erkenne zuerst intellektuell, wie stark dein Wunsch nach Harmonie nach außen, mit deinem Umfeld, ist. Wann hat deine innere »Sucht nach Harmonie« dich fest im Griff und wann nicht? Mach es in deinem Bewusstsein sichtbar, indem du dich selbst nicht verurteilst. Sonst kannst du es nicht wahrnehmen! Erkenne danach emotional deinen zu großen Wunsch nach Harmonie an. Mach dir bewusst, wann dir deine innere Balance, deine innere Harmonie fehlt. Dann wirst du freier von der Harmonie im Äußeren. Lerne dann schrittweise – durch Auseinandersetzungen in der Sache –, wie eine viel stimmigere Harmonie im Team entsteht.

3. Psychologische Absicherung versus Streben nach Klarheit

Der Pol »psychologische Absicherung«

Das Empfinden von Sicherheit ist eine enorm starke innere Kraft. Hinter ihr steckt Angst. Und wir Menschen sind angstbesetzte Wesen. Im Rahmen jeder persönlichen Entwicklung wird Menschen automatisch bewusst, wie viele Ängste in ihnen schlummern. Es ist wichtig, das einfach anzuerkennen. Denn wenn das Image sich durchsetzt mit der Aussage »Ich habe keine Angst«, dann rutschen diese Ängste ins Unbewusste und arbeiten von dort aus.

Ein Beispiel: Jemand hat Angst, seinen Partner oder seine Partnerin zu verlieren, und beginnt zu klammern. Genau dieses Klammern lässt ihn dann seine Partnerschaft verlieren. Oder: Ein Verkäufer hat Angst, vom Kunden als Person abgelehnt zu werden. Diese Angst ist meist der Garant für eine Ablehnung. Oder: Jemand hat Angst, nicht gut genug zu sein, und genau diese Angst lässt in seinem Umfeld die Wahrnehmung entstehen, dass er nicht gut genug sei. Welche Ängste schlummern in dir und schränken dich ein? Wo triffst du lieber gar keine Entscheidung, um ja nichts falsch zu machen? Wo bist du mehr mit deiner Absicherung beschäftigt als mit der Arbeit an der Zielerreichung? Wo hast du bereits beim Start mehr Ausreden im Kopf als Gründe fürs Gelingen? Auch hier stecken Ängste dahinter.

Das Ziel ist also die Transformation der Fehlervermeidekultur in die Fehlerlernkultur. Nicht in eine Fehlerkultur! Denn das Wort Fehlerkultur suggeriert, dass es in Ordnung ist, Fehler zu machen. Es lädt also zum Fehlermachen ein. Und das ist Quatsch. Wir wollen nicht zu Fehlern einladen. Sondern zum Lernen aus Fehlern, falls diese entstehen. Erst das Wort Fehlerlernkultur bringt es auf den Punkt. Das Wort Fehlervermeidekultur lenkt das Bewusstsein auf die Vermeidung von Fehlern. Und das bremst enorm. Gerade bei der heutigen Veränderungsgeschwindigkeit. Manche proklamieren eine Null-Fehler-Toleranz. Bitte einfach mal darüber nachdenken: Was macht das mit deinem Bewusstsein?

Der Weg in Richtung »Streben nach Klarheit«

Der Gegenpol zur Absicherung ist das Streben nach Klarheit. Indem wir uns auf diesen Pol zubewegen, werden wir automatisch mit unseren limitierenden Ängsten konfrontiert. Der Wunsch nach Klarheit ist also der ideale Wegweiser, um unsere Ängste zu transformieren: von einem Bremsklotz hin zu einem Antrieb.

Auch hier entwickelt sich mit der Zeit unser Instinkt. Warum hat der Kollege so zögerlich reagiert, als es um seinen Teil der Verantwortung ging? Geh hin und kläre das! Warum wirkte der Kunde so unzufrieden, obwohl wir doch alles wie besprochen erledigt haben? Geh hin und kläre das! Warum ducken sich gerade alle weg, obwohl doch offensichtlich ist, dass etwas deutlich schiefläuft? Geh hin und kläre das! Wenn der Wert »Klarheit« in uns immer mehr Raum einnimmt, werden wir mit unseren Ängsten konfrontiert. »Darf ich fragen, warum mein Vorschlag nicht angenommen wurde?« Vielleicht kommt heraus, dass ich nicht als so kompetent wahrgenommen werde, wie ich es gerne hätte. »Darf ich fragen, was passieren muss, damit Sie bei uns kaufen?« Vielleicht werde ich jetzt damit konfrontiert, warum jemand mein Produkt ablehnt – oder sogar: mich. Das Streben nach Klarheit ist ein wertvolles Werkzeug. Am Anfang wirst du Widerstände haben, es einzusetzen. Doch irgendwann wirst du es nicht mehr missen wollen.

Doch Vorsicht: Auch das Klären kann zum Extrem werden. Bisweilen ist es klüger, eine gewisse Zeit verstreichen zu lassen, bevor man jemanden konfrontiert und Dinge eskalieren, die sich in ein paar Tagen von selbst geklärt hätten. Auch hier gibt es eine gesunde Balance.

Wenn du vor anderen gut dastehen willst, gehst du nicht in die Klärung. Und wenn dein Image regiert, gehst du nur in die Klärung, wenn sie dieses Image bestätigen wird.

Klären bedeutet auszuhalten, dass etwas gerade nicht »in Ordnung« ist. Wenn du das aushältst, kannst du übrigens auch Fehler besser tolerieren. Weil du weißt, dass Scheitern normal ist und Fehler der beste Lernstoff sind. Klarheit bedeutet auch die Bereitschaft, so lange Fehler zu machen, bis es gelingt. Das meiste kann nicht gleich beim ersten Versuch perfekt sein – und muss es auch nicht. Du kannst den Weg bis zur Klarheit genießen. Oder besser:

genießen lernen. Wenn du das Bedürfnis nach psychologischer Sicherheit hast, willst du immer gleich am Anfang sicher wissen, wie ein Prozess ausgeht, und die Unsicherheit auf dem Weg nicht aushalten müssen. Kannst du die Unsicherheit jedoch aushalten, liegt darin sogar ein Plus: Du hast das Wissen und das Vertrauen, dass es sich irgendwann einmal klären wird. Das zeigt tiefes Vertrauen in das Leben. Du bist präsent. Jetzt, und nicht erst, wenn es wieder klar wird. Darauf kommt es an. Das Streben nach Klarheit bedeutet, dass du mit dem Bodennebel, der sich immer und überall bilden kann, gut klarkommst. Denn ganz klare Sicht hast du eher selten im Leben. Also kannst du auch Scheitern gut aushalten, es sogar genießen. Weil du weißt, dass du mit jedem Scheitern näher an dein Ziel kommst. Das ist ein starker mentaler Zustand. Und du weißt: Ist das eine mal geklärt, kommt schon das nächste Unklare um die Ecke. Doch das macht dir überhaupt nichts aus. Es gibt in der Zukunft keinen Zustand, von dem ich mir mehr erhoffe als das, was jetzt gerade da ist.

So sieht der Weg als Grafik aus:

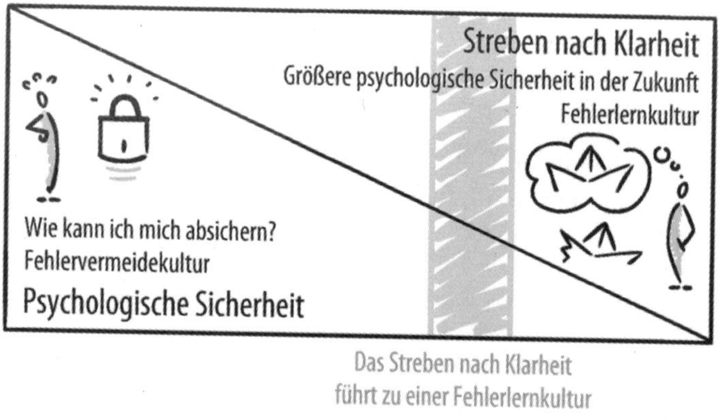

Das Streben nach Klarheit
führt zu einer Fehlerlernkultur

Die Transformation: durch das Streben nach Klarheit zu einer größeren psychologischen Sicherheit

Wem das Streben nach Klarheit vor psychologische Sicherheit geht, der sorgt für eine kreative, in die Zukunft gerichtete Kultur, in der Möglichkeiten und Chancen möglichst zügig ergriffen und genutzt werden. Es entsteht eine Fehlerlernkultur. Natürlich geht es nicht darum, absichtlich und sehenden Auges oder aus reiner Nachlässigkeit Fehler zu machen. Doch allen ist bewusst, dass Fehler zu machen und daraus zu lernen entscheidend in einer Welt ist, die sich so schnell verändert wie unsere. In einer solchen Kultur gilt der Kritiker weniger als der Erschaffende. Allen ist bewusst: Wir scheitern uns nach vorn!

Wenn du daran arbeiten willst: Erkenne zuerst intellektuell, wie stark dein Wunsch ist, dich abzusichern. In welchen Zusammenhängen und Situationen machst du es? Wovor genau hast du Angst? Beschreibe diese Angst so klar wie möglich. Mach sie in deinem Bewusstsein sichtbar. Habe Verständnis für deine Angst. Urteile nicht und verdränge sie nicht. Sonst wird sie wieder unbewusst und kontrolliert dich. Das ist eine große Herausforderung.

Erkenne danach emotional deinen Wunsch nach »psychologischer Absicherung« an. Und lerne jetzt schrittweise – durch permanentes Streben nach Klarheit – immer mehr, dass man psychologische Sicherheit auf einem höheren Niveau erleben kann. Ohne ängstliche Absicherung. Welche Befreiung! Lerne es zuerst selbst und bringe es dann anderen bei.

4. Gebraucht-werden / Beliebt-sein-Wollen versus Lust auf Verantwortung

Der Pol »Gebraucht-werden-Wollen / Beliebt-sein-Wollen«
Selbst-Bestätigung ist eine sehr starke Kraft – die Bestätigung, dass wir »richtig« sind. Und solange wir uns dessen nicht sicher sind, wollen wir das durch andere erfahren. Dieses Verlangen ist meist unbewusst. Wer gibt schon gerne zu, dass er in großem Maße von der Bestätigung anderer abhängig ist? Sicher nicht, wenn das Image »Stärke« vorgeben will und die soziale Erwünschtheit »gut vor anderen dastehen« will.

Das zeigt sich dann zum Beispiel in der Wertediagnose beim Wert Respekt. Wird gefragt: »Wie wichtig ist Ihnen Respekt?«, lautet die Antwort fast immer »sehr wichtig!«. Wird dann tiefer nachgefragt, woran man Respekt erkenne, kommt heraus, dass »respektiert werden« deutlich wichtiger ist als »Respekt geben«. Ungefähr im Verhältnis 75 Prozent zu 25 Prozent. Natürlich haben wir dann ein Ungleichgewicht: Wenn die meisten einen Wert vom Leben *haben* wollen, wer *gibt* ihn dann?

Diese Erkenntnis ist übrigens die größte Herausforderung bei der Umsetzung einer »werteorientierten« Firmenkultur. Wird das Ungleichgewicht den Teilnehmenden im Prozess klar, erleichtert das die Umsetzung im Alltag enorm.

Die Frage nach der eigenen Daseinsberechtigung ist ein riesengroßes Thema in jedem menschlichen Leben – vor allem, wenn die eigene Identität wackelt. Wenn du dich und andere entwickeln willst, musst du, nein: willst du den Drang nach Bestätigung überwinden. Warum? Weil Wachstum dir irgendwann mehr bedeuten wird als jene Bestätigung, die du durch andere erfährst. Etwa weil du ein schickes Auto fährst. Oder einen toll klingenden Titel auf der Visitenkarte hast. Oder einen superteuren Wein aus deinem Keller kredenzt. Solange du zu sehr um dich selbst kreist und dir das nicht einmal bewusst ist (unbewusste Inkompetenz), bist du wie in einem Hamsterrad gefangen. Du rennst und rennst, willst gefallen und gefallen. Du willst geliebt und gebraucht werden und drehst dich im Kreis, während du dich beschwerst, dass du nur von Idioten umgeben seist. Doch es gilt: Überall, wo Deppen sind, ist jemand, der Deppen produziert. Wir produzieren zumindest einen limitierenden Deppen immer, nämlich uns selbst. Und woran erkennen wir das? Wenn wir zu lange dieselben Dinge tun, mit ähnlicher Wertigkeit, kann es gut sein, dass wir stehen geblieben sind und uns primär mit den vielen Formen der Selbstbestätigung beschäftigen. Wenn wir nicht immer mehr Verantwortung übernehmen und sich das durch entsprechende Lebensergebnisse zeigt, kann es gut sein, dass dieser innere Wertekonflikt »Gebraucht-/Geliebt-werden-Wollen« vs. »Lust auf Verantwortung« in uns tobt. Ein weiterer sicherer Indikator ist es, wenn die Menschen in deinem Umfeld nicht wachsen, sprich: mehr Verantwortung übernehmen und das durch bessere Ergebnisse zeigen. Wenn die Menschen in deinem Umfeld stehen bleiben, lohnt es sich, dass du dir diesen Konflikt anschaust.

Egal, wie erfolgreich du bist: Geistiger Stillstand löst immer eine Art Unzufriedenheit aus. Wir können es auch Unglück nennen.

Der Weg in Richtung »Lust auf Verantwortung«

Egoismus ist die Unfähigkeit zur Empathie. Es fehlt also eine Kompetenz. Wie ein Farbenfehlsichtiger, der zum Beispiel Rot vor grünem Hintergrund schlecht erkennen kann. Da kann man nicht viel machen. Egoistische Menschen trampeln auf den Gefühlen anderer herum und bekommen das gar nicht mit – weshalb es ihnen natürlich egal ist. Doch so sind die wenigsten. Deswegen verwende das Etikett »Egoismus« sehr sparsam.

In Unterscheidung dazu gibt es die **Egomanie**, die von der panischen Angst genährt wird, ständig zu kurz zu kommen. Du erkennst solche Leute daran, dass sie sich permanent ungerecht behandelt fühlen. Es ist eine Art innerer Enge: von allem zu wenig und nie genug. Vor allem für sich selbst. Wir erkennen Egomanen daran, dass sie immer mehr und noch mehr haben wollen und dabei trotzdem unzufrieden bleiben. Übrigens können solche Menschen nach guten Gefühlen genauso gieren wie nach schlechten.

Schließlich gibt es noch die **Egozentrik**. Hier bringt einen die innere Angst (Enge) dazu, ständig um sich selbst zu kreisen. Und andere werden oft aus den Augen verloren – obwohl Empathie vorhanden wäre. Aber die Angst ist einfach stärker. Das ist der Zustand der meisten Menschen. Er wird ihnen zum Beispiel bewusst, wenn sie nachts aufwachen und ihnen klar wird, wie dumm und rücksichtslos sie sich irgendwo verhalten haben.

Wichtig ist Folgendes: Diese drei Differenzierungen sind mentale Zustände, kein Wesenskern dieser Menschen. Jemand *ist* nicht egozentrisch, sondern er hat in bestimmten Situationen egozentrische Züge. Diesen Unterschied sollte man sich immer wieder bewusst machen. Zuständen soll man nicht den »Seins-Stempel« aufdrücken. Jemand *ist* keine Lügnerin, sondern sie verdreht die Wahrheit in einem bestimmten Kontext. Und dein Chef *ist* kein Choleriker, sondern er hat sich in bestimmten Zuständen emotional nicht mehr im Griff.

Auch wenn es »nur« Zustände sind und keine Wesensmerkmale, gibt es bei Egoismus und Egomanie wenig Ansatzpunkte für Veränderungen. Deswegen lassen wir hier von ihnen los. Anders bei unseren egozentrischen Zuständen, also der weitverbreiteten limitierenden Egozentrik. Da ist sehr viel machbar.

Sobald ich anfange, die Qualität meiner Lebensergebnisse genauer zu analysieren, beginne ich, die Wertedimension von Verantwortung ganz anders wahrzunehmen. (Zu Beginn von Kapitel 4 habe ich das ausführlich behandelt.) Es geht nicht darum, 0 und 1 zu denken. Entweder alles zu verantworten oder nichts. Sondern es geht um die so entscheidende Dimension dazwischen. Unsere Forschung hat ergeben, dass Wertedimensionen generell zu sehr im Schema »0 oder 1« gedacht werden. Alles oder nichts. Richtig oder falsch. Gut oder böse. Doch sobald sich gedanklich die Dimension dazwischen auftut, kommen wir mental ein großes Stück weiter. Wenn du dich also fragst, was du an welchen Lebensergebnissen zu verantworten hast und was nicht, wird es sehr spannend. Denn jetzt beginnt der Kreislauf von Ursache und Wirkung.

Wenn du wie ein Forscher ans Werk gehst, wirst du jetzt sehr schnell in Richtung Lust auf Verantwortung vorankommen. Weil du bemerkst, wie viel Inspiration der Korridor zwischen zu viel und zu wenig Verantwortung bereithält. Warum ist das so? Weil deine Selbstwirksamkeit, die sich ständig zeigen will, aktiviert wird. Und das gibt Kraft. Willst du *alles* tragen, knickst du weg. Deswegen verstehen so viele unter Verantwortung eine Art Last. Und willst du *nichts* tragen, erschlaffst du. Siehst du aber deinen Anteil an deinen Lebensergebnissen, dann geht es voran. Dass dir hierbei die sechs Stufen der Verantwortung von großem Nutzen sind, erwähne ich, obwohl ich hoffe, dass du diesen Hinweis eigentlich nicht mehr brauchst.

So sieht der Weg als Grafik aus:

Die Transformation in Lust auf Verantwortung

Wem »Gebraucht-werden-/Beliebt-sein-Wollen« wichtiger ist als Lust auf Verantwortung, der wird keine unbequemen Veränderungen anstoßen – bei sich selbst genauso wenig wie bei anderen. Er hält sein Umfeld schwach und abhängig, damit er durch dessen »Schwäche« Bestätigung erfährt. Das ist seine Daseinsberechtigung. Er liebt es, Ratschläge zu geben. Und das Umfeld wird ihm schnell einen Ring durch die Nase ziehen und ihn daran durch die Manege führen. Die Leute werden fordern: Motiviere mich! Nur du kannst das! Mach mich glücklich! Emotionale Erschöpfung ist hier vorprogrammiert. Wer so führt, macht sein Umfeld von sich abhängig und hält es klein.

Wem Lust auf Verantwortung wichtiger ist als »beliebt sein« oder »gut vor anderen dastehen«, der führt sich selbst und andere immer wieder in den klugen Bereich zwischen zu viel und zu wenig Verantwortung. Dieser Bereich motiviert und gibt viel Energie. Dabei nutzt die oder der Führende die sechs Stufen der Verantwortung. Immer und immer wieder. Aus »Verantwortung als Last« wird »Lust auf Verantwortung«. Ein solcher Führender macht sich und sein Umfeld unabhängig und mental stark. Starke Menschen. Starke Ergebnisse. Starke Unternehmen.

Wenn du daran arbeiten willst: Erkenne zuerst intellektuell, wie groß dein Wunsch ist, beliebt zu sein, gebraucht zu werden und vor anderen gut dazustehen. Mach es in deinem Bewusstsein sichtbar (bewusste Inkompetenz). Dazu bedarf es einer Menge Mut. Wer will schon einsehen, dass er zur eigenen Bestätigung sein Umfeld abhängig und schwach hält? Niemand. Und doch ist dieses Motiv weit verbreitet. Du kannst es bei anderen sehen. Aber jetzt hast du den Mut, diese Tendenz auch bei dir wahrzunehmen. Erkenne danach emotional deinen Wunsch nach dieser Art der Bestätigung durch andere an. Indem du dich selbst beim Denken beobachtest. Wann und wo tritt dieses Muster auf? Und wann und wo nicht? Übe die sechs Stufen der Verantwortung und vermittle sie deinem Team. Gebt euch gegenseitig die Erlaubnis, einander die Stufen bewusst zu machen. Und dann führst du dich und andere – in den wirklich wichtigen Bereichen – durch völlige geistige Inbesitznahme immer mehr in die Stufe 6. So funktioniert kluge Verantwortungsübernahme: weder zu viel noch zu wenig.

5. Lust auf Bestätigung versus Lust auf Ergebnisse

Der Pol »Lust auf Bestätigung«

Der große Drang zur Selbst-Bestätigung zieht sich wie ein roter Faden durch das ganze Buch. Wir erkennen ihn daran, dass wir vor allem über andere urteilen. Dieses Urteilen hat nur einen Grund: Wir wollen uns sicher fühlen, im Recht sein und uns anderen überlegen fühlen.

Den Wunsch nach Bestätigung durch andere können wir als den Wunsch nach Status definieren. **Status ist der äußere Bezugsrahmen der Anerkennung.** Wir erhoffen uns durch ein bestimmtes Handeln, Respekt und Anerkennung von anderen. Materielle Statussymbole wie Luxusimmobilien, teure Autos, exquisite Uhren, Schmuck aus echtem Edelmetall und exotische Urlaubsziele versteht jeder.

Es gibt jedoch auch immaterielle Statussymbole. Zum Beispiel: »Schau mal, wie toll ich meine Kinder erziehe.« Oder: »Ich ernähre mich bewusst und gesund.« Oder: »Meinen Fernseher habe ich schon vor Jahren abgeschafft.« Auch die Demonstration, wie toll die Beziehung ist, dass man sein Auto mit anderen teilt oder eine bestimmte Antriebsart bevorzugt, zielt auf Bestätigung. Betrachte einfach mal mit einer anderen Brille die sozialen Netzwerke: Dort siehst du das Spiel von materiellem und immateriellem Status. Bei materiellen Statussymbolen können die wenigsten mithalten. Bei immateriellen Statussymbolen, die den Charakter betreffen, können alle mitmachen.

Wir erkennen den Bestätigungswunsch daran, dass wir uns für ein bestimmtes Verhalten Anerkennung von anderen erhoffen. Wodurch, wann und wie erkennst du deinen Wunsch nach Anerkennung durch andere? Nimm dir vor allem die immateriellen Statussymbole vor.

»Lust auf Bestätigung« kann durch andere oder durch uns selbst kommen. Die Selbst-Bestätigung erkennen wir an folgenden Gedanken und Sätzen: Das hätte ich dir gleich sagen können!« – »Warum fragt mich denn keiner?« – »Ich weiß es besser.« – »Ich hatte recht, mal wieder.« Wow, was für eine Riesenerkenntnis, wenn wir uns da auf die Schliche kommen.

Wo treffen wir die Auswirkung des »äußeren Bezugsrahmens« noch im Alltag? Er wird beispielsweise zu Beziehungsorientierung am Arbeitsplatz: Man trainiert sich vor allem in der Beziehungspflege und bestätigt sich durch Sympathie und durch Netzwerken gegenseitig. Natürlich wird nach außen so getan, als habe man nur Interesse an Wachstum und an Ergebnissen und sei sehr an Veränderung interessiert (vor allem bei den anderen), doch im Kern geht es um Selbstbestätigung durch Beziehungspflege. Mit einem Augenzwinkern könnte man auch gegenseitige Fellpflege dazu sagen. Dafür geht dann ganz schön viel Energie drauf.

Natürlich wird es schwierig, sich kritisch zu reiben und aneinander und miteinander zu wachsen, wenn vor allem die gegenseitige Bestätigung im Fokus ist. Dass wir dann stehen bleiben, ist ja klar. Dass man bei Fehlern mit dem Finger auf andere zeigt, ebenfalls. Aber sobald es positive Nachrichten gibt, sucht man das Rampenlicht. Das haben solche Leute einfach trainiert. Daran können wir sie in Organisationen erkennen. Gut dastehen und beliebt sein ist das Hauptziel. Es ist schon unglaublich, wie normal das in deutschen Unternehmen ist. Weil es eben keine gesunde Balance gibt zwischen Beziehungsorientierung und Ergebnisorientierung. In unserer Wertedimension würde es so aussehen:

Zwei Drittel Ergebnisorientierung und ein Drittel Beziehungsorientierung – zur selben Zeit. Wenn das in der Firmenkultur und im Bewusstsein der Mitarbeitenden verankert ist, sind die Poser entlarvt. Deswegen arbeiten die bei Transformationsprozessen auch immer dagegen. Nicht vornherum, sondern via Flurfunk, im Untergrund – weil sie wissen, dass sie ertappt werden. Und das hassen sie. Das ist für sie die Hölle – und für das Unternehmen ein wahrer Segen.

Echte Performer hingegen fallen am Anfang nicht unbedingt auf. Sie kommen vielleicht etwas störrisch und sperrig rüber, vielleicht nicht besonders eloquent. Sie bemühen sich nicht unbedingt um Sympathie, sondern wollen mit ihrer Kompetenz überzeugen. Daran erkennst du sie. In einer Unternehmung, in der Beziehungsorientierung weit oben rangiert, fallen diese Menschen durch. Sie sind nicht gut im Netzwerken und in Sabotage per Flurfunk. Sei du clever und merk dir bitte genau, was ich dir jetzt sage: **Schau dir die etwas störrischen Kompetenten genauer an, und du wirst beim Einstellen bessere Ergebnisse erzielen.**

Jeder weiß, dass es im Leben vor allem um Ergebnisse geht. Auch Erfüllung ist ein Ergebnis. Doch wenn wir uns nur für Ergebnisse interessieren, weil wir den Status dahinter haben wollen, entsteht eine sehr limitierte Antriebsenergie. Weil mich die Wirkung an sich nicht interessiert, sondern nur, was ich dafür bekomme. Das ist ungefähr so, als wenn ein Musiker sich nicht zum Musizieren berufen fühlt, sondern nur musiziert, um an Geld zu kommen. Oder wenn ein Fußballer nur Fußball spielt, um bejubelt zu werden. Oder wenn ein Arzt praktiziert, der intrinsisch gar kein Heiler ist. Oder uns nur Menschen interessieren, die uns nützlich sein können. An dieser Aufzählung wird deutlich, wie limitierend und wie anstrengend dieser Pol »Lust auf Bestätigung« sein kann – und warum er trotzdem so verbreitet ist. Doch er schränkt uns und unsere Organisation enorm ein.

Es gilt jedoch ebenfalls anzuerkennen, dass fast alle Menschen auf dieser Seite der Polarität in ihr bewusstes

Leben starten. Deswegen hilft auch hier, nicht zu urteilen. Wahrzunehmen. Und ja, das ist schwer, sehr schwer. Da ich unter diesem Pol in meiner täglichen Arbeit oft leide, hilft es mir immer, mir klarzumachen, wie sehr auch ich als junger Mensch in diesem Bedürfnis nach Bestätigung gefangen war. Einschließlich des schicksalhaften Klippensprungs. Es ist immer wichtig, zu wissen, wo man herkommt.

Der Weg in Richtung »Lust auf Ergebnisse«

Lust auf Ergebnisse baut sehr auf Lust zur Verantwortung auf. Auf der Freude, etwas zu erwirken – wie ein Kind, das ganz verträumt ein Bild malt, versunken im Hier und Jetzt. Manche sagen »Flow« dazu. Andere nennen es »Präsenz« und wieder andere »Gegenwartsbewusstsein«. Auch »Selbstwirksamkeit« ist in diesem Kontext ein sehr kraftvolles Wort geworden: Wir machen die Erfahrung, dass wir etwas bewirken können.

Wie entwickeln wir eine gesunde Ergebnisorientierung? Einmal mehr beginnt es mit dem Schritt heraus aus der unbewussten Inkompetenz. Mach dir bewusst, wo du mit deiner Beziehungsorientierung besseren Ergebnissen im Wege stehst. Und finde heraus, warum du bis jetzt so viel mehr Wert auf Beziehungen als auf Ergebnisse gelegt hast. Weil alle so sind? Weil du darüber bis jetzt noch gar nicht nachgedacht hast? Oder hast du Angst, wie das bei anderen ankommen wird? Was hat dich dahin gebracht? Und was sollte sich ändern, damit das in eine bessere Balance kommt? Bitte bedenke: Meistens geht es nur um die Verschiebung von einem Drittel!

Wenn du bis hierhin gelesen hast, kannst du auf keinen Fall ein Poser sein. Denn die sind im ersten Teil des Buches schon komplett vergrault worden. Also schau dir die Stimme in dir an, die sich gerade über diese Ermutigung zu mehr Ergebnisorientierung freut. Bitte denke nicht, dass ein einmaliges Lesen hier große Sprünge auslösen wird. Es kann jedoch eine Tür öffnen. Hindurchgehen musst du selbst. Also werde dir darüber klar: Was kosten dich die übermäßige Beziehungsorientierung oder die Statusorientierung bisher in deinem Leben? Und was würde passieren, wenn du diese Balance veränderst? Ein Drittel ist ein gesundes Maß und kann bereits viel bewirken.

Ich selbst habe es einst extremer getrieben: Als Produktmanager und Außendienstleiter waren Beziehungen und Netzwerke für mich alles. Fast meine ganze Daseinsberechtigung. Ich war also mit allen drei Dritteln auf der Beziehungsseite. Mit der Wandlung zum Führungsexperten bin ich radikal auf die Ergebnisseite gewandert – mit allen drei Dritteln. Von einem Extrem ins andere. Das war nicht gesund. Doch es war lehrreich. Diese Erfahrung hat mein Bewusstsein geschärft. Deshalb kann ich heute anderen dienen. Als Coach hilft es, selbst intensive Erfahrungen (und Fehler) gemacht zu haben und nicht nur darüber zu reden. Ein Buch gelesen oder selbst geschrieben zu haben, reicht dafür nicht.

Also: Was sollte sich bei dir verändern, damit du Schritt für Schritt in ein Gleichgewicht kommst, bei dem du zu zwei Drittel ergebnisorientiert und zu einem Drittel beziehungsorientiert bist?

Der Weg, den dein Bewusstsein gehen wird, lässt sich grafisch folgendermaßen darstellen:

Die Transformation in Lust auf Ergebnisse

Wird das eigene Handeln primär als Mittel zur Bestätigung durch andere gesehen, fehlt das Interesse an echten Ergebnissen. In den sechs Stufen der Verantwortung ausgedrückt: Ergebnisdruck gehört dann zur Stufe 5 (Müssen) und nicht zur Stufe 6 (Wollen). Der »äußere Bezugsrahmen der Anerkennung« wird durch Statussymbole abgebildet. Diese können materiell oder immateriell sein. Materielle Statussymbole können ebenso Protzen (die Rolex und der Bentley) signalisieren wie demonstrative Bescheidenheit: »Ich fahre Fahrrad und verabscheue Luxusartikel.« Aus dem Wunsch

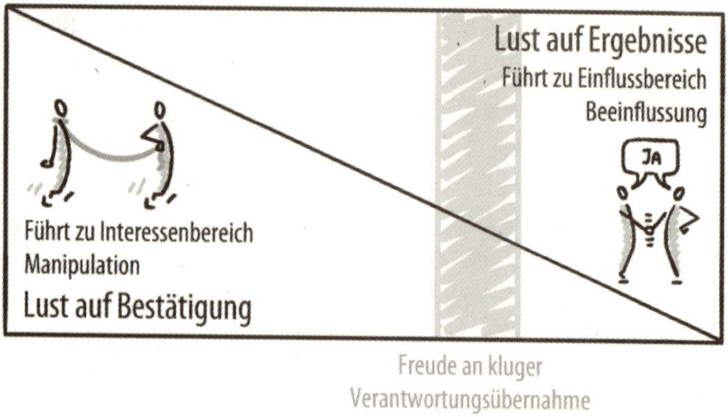

nach Bestätigung kann sich eine dominierende Beziehungsorientierung entwickeln: »Ich erhoffe mir Anerkennung von anderen, weil ich besonders nett bin.« Das kann eine starke Eigendynamik entwickeln und wird durch die soziale Erwünschtheit in vielen Unternehmen unterstützt. Vorsicht!

Werden Ergebnisse emotional höher gewertet als der Wunsch nach Status und Bestätigung, entsteht eine ansteckende »Lust auf Ergebnisse«. Zuerst im eigenen Bewusstsein und dann in einer Unternehmenskultur. Daraus folgt ein Denken und Handeln in Ergebnissen und nicht in Aufgaben. Aufgabenorientierung ist im Denken und Handeln noch weit verbreitet und wird vor allem bei der Statusorientierung verwendet. Die Anstrengung, die in die Arbeit an einer Aufgabe fließt, wird mit dem Wunsch nach Anerkennung durch andere verknüpft. Daraus wird: Gießkanne statt Brennglas.

Auch wenn wir in jeden Tag, in jedes Meeting, in jedes Gespräch mit 100 Prozent Ergebnisorientierung hineingehen, werden wir mit maximal 80 Prozent der nötigen Ergebnisse herauskommen. **Wir werden also immer wieder scheitern an den hundert Prozent – und immer weiter danach streben.** Dieses Streben gibt uns Erfüllung – nicht der Erfolg. Das gilt es, tief zu verstehen. Ergebnisorientierte Menschen scheitern den ganzen Tag, bis das Ergebnis da ist, das sie haben wollen. Dadurch heilt Ergebnisorientierung die ganze Firmenkultur.

Wenn du daran arbeiten willst: Erkenne zuerst intellektuell deinen äußeren Bezugsrahmen der Anerkennung. Durch welche Handlungen und Symbole erhoffst du dir Anerkennung von anderen? In welchen Situationen ist das so? Und in welchen Situationen nicht? Mach das in deinem Bewusstsein sichtbar. Das ist gar nicht so leicht. Urteile nicht über das, was du dort siehst, sonst taucht diese Erkenntnis wieder ab ins Unterbewusstsein und wirkt von dort aus durch Kompensation weiter, ohne dass du es bemerkst. Denn wir wurden meist so geprägt, dass wir uns Anerkennung und Bestätigung durch andere wünschen. Das, was du in dir entdeckst, ist weder gut noch schlecht. Weder richtig noch falsch. Es ist. Dennoch gilt es, dieses Muster klar zu erkennen und aufzulösen. Denn irgendwann limitiert es dich enorm. Es laugt dich aus.

Erkenne danach emotional deinen Wunsch nach Bestätigung durch andere an. Lerne jetzt schrittweise, Ergebnisse und Wirkung mehr zu lieben als die Bestätigung, die du dafür bekommst. Dass es gelingt, merkst du daran, dass du immer mehr Kreativität und Inspiration für deine Ziele bekommst. Du ermüdest langsamer und erholst dich schneller.

Der Transformationsprozess im Überblick

Schauen wir uns einmal den ganzen Prozess in der Grafik »Das bewusste Unternehmen« auf der Umschlagklappe an. Jetzt wird klar, wie durch die Transformation der fünf inneren Konflikte eine »zukunftsfähige Firmenkultur« entsteht. Der Blick geht von unten nach oben. Voraussetzung ist die Bereitschaft und die Fähigkeit, sich beim Denken zu beobachten und dadurch Unterscheidungen bewusst mental anzuwenden. Also mental wirklich zu wachsen. Das kann nur, wer sich selbst öfter und klüger infrage stellt als andere. Das ist die Voraussetzung. Nur so kann man Verantwortung für den Kulturwandel übernehmen. Alle anderen werden mitmachen, wenn die Wirkung sich zeigt. Es ist wichtig, das zu verstehen.

Das heißt, der Start ist das Verstehen und Anwenden von mentalem Differenzierungsvermögen. Also »sich beim Denken immer besser beobachten lernen« und somit einen immer besseren Zugriff auf die eigenen mentalen Zustände zu bekommen. Anders ausgedrückt: die Kraft der Anwendung von Unterscheidungen durch deutlich bessere Ergebnisse erleben. Das selbst zu erleben ist entscheidend. Dann müssen wir nicht mehr von *»motivieren«, »überzeugen«* und *»alle mitnehmen«* reden. Natürlich gibt es Menschen, die nicht können oder nicht wollen. Im Prozess wird das schnell sehr klar und sichtbar. Alle mitnehmen, alle mit im Boot haben wollen ist ein naiver, realitätsfremder Wunsch, der meist aus einem unbewussten Perfektionismus entsteht und die eigene Wahrnehmung vernebelt. Es gibt eben Menschen, die panische Angst vor innerer Transparenz und Klarheit haben. Die boykottieren lieber oder laufen schreiend davon, obwohl dieses Training ihnen sehr guttun würde. Das gilt es, vorher zu wissen und zu akzeptieren. Wenn wir uns auf die Reise machen, den nächsten Berggipfel zu erreichen, heißt das nicht, dass alle mitgehen wollen.

Mit dieser Voraussetzung des »Wollens und Könnens« geht die Pyramide dann von unten nach oben. Du hast deinen Einstieg in die Pyramide durch den Fragebogen schon definiert. Dadurch ergibt sich dein Trainingsplan. Für das gesamte Unternehmen gilt, dass sich durch »kluges Vertrauen« der Weg bis zu »Lust auf Ergebnisse« erschließt. Weil alle am Prozess Beteiligten sich intensiv mit ihrem inneren Konflikt auseinandersetzen, wächst das Gesamtverständnis der Pyramide. Und genau dadurch entsteht das Bewusstseinsfeld, das eine zukunftsfähige Firmenkultur entstehen lässt. Jetzt schließt sich der Kreis. Am Ende geht es um das »bewusste Entstehenlassen« einer Kultur. Es fängt mit dem Erkennen der unbewussten Inkompetenz an, dann wird die Inkompetenz bewusst und durch Training erst zur bewussten und schließlich zur unbewussten Kompetenz.

Das ist der Transformationsprozess im Überblick. Geh an diesem Punkt noch einmal zur Analyse deines Fragebogens zurück (S. 247). Dort hast du festgelegt, mit welchem Wertekonflikt du anfangen wirst. Du weißt jetzt, wie es geht. Frage dich, ob du den Preis bezahlen möchtest, den die Umsetzung dieser mentalen Transformation mit sich bringt. Das entscheidest du. Ich von meiner Seite habe alles gegeben. Ich habe versucht, alles wirklich Entscheidende in ein Buch zu packen. Ich habe meine 50 Prozent in die Waagschale geworfen. Jetzt geht es um deinen Anteil. Deine 50 Prozent. Und ja, es braucht deine Bereitschaft, dich mental selbst so zu fordern, dass du diese Inhalte umsetzt.

Woran wirst du erkennen, dass es dir gelungen ist? Zuerst wirst du Zusammenhänge viel tiefer verstehen. Dadurch werden deine Lebensergebnisse schnell besser werden. Der Grad deiner Erfüllung nimmt deutlich zu. Daran erkennst du den Fortschritt. Du wirst sehen: Es lohnt sich. Sehr!

Natürlich ist dir längst aufgefallen, dass es in diesem Buch nicht nur um »erfolgreich sein« geht. Sondern vielmehr darum, wie du Erfolg und Erfüllung in eine Balance, in ein Gleichgewicht bekommst. Wie du selbst erfüllt und erfolgreich lebst und andere inspirierst, es ebenso zu tun. Ob du jetzt ein Unternehmen entwickelst, egal wie groß, oder ein ganz unspektakuläres Leben lebst, ohne jegliche Erfolgsambitionen: Dieses Buch hat dir eine klare Methodik und Didaktik geliefert. Kein Drum-herum-Gerede. Auf den Punkt. Vielleicht manchmal etwas zu direkt? Mag sein, doch sei versichert: Es kam von Herzen. Ich wünsche dir, dass du der beste Mensch wirst, der du sein kannst – und anderen genau dabei hilfst.

Oft ist vom Sinn des Lebens die Rede. Meiner ist ganz einfach: »Ich bin die Möglichkeit, anderen zu Wachstum,

Kraft und Größe zu verhelfen.« Ich hoffe, ich bin diesem Anspruch mit diesem Buch gerecht geworden. Ich finde diesen Lebenssinn einfach, klar und praktikabel. Ich kann ihn die ganze Zeit umsetzen; jeden Tag, jede Stunde, jeden Moment. Inwiefern mir das hier gelungen ist, entscheidest du.

Dir wünsche ich für den nächsten Schritt deiner mentalen Transformation Mut und Kraft.

Wie es geht, weißt du jetzt.

Dein Boris Grundl

DANKSAGUNG

DANKE!

Als Erstes möchte ich dir danken, liebe Leserin und lieber Leser, für dein Interesse und für deine Zeit. Ich hoffe, sich mit diesem Buch zu beschäftigen, hat dir die erhofften Erkenntnisse und Impulse gebracht. Wenn du möchtest, teile mir doch gerne deine Erkenntnisse mit: info@grundl.de. Ich freue mich darauf!

Mein besonderer Dank geht an die Nutzer des Verantwortungsindex. Ohne ihre Daten wären wir heute noch nicht so klug. Den Test gibt es nach wie vor unter:

www.verantwortungsindex.de

Darüber hinaus möchte ich einigen Menschen in meinem direkten Umfeld danken: Meiner Familie, Freunden und Mitarbeitenden. Es ist einfach großartig zu sehen, wie alle unsere Idee – der wir alle dienen – unterstützen. Früher fühlte ich mich als Einzelkämpfer. Heute werde ich von einem ganz besonderen Umfeld getragen. Ohne diese Menschen könnte ich als Schwerstbehinderter niemals so wirken, wie es jetzt möglich ist. Undenkbar. Danke dafür!

Schließlich geht mein Dank an die vielen Menschen, von denen ich immer wieder lernen darf: Kunden, Seminarteilnehmer, inspirierende Autoren, frühere Mentoren und Menschen, denen ich im Alltag zufällig begegnet bin. Es ist dieser Austausch, der mir hilft, das Leben immer besser zu verstehen. Danke!

Speziell für dieses Buch möchte ich mich bei Oliver Domzalski, Andreas Gerhardt, Gerd König und Jürgen Diessl bedanken. Denn ein Buch dieser Qualität wäre für einen allein nicht machbar. Und ohne den zuletzt genannten hätte es dieses Buch niemals gegeben. Danke!